转型中的俄罗斯

RESEARCH OF
RUSSIAN
STATE TRANSITION

陆南泉／主编

社会科学文献出版社
SOCIAL SCIENCES ACADEMIC PRESS (CHINA)

目　录

导　言 ································· 001

第一编　历史背景

一　不再具有生命力的斯大林模式的社会主义 ········ 019

第二编　政治转型

二　俄罗斯政治转型的进程与特点 ··············· 035
三　俄罗斯政党制度的变革 ····················· 056
四　普京"主权民主"体制的剖析 ··············· 074
五　俄罗斯司法制度改革 ······················· 088
六　社会转型与俄罗斯的选举制度 ··············· 105
七　从国家转型视角分析 2012 年俄罗斯
　　总统大选 ································· 122
八　关系到俄罗斯前途命运的腐败问题 ··········· 139

第三编　经济转型

九　俄罗斯经济转型进程与评价 ················· 161
十　俄罗斯国企改革的主要途径与评价
　　·· 178
十一　俄罗斯经济垄断与反垄断措施 ············· 199

十二　转型与国家现代化……………………………………216
十三　俄罗斯社会保障制度改革………………………………230
十四　转型过程中的俄罗斯经济与发展前景…………………248

第四编　社会转型

十五　社会转型中的俄罗斯政治精英…………………………269
十六　俄罗斯转型过程中的公民社会…………………………289
十七　当今俄罗斯的主要社会思潮……………………………302

导 言

苏联剧变已有20多年。从转型视角分析这一期间俄罗斯政治、经济与社会等领域所发生的变化及力图达到的目标,以及今后一个时期它所面临的转型任务,一直是国内外高度关注的问题。对正面临重启改革议程的中国来说,更是值得研究的一个重要问题。本书就20多年来有关俄罗斯转型的主要问题做一扼要与客观评析。

作为俄罗斯母体的苏联,是世界历史上第一个社会主义国家,这个被称为社会主义的国家是斯大林—苏联模式的社会主义。这一模式的社会主义,在苏联时期经历了多次改革,赫鲁晓夫曾揭露与批判过斯大林个人崇拜,到了戈尔巴乔夫时期亦力图进行根本性改革,提出公开性与民主化等改革新思维,并在1980年代末,经过激烈争论,俄罗斯的大多数政治力量和居民在必须进行自由化和向市场经济过渡方面才实际上达成共识。但苏联时期的改革,都只是从具体体制层面进行修补,没有从制度层面推行转型政策。戈尔巴乔夫时期改革的设想目标并未达到,最后以失败告终。因此,以叶利钦为代表的民主派1991年底上台执政时,俄罗斯所面临的政治制度基本上仍是斯大林在 20 世纪二三十年代建立的高度集权的政治制度，这种政治制度的特点与弊端具体表现为：（1）高度的个人集权，在党与国家政治生活中缺乏民主。在斯大林时期使苏共成为个人集权的政党。这样，苏共在领导制度上长期实行家长制，一言堂，个人凌驾于党组织之上，党组织成为个人的工具，从而把列宁创造的各种党内民主制度破坏殆尽。（2）严重破坏法制，滥杀无辜。斯大林往往用残酷的手段，清洗与消灭任何一个政治反对派，实行不受任何法律限制的专政，并往往是个人专政。（3）党包揽一切，苏维埃制度实际上成为有名无实的形式。（4）联盟制国家实际上变成了中央集权的单一制国家。（5）长期忽视党的建设，苏共在领导人民改造客观世界的同时，没有注意改造自己，因而很难保持苏共思想理论的先进性，长期陷入教条主义泥潭，脱离实际，脱离群众。（6）在对外政策与国际共运中推行大国主义与大党主义。

显然，苏联时期的政治制度是不可能具有生命力与维持长久的。俄罗斯民主派 1991 年底上台执政后，首要任务是通过政治转型，从根本上改掉在斯大林时期建立起来的、已失去发展动力和人们不再信任的苏联政治制度，使国家政治制度发生根本性变化。1992 年 1 月 5 日，俄罗斯最高苏维埃通过决议，将"俄罗斯苏维埃联邦社会主义共和国"改名为"俄罗斯联邦"，简称"俄罗斯"。3 月 31 日，俄罗斯 89 个联邦主体（除鞑靼斯坦和车臣两个共和国没有参加）中的 87 个联邦主体签署了《俄罗斯联邦条约》。条约确立了联邦制的原则和划分了俄联邦中央与各联邦主体之间的职权范围。

1993 年 12 月 12 日，俄罗斯对宪法草案进行全民投票并获得通过。12 月 25 日宪法正式生效。由此确立了俄罗斯的政治制度，也明确了国家权力结构。1993 年通过的基本宪法制度根本不同于苏联历史上先后制定的四部宪法中的任何一部。

从立法原则到宪法的内容与形式等各个方面都有根本性的变化，如《俄罗斯联邦宪法》放弃了"社会主义"及其立法原则，以西方"民主政治"的基本原则作为宪法的基本原则；确定了俄罗斯联邦的基本政治制度，规定由"人的基本权利与自由不可被剥夺并且每个人生来就具有"，"任何意识形态不得被规定为国家的或必须遵循的意识形态"，承认"政治多元化和多党制"；取消社会主义的生产资料公有制是国家经济制度基础的提法，代之以"私有财产神圣不可侵犯"原则，宣称："私有权受法律保护，每个人都有权拥有私有财产，有权单独或与他人共同掌管、使用和支配这些财产"。可以说，1993年《俄罗斯联邦宪法》的通过与生效，标志着俄罗斯"民主政治"框架初步确立。

从权力体系划分来看，根据《俄罗斯联邦宪法》，俄罗斯联邦总统是国家元首。俄罗斯联邦总统由公民用无记名投票方式选出，任期四年；同一个人只就任两届。梅德韦杰夫任俄罗斯总统后，在2008年的国情咨文中提出的政治改革内容之一是把总统任期由四年延长至六年。《俄罗斯联邦宪法》规定，由联邦委员会和国家杜马组成的俄罗斯联邦会议（议会）行使立法和监督职能。俄罗斯联邦的司法系统包括联邦宪法法院、最高法院、最高仲裁法院与联邦总检察院。按宪法规定，审判权只由法院行使，法官是独立的，只服从俄罗斯联邦宪法和联邦法律。按照俄罗斯宪法和《俄罗斯联邦检察机关法》，俄罗斯检察机关既不属于国家立法和执行机关，也不属于司法机关，而是一种特殊的国家机关。作为联邦集中统一的机关体系，俄罗斯各级检察机关是代表联邦对国家各部门的法律执行情况实施监督的法律机关。

叶利钦执政八年，通过政治制度的转型，使以一党垄断、党政融合、议行合一、缺乏民主、高度集权等为特征的斯大林模式的社会主义政治制度不复存在，过渡到以总统设置、多党制议会民主、三权分立、自由选举等为特征的西方式宪政制度模式。应该说，这对作为苏联继承国的俄罗斯来讲，是政治制度的一个质的变化，它有利于克服那种高度集权、缺乏民主的政治制度所存在的种种严重弊端，使广大俄罗斯人民得到在苏联时期不可能得到的民主与自由，是政治制度迈向现代化的重大步骤。正是这个原因，在俄罗斯所形成的政治制度框架为多数政党与多数民众所接受，从而使这种转型方向变得不可逆转，再恢复苏联时期那种政治制度已不再可能。在 1999 年的最后一天，叶利钦在辞职讲话中说："我已经完成了我一生的主要任务。俄罗斯将永远不会再回到过去，俄罗斯将永远向前迈进。"这里讲的主要任务，就是指八年来制度性的转型、冲垮了苏联时期传统的社会主义政治与经济制度模式，形成了新的政治与经济制度模式的框架。

当然，我们讲俄罗斯在政治制度转型方面取得重大进展，并不忽视在俄罗斯形成的新的政治制度有着严重的局限性与不完善之处。在叶利钦执政时期，俄罗斯尚未成为一个现代化的民主社会与民主国家，这主要表现在：一是总统权力过大，在一些方面实行的是"总统集权制"，不少重大政策的决定是由叶利钦个人做出的，因此，往往带有叶利钦个人集权的性质。虽然在转型初期的特定条件下，"总统集权制"有其积极作用，如能较快结束俄罗斯"双重政权"局面，总统在稳定政局中有着极为重要的影响，但也有明显的负面效应，难以使政府和议会充分发挥作用，严重影响三权分立体制的实行，容易出现决策失误,这也是导致俄罗斯政局不稳定的一个重要因素。二是政党政治很不成熟,政党过多,1999年12月俄议会选举时获准登记的党派就有26个。在议会占多数的党派无权组阁,政党的作用受到制约。这使政党在决定国家重大方针政策方面难以发挥作用。三是俄公民在实现自己民主权利方面还存在不少问题,很多民主权利尚难享用。四是在私有化过程中形成的寡头,对政治的干预影响俄罗斯政府机构决策的民主进程,使宪法的执行受到制约,最终阻碍国家向民主政治制度转型目标的实现。关于这一问题,普京在2012年1月俄罗斯总统大选前发表的《民主与国家素质》一文中指出,在叶利钦时期民主被寡头精英们侵占了,"在民主的大旗下,我们得到的不是一个现代国家"。

普京在从2000年起的两任总统期间,为了建立一个强有力的国家政权体系,强化国家权威,政治上的中央集权化呈不断加强的趋势。这主要是因为在叶利钦时期存在一系列严重的社会经济问题:贪污腐败和团伙犯罪已经达到创纪录的地步。普京认为,产生这些弊病的根源是国家的软弱无力。因此,普京在政治领域的整治政策是,加强国家权力机关的权威,增强中央的集权。这也是普京每次讲话反复强调国家作用的基本原因。他在2001年发表的国情咨文中讲:巩固国家是战略任务。通过加强各级权力机构来巩固国家。不解决这个关键问题,俄罗斯就无法在经济和社会领域取得成就。

普京为建立强有力的国家,提出的方针是,坚持整顿权力机构的秩序,并逐步实现国家现代化。这方面的主要任务是:完善政治制度;实际改善联邦主体的条件和建立发展俄罗斯的法律保障。

从普京执政8年的情况来看,在国家权力的整顿与建设方面取得了不少进展：调整了中央与地方的关系，强化了联邦中央的权威，加强了对地方的控制；加强了对新闻媒体的控制与引导，2001年4月26日俄国家杜马通过了《新闻媒体法修正案》；推进政党制度建设，2001年通过了《政党法》；采取措施排除寡头对政治的干扰；加快司法改革，加强对腐败的打击力度；下决心加快行政机构的改革，目的是消除官僚主义、官员腐败和管理低效对社会经济发展的阻碍作用。普京在2002年4月18日发表的总统国情咨文中特别强调：执行权力机关的分支机构，仍然是集中的国民经济部门的指挥部，各部还在继续做出努力，使企业和组织在财政和行政方面服从于自己。由于限制经济自由发展的结果，"人们都在用贿赂来克服种种行政障碍。障碍越大，贿赂数额就越大，收受贿赂的人的级别就越高。"普京还透露，在俄电视征询的近50万居民的意见中，有3/4的人控告的是行政管理部门的肆意妄为。

普京在2004年3月15日凌晨第二次当选连任后，一再强调最首要的任务是进行强有力的行政改革，进一步加强中央政府的控制能力。普京这八年在政治制度方面，强化了以总统制为核心的政治制度架构，形成了大大突出他个人的作用，在新权威主义下的宪政体制。由于普京强调集权与稳定，这一时期俄罗斯政治制度转型停滞不前。对此，2009年6月9日，曾忠于普京的俄罗斯公正党领袖、联邦委员会主席米罗诺夫就公开指出，俄罗斯包括政党体制在内的许多民主机制已经不符合时代的要求。在政权党一党独大的基础上建立起来的政治系统越来越停滞不前。梅德韦杰夫在2008年当选总统后的第一个国情咨文中也指出："我们的国家机关成为最大的雇主、最活跃的出版者和最佳制片人，它自己就是法院、政党和人民。这样的系统绝对是没有效率的，并且只会催生腐败。它助长大众的法律虚无主义，违背宪法，妨碍创新型经济和民主制度的发展。"这亦说明俄罗斯政治体系是缺乏效率的。

在上述背景下，2009年9月在梅德韦杰夫发表的题为《前进，俄罗斯!》纲领性文章中公布了国家新政方略。之后，梅德韦杰夫在不同场合公开阐述了政治现代化问题对俄罗斯的重要性。两个月后，即2009年11月，时任总统的梅德韦杰夫在国情咨文中具体阐述了新政治战略付诸实施的计划，并在新政治战略概念的基础上首次提出了"全面现代化"的理念。他指出："我们将建立智慧型经济以替代原始的原料经济，这种经济将制造独一无二的知识、新的产品和技术，以及有用的人才。我们将创造一个有智慧的、自由的和负责的人们组成的社会，以取代领袖思考决定一切的宗法式社会。"也就是说，21世纪俄罗斯现代化将以民主与自由的价值观和体制为基础。2010年9月9日至10日，召开了俄罗斯雅罗斯拉夫尔国际政治论坛。梅德韦杰夫在论坛上较集中地论述了有关现代化与民主及自由问题。

在梅德韦杰夫看来，俄罗斯虽已经走上了民主之路，但是，民主发展的道路还很漫长。

普京于2012年3月总统大选获胜后，如何认识其政治制度转型趋势，是人们普遍关注的问题。这次总统大选普京胜选并无悬念，但各政党竞争激烈，在俄罗斯很多城市出现了集会游行的街头政治。反对派发动了集会，这实际上是多年来"去普京化"不断发酵的表现。"反普"的一个重要原因是，很多俄罗斯民众对普京时期存在的威权主义政治模式，对一个国家依赖于某一个强权人物来主导，表达不满，认为这显然与民主政治是相违背的。总的来说，"反普"反映了相当一部分民众对民主政治改革的强烈诉求,同时也说明以普京为代表的政治精英们,尚未足够认识到公民的自我意识已经觉醒,因而也没有积极主动地去完善俄罗斯的政治民主制度。

从政治转型视角来看,普京面临的主要难题是民主政治改革。通过这次大选,普京清楚地意识到民众对政治的垄断和威权政治的强烈不满,因此必须推进改革,特别是政治制度改革。改革的方向是进一步推进民主政治。据俄罗斯时事评论网2012年2月6日报道,普京在会见政治家时坦承,自己当选后最大的任务是在俄罗斯创建一种体制,使国家命运不会被1~3人左右。但普京在推进民主政治改革时强调要谨慎。他在竞选时发表的《俄罗斯的民主制度》一文中说,俄罗斯政治制度需要重塑,但不要指望外部模式。他坚持说,俄罗斯需要一个强有力的政府。在普京看来,如大步推行民主政治改革,会削弱强大的联邦中心与他个人的威权,而且稍有不慎会影响政局稳定。普京在文章中还说:"真正的民主不是一蹴而就的,也不能仅在表面上复制。"但是,如果民主政治改革缓慢又将引起反对派的强烈不满,难以推动经济发展。所以,如何推进民主政治的改革,对普京来说,既是难题又是重大挑战。

至于俄罗斯政治制度转型的趋势,笔者认为,在今后一个时期普京仍将继续坚持以国家为中心的民主政治转型的路径,突出普京个人作用的威权主义仍将是俄罗斯的主要政治形态。但同时要指出的是,随着转型的发展和各种关系的磨合,威权主义将逐步弱化,具有弹性与柔性。今后俄罗斯更可能朝符合现代化的政治制度方向发展,政治制度走向更成熟化和法制化,从而走向现代化。在今后的转型过程中,政治制度进一步集权化、威权主义发展为普京独裁的可能性并不存在。因为经过20多年的转型,俄罗斯已经大致形成了三权分立的政治制度框架。从国际背景来看，当前的俄罗斯与20世纪二三十年代斯大林执政时期的苏联根本不同。俄罗斯走向极权必然会遭到西方的反对。再说，俄罗斯如果把自己重新孤立起来，不融入世界，也难以实现国家现代化的目标。

与政治制度一样，经历苏联时期多次改革，俄罗斯民主派上台时面临的仍是斯大林时期形成的经济制度，其主要内容是：就决定社会经济基础和生产方式性质的、在生产关系中起决定性作用的是生产资料占有方式而言，在斯大林看来，苏联建立的公有制有两种形式：一是以国有企业为代表的全民所有制，被认为是社会主义公有制的最高形式；二是以集体农庄为代表的集体所有制，它是公有制的低级形式，应该尽快向全民所有制这一最高形式过渡。国有企业是社会主义公有制的最高形式的理论，实际上并不源于马克思主义，而是源于斯大林主义。在国家所有制是全民所有制经济、是社会主义经济的高级形式这一理论指导下，在超高速工业化与全盘农业集体化过程中，苏联加速了生产资料所有制的改造。在完成第二个五年计划时，苏联也完成了从多种经济成分向单一的生产资料公有制经济的转变。

在后来的经济发展过程中，虽然经历多次经济体制改革，但单一的公有制结构不仅未能改变，而且国家所有制进一步发展。苏联剧变前的1990年在所有制结构中，国有制的比重为92%。

从斯大林的苏联社会主义实践中可以看到，在国有制条件下，支配生产资料的不是社会的人，劳动者并没有取得他们用于集体劳动的生产资料的个人所有权，支配生产资料的是党、国家和斯大林。从经济运行机制来看，是以公有经济为基础和以产品经济观为理论，建立起与高度集权的政治体制模式相适应的高度集中的、指令性的计划经济体制模式。从在社会主义建设与社会改造过程中实行的政策来看,是在强大的阶级斗争压力下,用强制乃至暴力手段,走超高速工业化与农业全盘集体化的道路。从对外经济关系来看,长期以来是半封闭的国家,60%左右的对外经贸合作是与经互会成员国进行的。苏联与经互会成员国的经贸关系实际上是其国内指令性计划经济体制的延伸,市场经济机制并不起作用,经济走的不是开放式发展道路。这使竞争机制基本上不起作用。因此,苏联对外经济关系发展水平大大低于西方一些国家。1988年,苏联对外贸易出口额占其GNP的7.7%,而这一年,世界贸易出口额已占世界GNP的21%以上。

这种经济制度的主要弊端是:实行高度集中的指令性计划经济体制,和实行单一的所有制结构,排斥市场的作用。2012年12月26日,普京与参加瓦尔代俱乐部会议成员对话时指出,苏联时期的主要问题是"经济的非市场化,缺乏竞争等等"。

斯大林时期确立的经济制度,不论从制度本身讲,还是从对经济发展的影响来看,都是十分落后的、低效的。在实行高度集中的指令计划经济条件下,加上片面大力发展军事工业,造成经济结构严重畸形,严重影响了苏联人民生活水平的提高。长期以来,苏联市场紧张,一直被称为"短缺经济"。1950年苏联居民年均肉消费量比1913年少3公斤,粮食少28公斤。1952年,英国工人每小时的收入所购买的食品量高出苏联3.6倍,美国则高出5.5倍,到苏联解体前夕,市场供应越来越紧张。

在上述背景下,俄罗斯民主派执政后,加速经济制度转型是一项十分急迫的任务。1992年1月2日,俄罗斯开始实行"休克疗法"式激进转型。通过激进式经济转型，俄罗斯很快就冲垮了传统的计划经济体制模式。1996年，俄罗斯形成了市场经济体制的基本框架，其主要表现在：

（1）1996年俄罗斯以转让国有资产为主要内容的大规模的产权私有化，已基本结束。私有化企业在俄罗斯企业总数中的比重与其生产的产值占全俄GDP的比重分别约为60%与70%。也就是说，通过私有化，打破了国家对经济的垄断，形成了私营、个体、集体、合资、股份制与国有经济多种经济成分并存的多元化格局。俄罗斯的一些政要还认为，通过私有化较顺利地实现了其政治目标：一是铲除了计划经济体制的经济基础，使经济制度转型朝向市场经济体制模式变得不可逆转；二是培育与形成了一个广泛的私有者与企业家阶层，成为新社会制度的社会基础。

（2）按西方国家模式，构建了适应市场经济要求的宏观调控体制。在银行体制方面，俄罗斯建立了以中央银行为主体、商业银行与多种金融机构并存的二级银行体制。通过立法，明确了中央银行的独立地位，实行利率市场化。在财税体制方面，俄罗斯通过改革使国家财政向社会共同财政转化，缩小财政范围。财政职能转变的重点有两个：一是财政作为政府行为不再直接干预企业的生产经营活动，主要是解决市场不能满足的一些社会公共需要；二是由于在市场经济条件下，国家调控宏观经济的方式由以直接行政方法为主转向以间接经济方法为主，因此，要强化财政对宏观经济的调控作用。通过实行分税制，在联邦预算中建立转移支付项目。联邦、联邦主体和地方三级税收体制基本建立。在外汇管理方面，由一开始实行的自由化转向实行有管理的浮动汇率制度。

（3）确立了社会保障体制改革的方向。俄罗斯在这一领域的改革是朝以下方向进行的：一是逐步放弃国家包揽一切的做法，实现社会保障的资金来源多元化；二是在处理社会公平与效率的关系问题上，由过去的重公平忽视效率，转向重效率兼顾公平。

（4）在完善经济法规方面也取得了一定的进展，制定了大量的法规。

（5）为融入世界经济体系积极参加世界经济组织。1992年6月加入IMF，同年又加入世界银行，1993年向WTO的前身关贸总协定提交了加入该组织的正式申请（经过18年的努力于2011年12月16日"入世"）。

但应看到，叶利钦时期形成的市场经济框架，是极不成熟的。由于俄罗斯市场是在苏联经济的行政命令体制崩溃过程中产生的，形成于强大的国家制度削弱与瓦解过程中，使国家调节市场的能力很差，加上在市场形成过程中，充满着政治斗争，这使得市场经济运作中出现无序、混乱、经济犯罪和影子经济。

叶利钦时期的经济制度转型，并没有使俄罗斯摆脱经济困境，反而给人民生活带来了很大困难，为此，叶利钦在辞职讲话中"恳请大家原谅"。他说："我苦思该采取何种举措来确保国人生活得安逸，哪怕是改善一些。在总统任期内，我再没有比这更重要的施政目标了。"1992年，俄罗斯经济转型，到1999年，GDP累计下降40%。

很明显，俄罗斯经济转型，从制度建设来看，取得了一定进展；但从经济发展来看，叶利钦时期的经济转型，不仅没有达到振兴经济的目标，经济反而出现了严重的转型危机。

2000年普京上台后，继续强调的战略是，通过政治上建立强有力的国家政权体系与加强中央权力，保证俄罗斯实现市场经济的改革。

普京为了实现市场经济的改革方针，针对叶利钦时期存在的问题，特别强调以下几点：第一，加强国家对经济的调控。第二，在经济转型的方法上，"只能采用渐进的、逐步的和审慎的方法实施"，切忌1990年代机械搬用西方经验的错误做法，强调俄罗斯必须寻觅符合本国国情的改革之路。第三，重视社会政策。普京强调，对俄罗斯来说，任何会造成人民生活条件恶化的改革与措施基本上已无立足之地。第四，反对重新国有化。第五，要有经济发展战略。针对过去没有切实可行的长期经济发展战略，普京强调，为了使俄罗斯有信心走出危机，走向振兴之路，增强国内凝聚力，需要制定经济发展战略。

普京执政8年，俄罗斯各领域中的消极因素日益得到抑制，政治秩序混乱、无序状态有了根本性的好转，加上经济发展保持了良好的态势，人民生活水平有较大改善，8年间俄罗斯国内生产总值增长了70%，年均增长率为6.9%。

2008年5月7日，梅德韦杰夫正式成为俄罗斯第三任总统，8日，普京被国家杜马批准为政府总理，"梅普政权"正式形成。为了使普京执政时期的经济转型政策继续下去，加快经济与社会的发展，普京在其离任前的2月8日，在俄罗斯国务委员会扩大会议上做了题为《关于俄罗斯到2020年的发展战略》的讲话（以下简称《发展战略》）。可以说，这为俄罗斯今后12年经济社会的发展规定了大的框架。从经济转型视角来看，《发展战略》与普京执政8年期间相比，更加突出以下几个相关联的问题：第一，经济实行创新型发展。第二，增加人力资本投入。第三，积极发展高新技术，因为这是"知识经济"的领航员。第四，调整经济结构，摆脱惯性地依赖于能源原料的发展版本。第五，战略的重点是发展有竞争的市场经济。

在俄罗斯转型20多年期间，它的粗放型经济增长方式并未发生实质性变化。梅德韦杰夫总统在《前进，俄罗斯!》一文中指出："我们大部分企业的能源有效利用率和劳动生产率低得可耻。"2012年1月30日，普京在俄《新闻报》发表的题为《我们的经济任务》一文中指出："俄罗斯的劳动生产率为发达国家的1/3或1/4。"至于经济发展模式，俄罗斯与苏联一样仍是原料型经济，在国际劳动分工中处于能源与原料供应国地位。鉴于上述原因，俄罗斯经济现代化主要问题是要着力解决由资源型向创新型转变。

根据以上从政治与经济制度转型的分析，可以看到，在这20多年里，俄罗斯政治与经济制度的转型取得了实质性的进展，但是并不能说已结束了制度转型。2008年普京谈到俄政治制度时曾尖锐地指出："国家机器在很大程度上是一个官僚化的、腐败的制度，它没有谋求积极的动力，更谈不上有谋求急速发展的动力。""国家管理的一个主要问题依然是权力过分集中。"普京提出，"政府应该成为提出思想、制定战略规划的智囊中心"，"而不是一个劲儿找无关紧要的细节，在鸡毛蒜皮上下功夫"。在行政体制方面最为突出的一个问题是，腐败严重。普京第三次当选总统不久，俄科学院社会学研究所所长米·戈尔什科夫院士在访华所做的报告中指出，在关于经过20年转型的俄罗斯今天是否已成为民主国家的问题，社会调查显示，只有25%的受访者认为是，52%的受访者认为不是。俄经济制度同样是极不完善的，离文明的、符合现代化要求的市场经济还有很大差距，经济垄断性强，缺乏平等竞争，国家对经济干预过多，对经济过分地行政挤压，在国家公司，起作用的往往不是市场机制，而是人为的管理原则,这一切造成当今俄罗斯经济的主要问题——效率低下。2004年俄著名学者阿甘别基扬院士指出,如果要达到文明、有效的市场经济需走60步的话,俄罗斯只走了15步。① 现在又过了8年多,算又走了15步,还有30步要走。当然这是形象的比喻,但说明俄远未形成现代化的市场经济。

本书各篇的作者是:陆南泉(导言、一、七、八、九、十、十二、十三、十四);潘德礼(二);庞大鹏(三、四);崔皓旭(五);李雅君(六、十五);李福川(十一);薛福岐(十六);李莉(十七)。全书由陆南泉设计框架并最后定稿。

---

① 参见〔俄〕A. 阿甘别基扬《俄罗斯社会经济发展》,莫斯科,2004,第231页。

第一编

历 史 背 景

一 不再具有生命力的斯大林模式的社会主义

斯大林模式的社会主义，是在20世纪二三十年代特定历史条件下逐步形成的。斯大林模式是指斯大林按照他的社会主义观在苏联建立的社会主义制度，人们一般称为斯大林模式或苏联模式，或表述为斯大林—苏联模式。斯大林模式是一个统一的完整体系。第二次世界大战后，这一模式还推行到东欧各国。在相当一个历史时期，苏联利用高度集权的政治经济体制，保证了经济高速发展，在第三个五年计划结束时，苏联由一个落后的农业国基本上成为一个强大的工业国，战胜了法西斯德国。但高度集权的体制模式，随着历史的发展，它的弊端也在发展，矛盾越来越突出，越来越阻碍社会经济的发展，离科学社会主义越来越远。后来，由于这一高度集权的体制模式一直没有得到根本性的改革，到20世纪80年代末斯大林模式的社会主义制度已失去动力机制，走到了尽头。前东德最后一任总理汉斯·莫德罗指出："苏联的社会主义模式已被证明没有能力为社会主义赢得前途"。[1]换言之，苏联社会主义模式不再具有生命力。

---

[1] 〔德〕汉斯·莫德罗：《我眼中的改革》，马细谱等译，中央编译出版社，2012，第2页。

1. 主要内容与主要弊端

（1）主要内容

第一，从生产资料归谁所有的角度来看，斯大林在苏联建立的公有制有两种形式：一是以国有企业为代表的全民所有制，被认为是社会主义公有制的最高形式；二是以集体农庄为代表的集体所有制。在斯大林国有企业是社会主义公有制的最高形式理论的指导下，苏联一直坚持将集体所有制尽快向全民所有制这一最高形式过渡。从斯大林的社会主义实践中可以看到，在国有制条件下，支配生产资料的不是社会的人，劳动者并没有取得他们用于集体劳动的生产资料的个人所有权，支配生产资料的是党、国家和斯大林。

第二，从政治上来讲，斯大林模式主要包括实行一党制，重大问题都由党决定；党政合一，党国合一；实行不受法律限制的"无产阶级专政"；在贯彻民主集中制原则过程中，实际上搞的是没有广泛民主（包括党内民主）基础的集中制，权力集中在少数人手里，最后集中在斯大林一个人手里；对文化、意识形态严加控制，斯大林垄断了马克思列宁主义的解释权。在这些条件下形成的是高度集权的政治体制模式，最后发展成斯大林个人集权主义乃至专制主义。斯大林的个人极权主义，"其要害是实行个人集权制、领导职务终身制、指定接班人制、党政不分制、干部等级授职制和党政官僚特权制"。①

第三，在社会主义建设与社会改造过程中，在强大的

---

① 高放：《苏联制度宏观研究论纲》，宫达非主编《中国著名学者苏联剧变新探》，世界知识出版社，1998，第80页。

阶级斗争压力下，用强制乃至暴力的手段，实行称为斯大林的超高速工业化与农业全盘集体化。

第四，以公有经济为基础和以产品经济观为理论，建立起与高度集权的政治体制模式相适应的高度集中的、指令性的计划经济体制模式。

第五，在民族问题上，斯大林实际上是把联邦制度变形为事实上的单一制，斯大林执政时期，随着政治权力日益集中在中央，集中在斯大林一个人手里，各加盟共和国的独立自主权大大削弱，民族自决权的原则实际上流于形式。1990年召开的苏共中央二月全会指出，斯大林时期的联邦制"就实质来说是单一制的国家制度的模式"。① 苏联"这个国家一直是采取单一形式进行统治，民族和地方利益并不是考虑问题的原则"。"每一个民族都有自治权……在苏联整个历史中，这理论只是一种幻想。"②

第六，在对外关系方面，往往表现为扩张主义与霸权主义。斯大林的扩张主义与霸权主义有以下几个明显特点：一是在国际主义和世界革命的旗号下进行；二是重点放在意识形态方面，斯大林把他的社会主义观强加给别人，让别国接受，俯首听命；三是国内高度集中的经济体制是其推行霸权主义最有效的保证。

第七，一系列赖以形成斯大林模式的理论，如"一国社会主义"；不受法律限制的"无产阶级专政"；"阶级斗争尖锐化"；国有企业是社会主义公有制最高形式；社会主义是产品经济；个体农民是"最后一个资本主义阶级"；等等。

这里需要指出，上面所列举的构成斯大林模式的一些

---

① 《真理报》1990年7月15日。
② 〔美〕小杰克·F. 马特洛克：《苏联解体亲历记》（上），世界知识出版社，1996，第33页。

主要方面，它们相互之间有着密切的联系，互相促进，相互制约，互为条件。

（2）主要弊端

这种模式在政治体制方面的主要弊端是：

第一，长期实行家长制，一言堂，个人凌驾于党组织之上，党组织成为个人的工具，从而把列宁创造的各种党内民主制度破坏殆尽。

第二，严重破坏法制，滥杀无辜。斯大林往往用残酷的手段，清洗与消灭任何一个政治反对派，实行个人专政。

第三，党包揽一切，苏维埃制度实际上成为有名无实的形式。

第四，联盟制国家实际上变成了中央集权的单一制国家。

第五，长期忽视党的建设，苏共在领导人民改造客观世界的同时，没有注意改造自己，很难保持苏共思想理论的先进性，长期陷入教条主义泥潭，脱离实际，脱离群众。

第六，在对外政策与国际共运中推行大国主义与大党主义。

斯大林模式在经济体制方面的主要弊端是：

首先，高度集中的指令性计划经济体制，无法从根本上解决生产者与生产资料的结合问题。

其次，实行单一的所有制结构，到1932年，99.5%的工业企业是国有企业。

第三，实行高度集中的经济管理体制，使国家、企业与劳动者三者利益难以结合，从而制约了企业与生产者的主动性与创造性。

第四，管理权限的高度集中化与管理方式的高度行政化，不可能按照客观规律发展经济，必然排斥市场的作用，缺乏竞争，使产品质量不能提高，改变不了严重不合理的经济结构，造成严重的资源、人才与时间浪费，伴随着浪费的则是低效率的经济，不能保证经济可持续发展，经济发展由高速、低速、停滞到危机。

斯大林执政的30年，从政治上讲，没有停止过大清洗、大镇压运动，制造数不胜数的冤假错案，从而造成人人自危的政治局面。再拿经济来说，斯大林时期大规模的饥荒就发生了两次，一次是1930年代初集体化时期，一次是第二次世界大战后。每次饥荒饿死者数以百万计。1950年苏联谷物总产量为6480万吨，1913年沙俄时期为7250万吨，同期，肉类分别为490万吨与500万吨，人均谷物为447公斤与540公斤，畜产品为27公斤与31公斤。到斯大林逝世的1953年，牛、马、绵羊的头数仍未达到集体化前的水平。斯大林作为苏联高领导人，只有1928年到西伯利亚农村去过，目的是推行以强迫的手段征收农民存粮，在后来的长达20年中再也没有去过农村。这能搞好国民经济基础的农业吗？由于超高速的工业化和长期片面发展重工业，使经济结构畸形，严重制约了人民生活水平的提高。

2. 历次改革没有触动斯大林模式的本质

斯大林模式的社会主义，在政治与经济体制方面的弊端，带有制度性的特点。要消除种种弊端必须进行根本性的改革。在苏联时期，要么不断丧失改革机遇，要么改革失误，要么改革停滞甚至倒退，从而使斯大林模式的社会主义试验失败。这里我们不妨简要地回顾一下苏联改革的历史。

1921年3月，根据列宁的提议，在俄共（布）第十次代表大会上通过了由军事共产主义过渡到"新经济政策"的决议。由于列宁于1924年1月21日逝世，因此实践他提出的"新经济政策"的时间很短，"新经济政策"的一些主要思想也没有得到全党的普遍认同，到1928年斯大林利用粮食收购危机，宣布中止执行"新经济政策"，苏联又回到了从"军事共产主义"向社会主义"直接过渡"的道路。符合当时苏联社会经济状况的"新经济政策"被中止，意味着苏联历史上第一次重大变革停止了。在"新经济政策"执行的八年中，苏联的政策与体制较符合当时的实际。邓小平谈到苏联模式时指出："社会主义究竟是个什么样子，苏联搞了很多年，也并没有完全搞清楚。可能列宁的思路比较好，搞了新经济政策，但是后来苏联的模式僵化了。"[①] 这里讲的模式僵化了，指的是在斯大林宣布1936年苏联建成社会主义之后，他就把在二三十年代搞社会主义的一套做法，如超高速工业化道路、农业全盘集体化、建立单一的公有制经济结构、高度集中的指令性计划经济体制、把市场经济与资本主义画等号、对外贸易的国家垄断制等，都视为所有社会主义国家必须遵守的"共同规律"和识别真假社会主义的主要准则。

第二次错失改革良机是在第二次世界大战后到斯大林逝世前。这是一个极好的改革时机。战争胜利后，人们强烈地希望能有一个和平、稳定的环境，重建国家经济与家园，尽快地提高物质文化生活水平。人们意识到，实现这种愿望就不能简单地再回到战前的状况，必须在对战前的各种政策进行深刻反思与认真总结的基础上，

---

① 《邓小平文选》第3卷，人民出版社，1993，第139页。

根据战后出现的新情况和新形势，对社会主义发展方向、目标与实行的政策等进行重大调整。这必然涉及包括经济体制在内的斯大林模式的改革。实际上，在战前斯大林经济体制模式的弊端就已明显地暴露出来了。战前，苏联的经济问题与人民生活的困难已非常明显，战争的严重破坏，使问题发展到极其尖锐的程度。在战争时期这些困难暂时被掩盖了，但战争结束后，这些问题自然就会很快凸显出来。

从改革的客观条件看，当时出现了和平发展的机会，东欧与亚洲出现了一批社会主义国家，苏联不再是被资本主义包围的孤岛。另外，取得战争胜利的苏联，在国际上的地位大大提高，它的地位是空前的巩固。苏维埃政权在战争时期产生的凝聚力尚未消失。但遗憾的是，斯大林不仅不思改革，而且继续强化战前的体制，其主要原因是，在斯大林看来，高度集权的体制模式是十分有效的，因此也是不能改变的。这就丧失了改革时机，并且使原有的体制更加僵化与凝固化。另外，战后，斯大林个人迷信大大发展了，达到了神化的程度。同时，从斯大林思想深处来看，战后他并没有摆脱战备的理念。

第三次是赫鲁晓夫时期。他虽然看到传统体制存在严重的弊端，必须进行改革，但由于改革没有从根本上触动斯大林模式，最后以失败告终。赫鲁晓夫上台时面临着十分复杂的局面和艰巨的任务。正如苏联著名政论家费奥多尔·布尔拉茨基指出的，放在当时赫鲁晓夫面前的斯大林所留下的苏联是："越来越贫困的、实际上半崩溃的农村、技术上落后的工业、最尖锐的住房短缺、居民生活的低水平、数百万人被关押在监狱和集中营、国家与外部世界的隔绝——所有这一切都要求有新的政策的彻底的变革。于是，赫鲁晓夫——正是这样（像人民期望的那样）

成了新时代的先驱者。"① 赫鲁晓夫只有通过更新政策与改革,才能解决面临的种种难题。为此,赫鲁晓夫首先做的是消除政治恐怖,让人民过正常的生活。他采取的措施有:清除贝利亚,为政治领域进行整顿清理创造前提条件;清理冤假错案,全面平反昭雪;采取组织措施,改组国家安全机构与健全司法制度;反对斯大林的个人崇拜,这是进行改革绕不过的一步。"非斯大林化"是赫鲁晓夫上台后必须解决的一个重要问题,也是赫鲁晓夫执政时期的一个主要标志。

尽管赫鲁晓夫作为战后苏联第一个改革者,在苏联与东欧各国产生深刻的影响,但由于改革在指导思想与政策等方面的失误,使改革未取得成功,导致了国民经济的混乱,并产生了严重的不良后果。

第四次是勃列日涅夫时期。如果勃列日涅夫上台后,在总结赫鲁晓夫时期改革的经验教训基础上,推行前任已启动的改革以及利用反斯大林个人崇拜,为其创造改革的政治前提,可把改革推进一大步,但他不仅使经济改革半途而废,政治体制也出现倒退,向斯大林时期建立的高度集权的体制回归。这突出表现在:个人崇拜盛行。个人集权、缺乏民主必然产生个人崇拜。随着勃列日涅夫个人权力的膨胀,个人崇拜也泛滥起来。勃列日涅夫为制造对他的个人崇拜和个人迷信,费尽了心机。个人迷信是个人集权的必然产物,它反过来也为巩固与发展个人集权创造条件,两者相互促进。这样发展的结果是,在勃列日涅夫时期的政治体制朝高度集权方向一步一步地迈进,一步一步地深化,使得斯大林时期形成的高度集权的政治体制变得

---

① 〔苏〕尤里·阿法纳西耶夫主编《别无选择》,王复士等译,辽宁大学出版社,1984,第584页。

"成熟",即更趋凝固化、僵化。这种"'成熟'在掩盖着、钝化着矛盾的同时,就已孕育着、潜伏着危机";干部领导职务终身制等体制的弊端日益严重,领导干部老化;"特权阶层"扩大化、稳定化和思想僵化。勃列日涅夫时期,这一阶层有50万~70万人,加上他们的家属,共有300万人之多,约占全国总人口的1.5%。这个既得利益"特权阶层"成为抵制与反对改革的主要阻力。重新斯大林主义化,加强了对文化意识形态的控制,这是勃列日涅夫时期政治体制倒退的另一个突出表现;此时,"思想限制的范围扩大了,成为迫害对象的人数增加了,社会的政治、精神和道德氛围明显地变坏了"。"'合法性'的界限和可以在体制之内采取行动的范围变得越来越窄了,人们明确无误地知道不久前还准许说的话和曾在崇高讲坛上讲过的话也被置于禁止之列了。"① 政府对"不同政见者"的镇压加强了,最恶劣的做法是把不同政见者作为精神病患者关进精神病医院。

政治体制倒退产生的严重后果是,苏联全面停滞与走近衰亡。

3. 戈尔巴乔夫力图进行根本性改革为时已晚

勃列日涅夫之后,经过安德罗波夫与契尔年科短暂的执政,1985年戈尔巴乔夫任苏共中央总书记,他执政7年。戈尔巴乔夫上台后,根据所面临的十分严峻的形势,做出苏联必须进行根本性改革的决定。

戈尔巴乔夫时期的改革是苏联历史上最后一次改革。

---

① 〔俄〕格·阿·阿尔巴托夫:《苏联政治内幕:知情者的见证》,徐葵等译,新华出版社,1998,第191~192页。

由于以往历次改革都只是对传统体制进行局部性修修补补，这样，积累了大量的问题，可以说是积重难返，到了这个时期，政治体制对改革的阻碍作用越来越大，戈尔巴乔夫力图进行根本性的改革已十分困难了。正如资中筠主编的《冷眼向洋》一书中说的："70～80年代，苏联体制病入膏肓"，"待到80年代中期，一代新人戈尔巴乔夫的崛起……已然为时晚矣"，"当这久病不愈的机体已经溃败，而手术台边又缺少这么几位高明的医师时，一场毫无把握的手术的结果，就是把病人送进太平间"。①

戈尔巴乔夫时期的改革失败了，从而加速了苏联剧变的进程。苏联剧变发生在戈尔巴乔夫执政时期，这是不争的历史事实，但这有其十分复杂的原因，主要是以下三个因素相互作用的结果。

一是经济体制改革本身的严重错误，突出表现在：在改革起始阶段，实行加速战略是先走错了第一步；改革未从农业开始，影响了整个经济体制改革的顺利发展；在经济改革过程中，没有解决好"四个结合"问题：改革与发展的结合，近期利益与长远利益的结合，改革的迫切性与长期性结合，微观与宏观改革措施的结合；政治体制改革从失控到迷失方向，使它对经济体制改革起不到促进作用；把政治领域中实行的妥协策略，运用到经济体制改革中来，致使经济体制改革停滞不前。最后导致出现严重的经济危机。

二是政治体制改革的严重错误，逐步迷失了改革的方向，使苏共失去了领导地位，从而在苏联失去了领导改革的政治核心力量，最后导致政治局势失控，出现大动荡。

---

① 转引自谢韬《苏联模式社会主义为什么失败》，《同舟共进》2007年第11期。

三是存在严重的阻碍机制。在戈尔巴乔夫时期其作用是不能低估的。

根据各种情况的综合分析，笔者认为，在梳理戈尔巴乔夫时期改革与苏联剧变关系问题时，应该做出以下两个不同层次的结论。

第一，戈尔巴乔夫改革的严重错误，特别是后期改革迷失方向，加速了苏联剧变的进程，是苏联剧变的直接原因。

第二，更应看到，苏联的剧变有深层次的历史原因。正如有些学者指出的："如仅仅停留在戈尔巴乔夫改革错误这一直接原因去分析苏联剧变，只能是一种浅层次的认识"，因为"从历史的角度看，任何一件大事的发生总有它的基础的导因，这种基础因素是决定性的，是历史发展中带有必然性质的东西，由于它们的存在，导致事物在一段时期内的结束"。因此，在指出戈尔巴乔夫在苏联剧变问题上负有不可推卸的责任的同时，应该看到，"这种责任只能是直接意义和浅层次上的，是表面上的，属于导因性质，它诱发了社会内部长期以来的根本矛盾，离开了这些根本矛盾，戈尔巴乔夫的作用便无法去理解，也不可能存在"。① 也就是说，不要因为苏联剧变发生在戈尔巴乔夫执政时期，而忽略了苏联历史上长期积累下来的问题，忽略引起质变的诱因，忽略量变背后更为重要的起决定性作用的东西。弄清楚这个因果关系，才能对戈尔巴乔夫的改革为什么失败，做出全面的符合实际的总结。

苏联发生剧变的历史事实，亦明确无误地证明，不改革只能是死路一条。正如普京讲的："苏维埃政权没有使

---

① 转引自陆南泉等主编《苏联真相对101个重要问题的思想》（中），新华出版社，2010，第1160页。

国家繁荣，社会昌盛，人民自由。用意识形态的方式搞经济导致我国远远落后于发达国家。无论承认这一点有多么痛苦，但是我们将近 70 年都在一条死胡同里发展，这条道路偏离了人类文明的康庄大道。"① 梅德韦杰夫对苏联历史基本上持否定与批判的态度，并且这一态度越来越鲜明，如 2009 年 10 月 30 日，即在俄罗斯政治镇压受害者纪念日的时候，他在网上发表了题为"对民族悲剧的纪念如同对胜利的纪念一样神圣"的视频博客。他说："无法去想象我们所有民族所遭受的恐怖的规模。恐怖的高潮是在 1937～1938 年。A. 索尔仁尼琴称当时的不尽的'被镇压的人流'是'人民痛苦的伏尔加河'。在战前的 20 年里，我国人民中的整个阶层和整个专业界遭到毁灭。哥萨克人实际上都被消灭了。农民们被'剥夺了生产手段和土地'，变得毫无生气。知识分子、工人和军人都遭到了政治迫害。所有的宗教界代表都遭到了迫害。""我们只要想一想：几百万人死于恐怖和不实指控——那是几百万人。所有的权利都被剥夺了，甚至人应有的安葬权都被剥夺了，而长期以来他们的名字就被从历史上勾销了。"他接着说："但是，直到今天仍然可以听到这种说法：为了某些崇高的国家目标，这么多人的牺牲是值得的。""我坚信，国家的任何发展、国家的任何成就和理想，都不能以人的苦难和损失为代价来取得和实现。没有任何东西可以高于人的生命的价值。"关于对斯大林的评价，梅德韦杰夫一直持否定与严厉批判的立场。在弘扬俄罗斯大国地位，强调苏联对德战争中发挥重要作用的庆祝第二次世界大战胜利 65 周年活动期间，梅德韦杰夫一再谴责斯大林犯下了永远不可饶恕的严重错误与罪行。他

---

① 《普京文集》，中国社会科学出版社，2002，第 5 页。

非常明确地说，自新的俄罗斯产生以来，国家领导人对斯大林的评价非常明确。他还说，俄罗斯每个人都有权利对斯大林做出自己的评价，但"这种个人评价不应影响到国家评价"。当 2010 年 11 月 26 日，俄罗斯国家杜马指认斯大林制造了屠杀波兰军官的"卡廷惨案"时，梅德韦杰夫提醒广大俄罗斯群众，斯大林独裁者曾犯下诸多罪行。

不论斯大林所犯严重错误还是罪行，都是在斯大林创建的高度集权体制与缺乏民主的条件下发生的。因此，苏联剧变后，俄罗斯实行的国家转型必然与制度变迁同步。叶利钦在短时间内，将列宁亲手缔造的、有 93 年历史和拥有 1800 万党员、在苏联已执政 74 年之久的苏联共产党冲垮，使其丧失了执政党的地位；使存在 69 年之久的苏维埃社会主义共和国联盟解体，原有的 15 个加盟共和国宣布独立；苏联解体后宣布独立的 15 个加盟共和国与东欧各国，无一例外地宣布彻底与斯大林时期形成与发展起来的高度集中的政治、经济体制决裂，体制改革也不再是对斯大林—苏联模式的社会主义制度的完善与发展，而是朝着西方所认同的价值观念方向发展，即朝着经济市场化、政治民主化方向的体制转型。

第二编

政治转型

二 俄罗斯政治转型的进程与特点

俄罗斯政治转型始于苏联后期,在苏联剧变和解体过程中,俄罗斯民主派为摆脱苏联共产党,脱离由苏共控制的联盟中央的束缚,选择了放弃联盟,寻求俄罗斯自身发展的道路。苏联解体后,俄罗斯经历了立国初期的混乱与动荡,建立起新的政治经济制度,完成了政治转型、经济转轨以及国家结构形式的变化。经过激烈的政治斗争,逐步向有序、相对稳定转化,实现了社会政治稳定。

1. 政治转型的进程

俄罗斯的政治转型发端于戈尔巴乔夫改革后期,以苏联剧变和解体为标志,俄罗斯的政治转型可分为两大阶段:苏联剧变和解体前为第一阶段,其间经历了政治转型的酝酿和启动,以及完成第一阶段主要任务的政治进程——该阶段主要任务是国家社会政治经济制度的根本转变以及国家结构形式的变化。苏联解体后,俄罗斯政治转型进入第二阶段,以《俄罗斯联邦宪法》的通过、生效为分界线,此前为政治体制确立时期,此后则为政治体制调整、巩固、完善时期。

（1）政治转型第一阶段

苏联、俄罗斯政治转型第一阶段表现为夺权斗争：以俄罗斯民主派为首的苏共反对派与苏共争夺国家领导权的政治斗争；由民主派执掌的俄罗斯和各加盟共和国与苏共控制的联盟中央争夺权力的斗争。这一阶段的斗争解决"谁战胜谁"的问题。

苏联模式经历数十年发展，进入20世纪80年代，苏共党内和苏联社会对勃列日涅夫时期的"停滞"日益不满，寻求变革的呼声渐起。1985年当选苏共中央总书记的戈尔巴乔夫上任不久便指出，苏联自70年代末期以来形成了一种"障碍机制"，出现了全面停滞趋势，因而"必须进行根本性的变革和改造"。1986年苏共第二十七次代表大会确认，苏共当前的基本任务是"发展和巩固社会主义，有计划地和全面地完善社会主义"。在经济方面，提出以科技进步和对社会生产力进行根本改革为主要手段的"加速战略"。在政治方面，提出社会民主化是"改革的决定性条件"，是"达到改革目的的具有决定性意义的手段"，由此开始了民主化改革进程。

苏共长期执政，在取得成就的同时也出现过各种失误和错误，过去此类问题是绝对的"禁区"。戈尔巴乔夫提出苏联历史不应留有"空白点"，苏联社会"不应该有不受批评的禁区"。随着一些历史真相被揭露，社会上掀起了否定斯大林、否定列宁、否定苏联模式、否定马克思主义的"思想解放运动"，出现了一批"非正式组织"，并逐渐向政党方向转化。在这场运动中，苏共由改革的领导力量变为批评的对象和"被告"，出现信仰危机，在苏共内部也出现了分化，从思想分歧逐渐向派别化方向发展。此时，仍可视为苏联包括俄罗斯政治转型的酝酿阶段，或前期思想准备阶段。

在社会思想出现混乱、经济改革效果不佳的情况下，改革的重心开始转向政治领域。1988年苏共第十九次全国代表会议提出政治体制改革问题：革新国家权力结构、把竞争机制引入政治领域——会议通过决议，把一切权力归还苏维埃，成立由全民选举产生的国家最高权力机关——苏联人民代表大会，由人民代表大会选举组成最高苏维埃，作为人民代表大会的常设机关。以此为起点，苏联、俄罗斯开始了政治转型。

1989年3月，苏联举行人民代表选举，在选出的2250名代表中，88%的代表是第一次进入国家最高权力机关，而苏共各级领导人有20%落选。5～6月召开了第一次苏联人民代表大会。大会选举产生了由542人组成的两院制（联盟院、民族院）最高苏维埃，戈尔巴乔夫当选最高苏维埃主席。

1990年，苏共二月全会决定放弃苏共在政治体制中的领导作用；提出在苏联设立总统职位的问题。同年3月苏联第三次人民代表大会修改了关于苏共领导作用的苏联宪法第六条，接受了业已形成的多党并存的现实，通过了苏联总统职位法，戈尔巴乔夫当选苏联总统。苏联初步形成了"三权分立"的政治体制架构：人民代表大会、最高苏维埃为立法机关，行使立法权；部长会议作为政府行使执行权；最高法院、最高检察院等司法机关行使司法权。1990年12月，苏联第四次人民代表大会把部长会议改组为总统领导下的内阁制，使行政权直接置于总统控制之下。

从1990年起，陆续举行了地方苏维埃选举，在1990年俄罗斯人民代表选举中，叶利钦当选人民代表，同年5月29日当选俄罗斯最高苏维埃主席。

政治体制改革后,以联邦制原则建立起来的联盟国家开始面临分离主义威胁。1990年波罗的海三国先后宣布脱离苏联。同年6月12日,俄罗斯最高苏维埃通过了《俄罗斯苏维埃联邦社会主义共和国国家主权宣言》。其他加盟共和国迅速仿效,宣布本国是主权国家,其法律高于全苏法律。1991年3月17日,苏联就"是否保留和革新联盟"问题举行全民公决,76.4%的选民赞成保留联盟。

俄罗斯借全民公决之机,在俄罗斯公民的选票上添加一项:是否赞成在俄罗斯设立总统职位。52%的选民赞成设立俄罗斯总统职位。同年6月12日俄罗斯举行总统选举,叶利钦当选总统。7月10日叶利钦就任俄罗斯总统,7月20日签署俄罗斯国家机关非党化命令。俄罗斯总统职位的设立,初步形成了"三权分立"式的政治体制框架,但根据几经修改补充的1978年俄罗斯宪法,这时的政治体制仍然保留着苏维埃制度。

1990年7月苏共召开第二十八次代表大会,此时的苏共已深陷"派别化"和"联邦化"困境中。此前形成的三个派别:"民主激进派""传统派"和"主流派"提出了各自的纲领。大会通过了主流派的《走向人道的民主的社会主义》的纲领性声明,提出要建立"人道的、民主的社会主义","以社会所有制和混合所有制为基础的可调节市场经济",三权分立的法制国家和"主权共和国联盟"。大会期间,叶利钦宣布退党,各加盟共和国党中央摆脱苏共中央的取向显露出来。

在新联盟条约签署前夕,发生了"8·19"事件,事变历时三天以失败告终。叶利钦下令中止苏共在俄罗斯的活动,没收其财产。8月24日,戈尔巴乔夫宣布辞去苏共中央总书记职务,并建议苏共中央"自行解散"。叶利钦颁布命令把俄罗斯境内的联盟中央权力、财产和机构划归俄罗斯所有。各加盟共和国纷纷仿效，宣布接管联盟在其境内的财产和权力。联盟中央的权力被架空，联盟名存实亡。

12月8日，叶利钦和乌克兰总统克拉夫丘克、白俄罗斯最高苏维埃主席舒什克维奇签署了建立"独立国家联合体"的协定，发表了告全体人民书，宣布苏联解体。三国元首商议建立"独立国家联合体"。12月21日11个苏联加盟共和国元首在阿拉木图举行会晤，签署了《关于建立独立国家联合体协议的议定书》。1991年12月25日，苏联总统戈尔巴乔夫宣布辞职。

（2）政治转型第二阶段

苏联解体后，俄罗斯政治转型进入第二阶段，包括叶利钦时期、普京时期、"梅普组合"时期和2012年5月开始的"新普京时期"。

以1993年《俄罗斯联邦宪法》通过、生效为标志，俄罗斯政治转型基本结束，国家社会政治、经济制度、政治体制均以国家基本大法的形式确定了下来。以后历届领导人都是在宪法和法律范围内行使权力，调控国家政治发展进程。

第一，叶利钦时期——宪政民主政治制度的建立与巩固。

跨越政治转型两个阶段的叶利钦时期是俄罗斯政治发展最重要时期，是国家社会政治制度、政治设置重建、创建时期。这一时期，政治斗争逐渐从无序到有序，政治斗争对社会经济的干扰和破坏作用逐步弱化。

苏联解体后，围绕着经济改革政策、国家发展道路、国家最高权力划分、宪法制度等重大问题，民主派阵营发生了分裂。处于"新""旧"制度交替时期的俄罗斯，在政治领域首先面临的是国家权力体制问题,"新的"国家权力结构——以总统为中心的国家权力执行机关成为国家最强有力的权力机关,而经过反复修改、补充的1978年俄罗斯宪法仍保持着"旧的"国家权力体制——苏维埃体制,由此便出现了都有宪法依据的两个最高国家权力机关:以总统为中心的权力机关和人民代表大会。

在人民代表大会中占多数的共产党人,大多数人在民主派与苏共、俄罗斯与联盟中央争夺权力的斗争中曾给予叶利钦以支持,随着事态的发展,他们转变为总统的反对派。一些原民主派人士、中间派同盟者,由于在经济改革、对外政策、国内政治等问题上同执政当局产生分歧,开始与政府疏远,而与左派、中派、民族主义势力接近,逐渐在议会内外结成反政府同盟。

在经济形势恶化的同时,围绕制定新宪法而展开的关于国家体制问题的争论,转变成权力斗争,叶利钦决心尽快通过新宪法,彻底摧毁苏维埃体制,重新划分国家权力。1993年4月25日俄罗斯就是否信任总统、赞成其社会政策,以及是否提前举行总统选举和议会选举等四个问题进行全民公决,前两个问题超过半数获得通过。9月21日晚,叶利钦发表电视讲话,解释"关于分阶段宪法改革"的总统令,宣布中止人民代表大会和最高苏维埃的立法、管理和监督职能;在联邦会议开始行使职能前,按总统令和政府的决定办事;建立最高立法机关——由联邦委员会和国家杜马两院组成的联邦会议(议会),12月11~12日举行议会选举。

叶利钦的决定引来在议会占据多数的反对派的激烈回击,双方冲突不断加剧,最后酿成流血冲突。执行权力一方动用武力打垮了掌握着立法权力机关的政府反对派,取缔了民选的立法权力机关——俄罗斯人民代表大会,结束了"双重政权"的政治局面,苏维埃制度到此终结。

1993年12月12日,《俄罗斯联邦宪法》草案经全民投票通过,12月25日正式生效。此后,俄罗斯的政治进入相对稳定时期,与前一时期相比,其特点是政治斗争在宪法范围内进行,政治斗争已从"街头"转到议会讲坛,斗争激烈程度有所降低。1994年12月,为阻止车臣分裂,联邦军队出兵车臣。各派政治力量围绕着车臣问题展开争论,激进民主派转向政府反对派立场,批评政府的车臣政策。

在叶利钦执政时期,伴随着他的是持续不断的政治斗争,其中最严峻的是1996年总统选举时,遭遇俄共领导人久加诺夫强有力的挑战,以及不时出现的政府危机。从1993年起,在叶利钦时期共举行了一届总统选举和三届国家杜马选举:1993年第一届、1995年第二届、1999年第三届。

在1993年"十月事件"后举行的国家杜马选举中,反对派力量并没有一蹶不振,民主派没能实现夺得绝大多数席位的目标。新的议会虽然不能像原来人民代表大会那样与总统抗衡,但能在宪法框架内对总统和政府形成一定程度的制约。

1995年,在车臣战争正酣、社会经济危机深重的背景下,迎来了第二届国家杜马选举。俄共抓住当局政策失误、人民生活水平大幅下降的时机,争取民众,其影响力明显上升,成为政坛上举足轻重的政治力量。4月,叶利钦提出成立以总理切尔诺梅尔金和国家杜马主席雷布金挂帅的"中右"和"中左"两个竞选联盟。以切尔诺梅尔金为首的中右集团——"我们的家园—俄罗斯"迅速壮大,成为执政当局的主要支柱。而以雷布金为首的中左联盟因遭到农业党等中左、左派政党的抵制,未能成为有影响的政党。

第二届国家杜马选举后,形成了俄共与我们的家园—俄罗斯对峙、多种政治力量并存的格局。俄共成为与执政当局抗衡的最大反对派,我们的家园—俄罗斯则取代了俄罗斯民主选择的政权党的地位。

在1996年举行的总统选举中,久加诺夫和叶利钦代表了两股政治力量。叶利钦开局不利,民主派四分五裂,而俄共的竞选准备进展顺利。面对落后的形势,执政当局在社会上掀起了一股"反对共产党复辟,防止市场经济夭折"的浪潮。经过1996年6月16日、7月3日两轮投票,叶利钦最终战胜久加诺夫。

在选举过程中大财团、金融巨头联合起来支持叶利钦,并在其获胜后获取政治回报。叶利钦健康状况不佳,使得各种非选举产生的机构以及金融巨头开始干预政治进程,金融寡头问题出现了。

叶利钦当选总统后,面临着俄共等反对派的强大压力,为保证"民主事业"的继续,开始频繁改组政府。1997年3月,叶利钦改组政府,任命丘拜斯和涅姆佐夫为政府第一副总理,开始新一轮改革,此后的"稿酬丑闻"① 使丘拜斯严重受挫。

1998年3月23日,叶利钦解除了切尔诺梅尔金的总理职务,任命基里延科为政府第一副总理,代行总理职务。3月27日,叶利钦提名基里延科为政府总理,要求国家杜马尽快批准,并以解散国家杜马相威胁。4月10日和17日,国家杜马两次否决了叶利钦对基里延科的总理提名。4月24日,第三次投票采用秘密方式,对基里

---

① 1997年11月,俄罗斯媒体将丘拜斯等5人借撰写《俄罗斯私有化史》向出版单位索取高额稿酬一事曝光。

延科的提名终获通过。5月中旬，俄罗斯爆发金融危机，基里延科政府陷入困境。8月21日，国家杜马通过了对政府工作不满意和要求总统提前自动辞职的决议案。叶利钦宣布解散基里延科政府，任命切尔诺梅尔金为代总理。次日，叶利钦正式提名切尔诺梅尔金为总理，被国家杜马两次否决。9月11日，国家杜马通过了叶利钦对普里马科夫的总理提名。

普里马科夫政府具有中左色彩，普里马科夫主张结束激进的经济改革，加强国家宏观调控，稳定金融体系，调整私有化政策，提高国有资产管理效率，扶持生产发展。当渡过金融危机难关后，1999年5月12日，叶利钦解散了普里马科夫政府，任命第一副总理斯捷帕申为代总理，意在阻止国家杜马对总统的弹劾进程，抑制不断壮大的中左派政治势力。5月15日，俄共发起的弹劾总统案在国家杜马未获通过。5月19日，国家杜马批准了叶利钦对斯捷帕申出任总理的提名。8月9日，叶利钦再次解散了斯捷帕申政府，推举普京为政府总理。在当年第三届俄罗斯国家杜马选举中，六个政党和选举联盟进入国家杜马：俄共（110席），团结联盟（74席），祖国—全俄罗斯联盟（66席），右翼力量联盟（29席），亚博卢集团（21席），俄罗斯自由民主党（17席）。团结联盟与祖国—全俄罗斯联盟的联合，使其在国家杜马中的席位超过了以俄共为首的左派阵营。①

1999年12月31日，叶利钦宣布辞去总统职务，普京成为代总统。

---

① "团结"党和"祖国—全俄罗斯"社会运动从2001年4月开始了联合的进程。同年12月1日，"团结"运动、"祖国"运动联盟与"全俄罗斯运动"宣布合并。2002年4月，由这三大中派组织联合而成的"统一俄罗斯"党宣告成立。

第二，普京时期——整顿政治秩序、改革、调整。

普京接任俄罗斯总统职务时形势严峻：地方政权自行其是、党派纷争、寡头干政。对此，普京采取一系列改革措施，调整各种关系，整顿政治秩序。

一是普京对联邦体制进行改革，提出实行"法律专政"，颁布了关于在俄罗斯成立7个联邦区及任命驻联邦区全权代表的总统令，将89个联邦主体划归这7个联邦区，总统通过向联邦区派驻全权代表，直接管理联邦区内事务。普京向联邦议会提交了一整套有关改革联邦体制的法律草案。联邦体制改革的目的是削弱地方领导人的实权，扭转中央对地方事务管理的失控局面，将管理国家各级权力机关的主动权掌握在联邦中央尤其是总统的手中，消除大量地方法规严重违反联邦宪法和联邦法律的现象，建立有效的国家垂直权力体系。

二是推动建立成熟的政党体制。普京提出的《俄罗斯政党法》草案，2001年6月，经国家杜马通过、联邦委员会批准，普京总统于7月初签署生效。在《俄罗斯政党法》的推动下，俄罗斯主要党派加快了进一步联合的步伐，其中最突出的是统一俄罗斯党的成立和迅速壮大。

三是在对待寡头的问题上，普京采取区别对待的态度，警告寡头不要染指政权，重新制定游戏规则；同时，以法律手段打击不听话的寡头，着手调查某些寡头经营中的违法活动，借此削弱寡头的势力。一些"不听招呼"的寡头受到沉重打击，后来的"尤科斯事件"、霍多尔斯基的被捕入狱显然与政治有关。普京反寡头行动就是要使寡头成为对政权有益无害的民族资本。作为打击寡头行动的一部分，当局迅速清理寡头控制的媒体王国，夺回舆论报道的主导权。

2004年9月,"别斯兰事件"后,当局为应付恐怖主义的威胁,进一步强化政治体制。在国内社会福利货币化改革受挫和独联体一些国家相继发生"颜色革命"的背景下,将应对"颜色革命",保持政治稳定作为中心任务。

普京执政以来,由于实施强化国家政权的措施,受到国内外"民主人士"的指责,作为回应,普京强调俄罗斯是民主国家。在2005年4月的国情咨文中,普京提出,民主应适应本国的特定条件,不能容忍他国利用民主问题谋求利益,民主制度与原则必须适合俄罗斯的发展现状和阶段,适合俄罗斯的历史与传统,由此形成了"主权民主"。

在2007年12月2日第五届国家杜马选举中,统一俄罗斯党获得国家杜马450议席中的315席,此后,该党和公正俄罗斯党、俄罗斯农业党、公民力量党联合提名第一副总理梅德韦杰夫为2008年总统候选人。

第三,梅普组合时期——暂短的过渡时期。

梅德韦杰夫任俄罗斯总统后,在2008年国情咨文中提出政治改革和调整的十项措施,在2009年的国情咨文中提出加强地方民主制度的十项措施,进一步调整、完善各级立法权力机关。特别是在2009年9月发表的《俄罗斯,向前进!》一文中和在2009年的国情咨文中阐述了国家政治制度现代化的问题,指出政治体制的进步与科技进步密不可分。

此轮政治体制改革、调整的重点放在从联邦中央到地方各级国家立法权力机关的组成方面,这涉及正在逐步发展的政党体制问题。改革的目标是扩大立法权力机关的代表性,尽可能广泛吸收各主要党派的代表参与决策过程,借以平息反对派对统一俄罗斯党一党独大的不满。

作为一种国家最高权力配置，梅普组合形成的背景世人皆知：已担任两届总统职务的普京在2008年任期届满离任前，计划以不违反宪法的方式，保障他于2012年再次当选总统，安排了这种过渡性的权力配置。2011年9月24日，在统一俄罗斯党代表大会上，梅德韦杰夫总统推举普京竞选下一任总统。普京表示，他与梅德韦杰夫早在四年前就已商定，根据二人的支持率决定由谁来竞选下一任总统，如果他当选总统将推荐梅德韦杰夫出任总理，使之可以继续推行已启动的各项改革。梅、普的"王车易位"着眼于维持国家政治稳定，反映了当今社会政治民主的发展程度，也带有一些忽视选民、"私相授受"的味道。此后，梅、普的社会支持率均有所下降，反对派借机加强了对政府和普京的批评，持续发动抗议活动。

第四，新普京时期——面临新形势，积极应对。

2012年3月4日，普京以63.64%的得票率再次当选总统。普京就职后，通过改组联邦安全会议、扩大总统办公厅等措施，加强了总统权力系统。通过调整、任命部分总统驻联邦区全权代表和地方行政长官，加强了总统对垂直权力体系的领导。

在经历了四年的梅普组合后，随着新普京时代的到来，俄罗斯社会政治形势发生了一些变化。

一是随着中产阶级的迅速壮大，求新图变的新一代已经成长起来。

二是2011年国家杜马选举结果表明党派格局、政治力量对比发生了一些变化。尽管统一俄罗斯党一党独大的局面尚未根本改变，但该党在国家杜马中的席位大幅减少，而国家杜马中其他三党的席位则相应增加，从执政当局角度看，本届国家杜马中的这种党派格局显然不如上届时理想。

三是"体制外"反对派再度活跃,尽管目前它们对执政当局没有构成太大威胁,然而却会制造社会紧张气氛,给当局"添乱",尤其是那些亲西方的自由派党派,尽管人数不多,但能量却不可小觑。

四是随着传媒工具特别是互联网的发展,当局对反对派、民众情绪的控制遇到极大的难题。由于腐败滋生、社会黑暗面的存在,"无冕之王"使各级政府官员处于舆论批评的被动状态中,互联网则成为人们发泄不满的最便捷的渠道。网络在2011年冬至2012年春的社会抗议活动中发挥了巨大的作用。一些社交网络成为人们交流信息、反对派组织动员抗议活动的有效平台。

面对变化了的社会政治形势以及出现的新问题和新的挑战,执政当局迅速做出了反应:其一,修改《俄罗斯政党法》,放宽政党登记限制,赋予公民结社自由的权利。一大批政党获准注册,法律在赋予它们相应权利的同时,也让它们承担必要的责任。2012年3月底梅德韦杰夫在谈到这一问题时明确表示:"简化政党登记制度之后,(俄罗斯)将不会再有体制外反对派这个概念。递交政党登记申请并依法登记的政党都将成为体制内的党派,而不能依法组党的反对派将不被视为政治家,而是违法者。"① 此次降低政党登记限制,其用意绝不是重回叶利钦时期党派林立、政治斗争混乱无序的状况——现实社会政治形势已根本不同了,在大权在握、政权党无可替代、民心所向的背景下执政当局无惧"党派林立":难以形成合力的反对派势力对当局的压力比一两个强大的反对派政党要小得多。

---

① Несистемная оппозиция стала непарламентской. http://www.ng.ru/politics/2012 - 12 - 29/3_ oppoziciya. html.

有意思的是，国家杜马选举刚由"混合选举制"改为全部由党派竞争产生的"单一制"，又要改回到"混合选举制"。普京总统在2012年12月的国情咨文中明确提出这项提议。① 其中的寓意非常明显：减弱政党对国家杜马选举的作用。如果对照一下统一俄罗斯党在2011年国家杜马选举中的不佳表现以及在2012年地方选举中大获全胜的战绩，可以看出执政当局的意图。在有关国家杜马选举方面还有一个问题值得注意：政党进入国家杜马的"门槛"刚提升到7%，又要恢复为5%。

其二，规范各种社会抗议活动。执政当局的意图十分明显，为保持社会稳定和公民权利，必须将一切社会抗议活动纳入法治轨道。坚持"主权民主"原则，维护国家利益，排除外部势力对俄罗斯政治进程的影响。2012年6月6日通过新的《游行示威法》、7月21日普京签署《非营利组织法》修正案，规定从国外获得资金并且参与政治活动的非营利组织必须以"外国代理人"的身份进行登记，这些组织将被列入特别名录。10月23日，国家杜马以压倒多数通过了《叛国罪修正案》，扩大了对"叛国罪""间谍罪""非法获取国家机密罪"的界定范围，其目的是反对外来干涉，严防外部敌对势力的渗透，阻断国外势力资助、扶持反政府的代理人的渠道。针对反对派利用互联网发动抗议，还通过了《网络黑名单法》等法律。显而易见，这些法律和法律修正案旨在加强对社会的管理和监控，挤压反对派、非政府组织的活动空间。

其三，近年来，俄罗斯国内恢复地方行政长官由选民直选制度的呼声日渐高涨，2012年俄罗斯通过了恢复地

---

① Послание Президента Федеральному Собранию 12 декабря 2012 года, http://www.kremlin.ru/news/17118.

方行政长官直接选举的法律。2012年10月14日俄罗斯阿穆尔等五个州进行了州长直接选举，结果统一俄罗斯党候选人全部获胜，在六十多个州市进行的议会选举中，统一俄罗斯党也大获全胜。

其四，2000年以来，不论是普京执政的八年，还是梅普组合时期，反腐败始终是执政者关注的焦点之一，各个时期采取的措施、通过的法律并不少，从《俄罗斯联邦反腐败法》《反腐败国家计划》到《反腐败国家战略》等，但收效甚微，腐败像瘟疫一样在全社会蔓延。梅德韦杰夫总统在2008年的《国情咨文》中指出，腐败是现代社会的"一号公敌"。

2012年5月，普京再任总统以来，加大了反腐力度，12月5日公布了《审查公务员消费占收入比例法》。在12月12日普京发表《国情咨文》时，呼吁立法机关通过限制官员、政治家在国外拥有账户、有价证券和股票的法律。"这个要求应当涉及所有国家领导人，包括总统和总理，总统办公厅官员以及他们的亲属。"此后，新的反腐法律接连出台。2012年11月6日普京总统解除了谢尔久科夫国防部长的职务，此后，一些部级官员、国有大企业负责人因贪污腐败而被撤职查办。这次由克里姆林宫发起的自上而下的反腐败斗争无疑是顺应民意之举。

按照普京的话说，"在新世纪的前十二年，我们已经为俄罗斯当今一代和下一代做了很多事情。我们已经走过了国家的重建和发展的重要阶段，当前我们的任务是——建设富强安宁的俄罗斯"。① 显然，在普京看来，俄罗斯

---

① Послание Президента Федеральному Собранию 12 декабря 2012 года，http：//www.kremlin.ru/news/17118.

基本制度建设业已完成，今后要做的是发展经济、改善民生、振兴国家的具体工作。

2. 政治转型的主要特点

20世纪80年代末开始的东欧国家、苏联的政治转型，最大的特点是从社会主义制度向资本主义制度过渡。按照马克思主义历史唯物主义观点，人类社会发展必将经历原始社会、奴隶社会、封建社会、资本主义社会、共产主义社会五个发展阶段，在此过程中尽管可能有所反复，但人类终究要从"必然王国"走向"自由王国"。

俄罗斯作为世界上第一个社会主义国家苏联的主要遗产继承国，选择了以西方民主政治模式为蓝本的社会政治转型：放弃共产党的领导地位，实行以自由选举为基础的多党政治制度，取消苏维埃议行合一的政治体制，实行三权分立的政治体制；放弃共产主义理想教育，转而实行"意识形态多元化"。

俄罗斯政治转型的特点主要反映在以下几个方面。

第一，从转型的必然性方面看，苏联、俄罗斯政治转轨的起因是，在各种国家发展模式的竞争中，苏联模式的制度缺陷日益明显，问题不断积累，使这些国家的当权者、民众开始思考新的选择。民众希望变革。

一般认为，20世纪80年代末开始的东欧、苏联剧变起因于苏联领导人发起的"民主化""公开性"改革运动，特别是在"改革和新思维"指导下，苏联对内对外政策急剧转向，导致苏联放松、最终放弃了对"社会主义大家庭"东欧各国长达四十余年的严密控制。东欧国家以波兰为先导相继发生剧变，共产党、工人党丧失了国家领导权。东欧的剧变又反过来影响了苏联的政治进程。

然而，从历史的角度来看，这场涉及范围极其宽广、影响极为深远的巨大变化，其根源绝不如此简单。在东欧一些国家企求变革、寻求改变苏联模式的诉求早已出现，并且在苏联的严密控制下也曾进行过改革尝试，而且苏联本身也不是铁板一块，也曾出现过要求变革的声音。这预示着变革是必然的，迟早要来临，问题是在什么时候、以什么方式发生：是以渐进式的改良的方式，还是以激进的"革命"的方式。

第二，从转型的方式上看，苏联、俄罗斯是一种自上而下的"改革"、制度转换、社会变迁，而且基本上以和平的方式实现了社会政治制度的转换，并以和平的方式完成了国家分裂的过程。苏共领导人倡导、发起的以完善苏联社会主义制度为目的的改革，由于各种主客观原因而逐渐转化为摧毁原有一切的"革命"式变革。在此过程中，有几个关键转折点——1991年"8·19"事件、1993年莫斯科"十月流血事件"，都出现了武装力量的介入，也都出现了人员伤亡，在1992~1993年甚至一度处于爆发内战的边缘，最终，这些危机都被一一化解。

第三，在苏联、俄罗斯的政治转型过程中，转型的动力、领导力量或主导力量几经变换。客观地说，苏联改革的倡导者是有忧患意识、危机感的，问题在于苏共及其领导人在推动改革过程中出现偏差、失误，丧失了对改革进程的领导权，被党内外各种反对派推着走，最终被取代。当苏共反对派——俄罗斯民主派成为国家变革的领导力量之后，执政集团和反对派的位置颠倒了过来。由于内部分裂以及左派共产党人的抗议活动，新的执政集团曾一度陷入危机之中。1993年《俄罗斯联邦宪法》以国家根本大法的形式将政治斗争胜利者的成果巩固下来，使其政治意志转化为国家意志。

第四，从转型的过程来看，俄罗斯作为苏联加盟共和国之一，经历了一个从改革和完善社会主义政治体制到根本改变社会政治制度、改变国家结构形式，并最终完成政治体制、国家结构形式的重建这样一个跌宕起伏的过程。这是一个"破旧立新"的过程，呈现出由乱到治的趋势。

与大多数原苏联东欧国家一样，俄罗斯在一个相对较短的时间内完成了政治转型的第一阶段，解决了"谁战胜谁"（基本社会政治、经济制度）的问题，其间的政治斗争错综复杂。尽管后来因为"谁服从谁"（政治体制、国家权力体制）的问题动用了武力，但最终确立了政治斗争的游戏规则。如今，各党派只能开展合法的议会斗争，参加各种选举，以此对国家的政治进程施加影响。公民依照法律行使自己的各种政治权利——言论自由、结社自由、游行集会自由。

第五，从转型的结果看，俄罗斯的民主制已经基本确立。转型时期复杂的社会政治问题和矛盾使俄罗斯执政精英意识到，保证一种独立于社会利益纠葛的强势行政权的存在至关重要。因此，俄罗斯在政治制度方面，不会实行美国式的立法权、行政权、司法权三权分立的政治制度，也不太可能实行政府与议会中的多数同进退的英国式议会内阁制，而是选择了以总统权力为核心的权力体制，也就是人们常说的"超级总统制"——全民选举产生的总统拥有极大的权力。其中最典型的例子是，叶利钦时期总统虽然没有得到国家杜马多数党派的支持（在很长一个时期国家杜马第一大党是作为反对派的俄共），并时常处于各派政治力量的批评、攻击下，但总能利用宪法赋予总统的权力化险为夷，以宪法"保护者"的神圣身份协调、仲裁不同政党和利益群体之间的关系。

俄罗斯在普京时代恢复了国家对社会经济生活的有效

控制，政府在加强法制建设、维护市场经济秩序、保障社会公正等方面发挥了积极的作用。

历史文化传统对于转型国家的影响是十分明显的，俄罗斯时常处于抛弃还是恢复历史传统的艰难选择之中，目前建立了带有俄罗斯特色的社会政治制度、政治体制，其中最为明显的是以总统权力为核心的国家政权体制。不可否认，正如俄罗斯领导人所说，当今俄罗斯是民主国家，但人们仍然能够在其政治体制上隐约发现苏维埃时期，甚至沙皇俄国时期的影子。

然而，俄罗斯政治转型的成果也是不容忽视的，这就是政治游戏规则被主要社会政治力量接受、认可，尽管有时并不情愿，但任何个人和党派都不能违反宪法和法律。1996年叶利钦面临俄共的强大挑战，并未听从身边个别谋士取消总统选举的建议，仍然遵从宪法和法律规定，举行了新一届总统选举。2008年两任总统任期届满的普京，尽管当时威信很高，并且有政权党的强有力支持，也并未采纳各种修宪建议，而是选择了另一种临时性、过渡性的国家最高权力配置——梅普组合。

至今，俄罗斯已经进行了六届国家杜马选举（不包括1990年经全民选举产生、1993年10月被叶利钦以武力解散的首届也是最后一届俄罗斯人民代表大会）、六次总统选举（包括苏联解体前夕1991年6月12日举行的俄罗斯第一次总统选举），各类地方选举更是不计其数。尽管反对派时常攻击执政当局操纵选举、在选举过程中舞弊等，但不可否认的是，通过各种选举，政权的合法性得到了确认，民主政治制度得以确立，公民对自己的民主权利更加珍视。

第六，外来影响与俄罗斯政治转型。在当今世界，闭关锁国、排斥外部影响的时代早已成为历史。从历史唯物主义、辩证唯物主义哲学观点出发，内因是事物发展、变化的根据，外因是其条件，外因通过内因起作用。任何国家的政治发展进程都有其自身的规律，但也不可能脱离外部世界的影响，对转型时期的俄罗斯来说更是如此。问题在于，同是转型国家，大多数东欧国家由于得到了以美国为首的西方国家的热情"接纳"，转型过程较为顺利，许多东欧国家在脱离了苏联主导下的"社会主义大家庭"后，融入了西方"民主大家庭"。而这些东欧国家的经验为什么俄罗斯无法复制，它们的道路为什么俄罗斯走不通？其中的缘由十分明显：西方的目的是削弱俄罗斯，而非接纳俄罗斯，特别是俄罗斯在维持"权威主义"统治的情况下尤其如此。如果说大多数东欧国家转型的经验是积极的、正面的，那么为什么其他一些国家，特别是俄罗斯不能采纳？如果说，完全导向西方可以促进国家政治、经济发展，那么为什么"颜色革命"在乌克兰虽然取得了暂时的成功，但又出现"反复"，在吉尔吉斯斯坦更是导致了非正常的权力更迭，甚至可以说是"动乱"，在包括俄罗斯在内的其他独联体国家并未被"颜色革命"动摇。如果严格按照西方民主政治标准考量，格鲁吉亚的"颜色革命"应该说是完全不合法的、违宪的，是"政变"，但仍然可以得到西方国家、美国的支持。在政权更迭以后，格鲁吉亚的反对派受到当局镇压，西方却认为是正当的，视而不见。与此相对照，其他国家尤其是俄罗斯的反对派的任何活动都会得到西方的特殊"关照"。显而易见，西方国家的"双重标准"使得俄罗斯国内政治问题变得更为复杂，同时，也招致俄罗斯执政集团和一部分人对西方国家"民主输出"的抵制。俄罗斯经历了从完全抛弃"旧制度""旧传统"，全面倒向西方，到逐渐正视现实，根据本国国情重新审视国家发展道路的过程。俄罗斯政治发展的前景逐渐清晰起来：放弃空洞的"民主"口号，在社会政治领域建立以总统集权为核心的"可控的民主"，为经济振兴提供政治保障。

经过20多年的发展、变化，俄罗斯的政治制度、政治体制逐步完善、巩固。今后，某些具体的政策还会调整、变化，但民主政治制度已经确立，政治进程已按照新的制度发展。对俄罗斯来说，转型的代价、改革的成本的确不小，但成效还是显著的：确立了民主政治制度，政权的合法性逐渐被大多数选民认同，公民意识趋于成熟，公民社会不断发展，尽管有时也会出现较为激烈的政治斗争、政府危机、社会抗议，但显然已与转型前和转型初期的形势根本不同了。

三　俄罗斯政党制度的变革

　　就一般性规律而言，政治转型分为开放、打破、重建和巩固四个进程。俄罗斯的政治转型同样也经历了戈尔巴乔夫时期的政治民主化与公开性以及随之而来的苏维埃制度的瓦解，并在叶利钦时期寻求新俄罗斯的国家构建。在这一历史进程中，俄罗斯政党制度的演变同其他重要制度的变化互为因果，互相影响。俄罗斯的政治转型不是政党制度、议会制度或者其他制度平行发展的过程，而是在政治转型的每一阶段各种制度之间相互作用、互为发展原因，是一种整体性、综合性的发展态势：立法机构与行政机构的真正分立促成了俄罗斯多党制的雏形；立法机构开始以议会党团为运作方式，加速了政党制度的发展；俄罗斯政党制度的规范化有赖于《俄罗斯政党法》及其一系列相关法律的制定与实施。

1. 政党制度变革的历史背景

　　现代民主原则的实现，借助的最重要的中间载体就是政党。政治稳定的先决条件也在于有一个能够同化现代化过程中所产生出来的新兴社会势力的政党制度。① 俄罗斯政党制度变革的历史背景是戈尔巴乔夫时期的政治改革。在从议行合一苏维埃制度向三权分立宪政制度转变进程中，俄罗斯的政党制度逐步产生和发展起来。

1985年3月，戈尔巴乔夫执政，他拥有极大的权力。相比前几任总书记，戈尔巴乔夫在不到一年的时间里，成功撤换了2/3的高层领导人。这包括1/3的政府各部部长，1/3的重要共和国和地方领导人。② 而且，戈尔巴乔夫上台之初拥有极高的支持率。"其他任何一位苏联领导人的上台，都没有像戈尔巴乔夫那样，受到国内外的欢迎。"③ 苏维埃制度的改革一开始并没有成为戈尔巴乔夫关注的焦点。在分析苏联国内局势时，首先碰到的是经济发展停滞不前，国家正处于危机前的状态。④ 1985年4月23日，苏共中央举行全会，戈尔巴乔夫在会议上首次提出"加速发展战略"，主要是大大加速社会经济进步。当时没有提出改革政治体制的问题。

由于经济改革的几项主要措施在执行中都不十分顺利，戈尔巴乔夫也承认情况的好转很慢，改革事业比原来所估计的要困难得多。"'加速发展战略'的破产表明，问题堆积如山的根源在于体制本身，而不在于这种体制的一些工作机制。"⑤ 戈尔巴乔夫认为是党内干部的抵制及政治制度存在问题，因此急于实行政治

---

① 〔美〕亨廷顿：《变化社会中的政治秩序》，王冠华等译，三联书店，1989，第388页。
② 〔英〕雷切尔·沃克：《震撼世界的六年》，张金鉴译，改革出版社，1999，第109页。
③ 〔美〕小杰克·F. 马特洛克：《苏联解体亲历记》（上），第53页。
④ 〔苏〕米·谢·戈尔巴乔夫：《改革与新思维》，苏群译，新华出版社，1987，第11~21页。
⑤ 〔俄〕亚·尼·雅科夫列夫：《一杯苦酒——俄罗斯的布尔什维主义和改革运动》，徐葵等译，新华出版社，1999，第183页。

方面的变革。1986年7月31日，戈尔巴乔夫在视察哈巴罗夫斯克时提出了"政治体制改革"的任务，他说："目前正进行的改革不仅包括经济方面，也涉及社会生活其它领域：社会关系、政治体制、思想意识形态等等。"几个月后他发出了号召："必须在政治、经济、社会和精神领域中进行根本改革"，把政治改革放在了首位。①从1987年开始，戈尔巴乔夫转入改革新战略，中心就是政治民主化。②

1988年，苏共第十九次全国代表会议上，苏维埃制度的改革正式启动。戈尔巴乔夫在会议上做了题为《关于苏共二十七大决议的执行情况和深化改革的任务》。③ 戈尔巴乔夫提出，苏联还未消除造成障碍的深刻原因，并不是各地都开动了革新机制，而在有些方面这种机制还没有制定出来。许多党组织的活动能力还不能适应改革的任务。发展需要有新的本质的变化，而这就要求采取根本的解决方法，要求采取积极的和主动的行动。复杂问题中的关键问题是改革苏联的政治体制。

戈尔巴乔夫认为，完善权力组织需要在政治体制的各个基本环节之间进行，其中，具有原则性意义的，首先是在党和国家之间正确地分配权限。这需要恢复人民代表苏维埃的权力。戈尔巴乔夫的改革方案是由任期五年的代表组成新的最高国家权力机关——苏联人民代表大会，并且在最高权力机构中成立由苏联人民代表大会选出的宪法监督委员会。

苏联（俄罗斯）议会的重建从建立人民代表大会开

---

① 吴恩远：《论戈尔巴乔夫的"加速发展战略"》，《中国社会科学》2000年第5期。

② Согрин В. В. Политическая история современной России. 1985 – 1994: От Горбачева до Ельцина. М.：Прогресс-Академия，1994，с. 184.

③ См. Правда, 29 Июня, 1988.

始。研究俄罗斯的议会权限划分,首先需要研究苏联的第一次人民代表大会。因为这次代表大会在立法机构重建模式上为俄罗斯做了预演。1988年第十九次苏共代表大会决定实行苏联人民代表大会制度。作为苏联最高的国家权力机关,代表大会由2250名代表组成,任期5年。每年一般召开两次会议。从人民代表中选举542人组成最高苏维埃,作为苏联国家权力机关的常设机关,最高苏维埃每年召开春季会议和秋季会议。最高苏维埃主席团则全部由公职人员组成,受最高苏维埃主席领导。最高苏维埃主席是国家元首,并且实际成为行政权的核心,负责处理内政外交一切国家大事。①

1989年5月25日至6月9日,召开了苏联第一次人民代表大会,如果从苏联的政治体制改革进程看,这次代表大会预示着,戈尔巴乔夫将苏联最高权力决策重心由党的系统转移到苏维埃系统。而如果从政治转轨的角度和宪政制度的演变来看,这次会议在立法机构与行政机构的划分问题上已经初现端倪。因为在苏维埃体制下,苏联共产党实际上取代了国家权力机关,是完备的国家政权组织,并且居于立法权中心,苏联共产党因而拥有立法功能。戈尔巴乔夫进行的立法机构重建,将党的权力转移到苏维埃系统,实际上是在当时苏联党政合一、党政不分的高度集权体制下,将立法功能从行政机构中逐渐剥离。

苏联以人民代表大会作为最高权力机关,在立法机构和行政机构的分立上走出了第一步,其显著标志就是专职议会——最高苏维埃的设置。"实际上苏联最高苏维埃是

---

① 苏联解体前一共举行了五次人民代表大会:1989年12月12日苏联第二次人民代表大会,1990年3月12日苏联第三次非常人民代表大会,1990年12月17日苏联第四次人民代表大会,1991年9月2日苏联第五次非常人民代表大会。

一个立法机关，确切地说，是议政机关。这个机关的结构决定了其工作性质就是议政、监督和立法，不具备完备的执行机关和决策机关应有的功能。"①

从苏联第一次人民代表大会到1990年5月16日俄罗斯联邦第一次人民代表大会期间，苏联的政治体制经历了两次重大变化：从设立专职议会到取消一党制，设立总统制。这都深深影响了俄罗斯政治转轨的进程。对于俄罗斯而言，第一次人民代表大会肩负两大任务：一个是确保俄罗斯得到国际地位，一个是立法机构重建。前者是主权独立问题，后者是政治体制问题。这次人代会是俄罗斯立法机构第一次重建的尝试。立法机构重建后，自然出现立法机构权限的问题，就是立法机构和行政机构各自的权限范围划分问题。

1991年5月21日召开的俄罗斯联邦第四次人民代表大会上，通过了《俄罗斯联邦总统法》和《俄罗斯联邦宪法修正案》，在法律上规定了俄罗斯总统制设立的程序。1991年6月12日，俄罗斯1.06亿拥有选举权的居民中参加投票的人数占74.66%，叶利钦以57.3%的得票率当选俄罗斯总统。1991年7月10日，在俄罗斯第五次人民代表大会上叶利钦宣誓就职。苏联解体前，俄罗斯政治转轨中立法机构与行政机构权限划分的问题，随着叶利钦的就职而结束。②

总之，从国家转型的角度看，一种制度的变迁如果没

---

① 邢广程：《苏联高层决策70年》第5分册，世界知识出版社，1998，第146页。
② 如果从苏联全联盟的层次看，苏联立法机构与行政机构权限划分还经历了最后一次调整。1991年"8·19"事件后，戈尔巴乔夫对国家机构重新进行改组，解散1989年成立的任期未满的立法机构——苏联人民代表大会，改组苏联最高苏维埃，成立由共和国院（原民族院）和联盟院组成的苏联最高苏维埃作为国家过渡时期的最高权力机关。行政权力则交由苏联总统和各共和国最高领导人组成的苏联国务委员会。这种特殊时期的立法机构和行政机构的职权划分，随着1991年12月苏联解体，仅仅存在了四个月。

有它所需要的其他条件的相应变化则不可能发生，许多变化同时发生，互为因果。这在俄罗斯政治转轨的每一阶段都体现得很明显，宪政制度内生性进程，必然要求议会制度、选举制度和政党制度的形成与发展，它们之间互相联系，并行不悖。可以说，俄罗斯政党制度出现的历史背景是立法机构的重建。因为立法机构重建，必然出现代表组成的问题，而代表组成的多元化又促使社会政治派别分化重组。所以在选举制度革新的同时，客观上促成了多党制发展。多党制正是在这个背景下出现。俄罗斯多党制的出现是立法机构与行政机构分立的结果。在苏联第一次人民代表大会期间，出现了真正的议会政治派别。最著名的有民主俄罗斯、俄罗斯共产党人和接班人—新政治。跨地区议员代表团和民主俄罗斯运动属于俄罗斯民主派的政治组织形式。成立于1989年7月，以叶利钦、萨哈罗夫等人为首的跨地区议员代表团的出现，表明"在苏维埃政权年代，在最高国家权力机关首次出现了反对派的机构"。[①] 民主俄罗斯运动在1990年1月改组为民主俄罗斯选举联盟，1990年10月，民主俄罗斯选举联盟发展为民主俄罗斯运动，制定了党章、宣言、政治声明和领导机构等，这是俄罗斯建立新政党的一个缩影，它预示着多党制雏形基本形成。

2. 多党制的形成与特点

苏联解体以后，到1993年新宪法通过前，俄罗斯政治的突出特点是立法机构与行政机构权限划分的矛盾由于种种因素逐渐激化，最终不可调和，导致"十月事件"。

[①] 〔俄〕格·萨塔罗夫等：《叶利钦时代》，高增训等译，东方出版社，2002，第44、67页。

随着新宪法的制定，俄罗斯政党制度的发展也进入新的发展阶段。1993年宪法第一章第十三条第三款明确规定：在俄罗斯联邦，承认政治多元化和多党制。多党制作为俄罗斯基本政治体制的地位，最终以国家的根本大法——宪法的形式予以确认。

叶利钦时代多党制得以建立并逐步发展。1993年宪法规定俄罗斯实行两院制，国家杜马的组织结构形式极大地促进了政党政治的发展，也预示着立法机构代表的组成，必须有新的法律规定。1993年宪法通过不久，俄罗斯制定了国家杜马规则。俄罗斯国家杜马规则第十六条规定，在按联邦选区选举，即按党派名单竞选进入国家杜马的各竞选联盟的基础上，以及由按单席位选区当选，并愿意参加该议员联盟工作的议员组成的议员联盟称为议会党团。① 例如，在1999年底的议会选举中，在原"团结党"议会党团的81位成员中，有64位是按联邦名单当选的，17位是在单席位选区当选的，其中有3人是"团结"联盟的"我们的家园—俄罗斯"的成员（切尔诺梅尔金、雷日科夫和亚泽夫）。也就是说，议会党团，指议会中同一政党或政党联盟的议员所组成的党派组织。它是各政党或政党联盟在议会中的重要权力机构。议会党团的主要功能是把本党或联盟党的议员联合成一个整体，建立议会中党的领导机构，沟通该党同该党议员之间的意见，协调立场，统一该党议员的行动，起到政党组织同政府和议会之间联系纽带的作用。

议会党团和政党之间互相联系，密不可分。议会党团的成员，同时也是本人所在政党的成员。加入议会党团的议员，一方面，形式上以杜马议会党团行事，事实上也是

---

① 邢广程等：《俄罗斯议会》，华夏出版社，2002，第162页。

作为政党进行活动。另一方面，在议会中一个有影响的政党只有作为议会党团才能更好地开展活动。议会党团与政党在政治现实中总是相互协调立场。从这个角度看，议会党团和政党不能截然分开。俄罗斯国家杜马中相互竞争、相互辩论的议员，隶属代表不同利益群体的议会党团。议员在大选基础上组成了议会党团。议会党团首先需要内部磋商，形成统一意志。议会党团实际体现了一种团队精神，在杜马中保持一致，受议会党团纪律约束。

可见，1993年12月，根据新宪法和新的国家杜马选举规则举行的国家杜马选举，成为俄罗斯多党制发展的重要里程碑。[①] 议会党团的出现，使各党派有了新的政治活动平台，促进了多党制在俄罗斯的进一步发展。而立法机构职能的明确，则促进了政党制度的完善。同时，只有政党制度的发展与完善，才能使立法机构更好地发挥政治职能。立法机构在政治体制中的控制与协调职能，促成俄罗斯的政党都必须具有以下三种职能：一是意识形态方面的职能，这可以表明该党是哪些利益集团的代言人。在此基础上，党形成自己争取上台执政的施政纲领。二是选举职能。党是任何一场选举运动的一种组织手段。三是组织政权的职能。党应该成为各权力机关之间有效的联系纽带。

从总体上看，普京执政的八年，是政党制度规范化发展时期，制定与实施了《俄罗斯政党法》等一系列相关法律。这一时期又可以划分为两个阶段：其一，2000年1月至2004年9月，政党制度发展的初步规范化时期。其特点是：《俄罗斯政党法》出台，并对俄罗斯政党政治及2003年的国家杜马选举产生了实质性的影响。其二，

---

① В. Н. Краснов, Система многопартийности в современной россии. М., 1995г., с.310.

2004年9月至2007年12月，政党制度规范化确立时期。别斯兰人质事件对普京治国理念产生重要影响，而普京对俄罗斯发展道路的基本设想又反过来深刻影响了俄罗斯政党制度的发展轨迹。

在初步规范化时期，普京对政党作用及政党制度的评价与建设国家政权的治国理念紧密相连。在普京看来，俄罗斯的人权与自由得到了宪法的保障，民主政治体制业已形成，多党并立的局面已成为现实。今后俄罗斯需要做的是促使政党制度的规范化发展，这是建设公民社会和强力政权的必由之路。制定《俄罗斯政党法》的初衷也正是基于这一理念。普京认为，俄罗斯尚未形成真正的政党制度，目前的政党实际上都是追逐自身利益的政治俱乐部。2000年2月27日，普京在全俄罗斯"团结"全俄政治社会运动成立大会上强调说，俄罗斯所缺少的就是能够把俄罗斯人团结起来的、有威望的、形成了体系的党。应当为在俄罗斯形成几个全国性政党创造条件。普京认为，一个正常运转的国家可以实行有两三个或四个政党参加的多党制。为了使俄罗斯出现一些有生命力的政党，依照"政党原则"组建政府，普京向国家杜马提交了《俄罗斯政党法》，意在减少政党和政治组织的数量，使政党制度纳入法制化轨道，最终建立以两党或三党为基础的多党制国家。

正是基于以上的判断，普京认为制定政党和政党活动法的必要性已经成熟。2001年7月12日，《俄罗斯政党法》获得批准。该法案规定，一个政党必须不少于1万名党员，而且在一半以上的联邦主体建立有党的分支机构，每个分支机构不少于100名党员。据此规定，叶利钦时代形成的大多数政党、运动和其他各种政治组织真正符合要求的为数不多。《俄罗斯政党法》的实施有利于提高政党制度化水平，对俄罗斯规范政党活动和完善竞选运动具有重要意义。就政治发展而言，政党制度的规范化远比政党数量重要。一方面，最终形成的几个有影响力的大党会更有利于集中反映民众意志，进一步提高政治参与水平。另一方面，政党制度化和政治参与水平的提高，会促进政党和政党体系的稳定及强大。"在政治中，只有各派政党在政治市场上相互竞争，政党轮番执政才能产生前进的动力。问题是如何使这一市场变成文明的市场。在建立了有威望的大党之后，这可以大大减少某些偶然的代表进入杜马的机会，即可以建立起双重监督机制。"[①] 团结党议会党团领导人格雷兹洛夫也表示，制定政党法是俄罗斯走向文明社会的第一步。

《俄罗斯政党法》的通过使俄罗斯政治生态发生了积极变化。俄罗斯开始形成普京极力倡导的左、中、右"三党制"格局。不仅如此，俄罗斯政党力量在议会中的对比变化很快得到直接反映。2002年4月1日，杜马中右派向杜马主席谢列兹尼奥夫提出议案，要求重新分配杜马各委员会领导职位。杜马以多数票通过议案，对俄杜马各委员会的领导职位按党派重新分配。由俄共控制的9个杜马委员会中的7个被换了领导，俄共被迫宣布退出杜马中所有的领导职位。这次议会风波甚至使俄共走向分裂。《俄罗斯政党法》产生的政治效应显而易见。

随着普京对国家治理的深入进行，在2003年12月第四届国家杜马选举前夕，普京对政党制度的作用和发展前景有了进一步的阐述。普京认为，经过四年的国家治理，俄罗斯完善了选举制度，为发展真正的公民社会，包括为

[①] В. Лысенко, Пять Уроков Российского Парламентаризма, *Независимая газета*, 16 мая 2000г.

在俄罗斯建立真正强大的政党创造了条件。一方面，议会中的政党是国家政治机器的一部分，同时也是公民社会的一部分，而且是公民社会最有影响、最重要的一部分。只有国家与社会经常联系，才能使权力机关不犯严重的政治错误，而大的政党可能并且应该与社会保持这种联系。另一方面，真正发达的公民社会只有在大大减少国家机构的职能、克服各社会集团之间不信任的条件下才能出现。但是重要的是，只有在全社会对国家所面临的战略任务有一致认识的情况下，才有可能出现发达的公民社会。而没有政党的积极参与也不可能创造这样的条件。①

基于上述认识，普京表示，2003年12月的国家杜马选举将使俄罗斯多党制的发展朝着意图更加公开、行为更加有效、对俄罗斯人民更加负责的方向进入一个新阶段。而且，普京提出，支持加强政党在社会生活中的作用的总方针，可以根据即将举行的国家杜马选举的结果，建立以议会多数派为依托的专业而高效的政府。

2004年9月的别斯兰人质事件迫使普京进一步深化政治体制改革，并明确提出：能够保障社会及政府在与恐怖主义斗争中进行对话和互动的机制之一就是建立全国性政党。而且，为了有利于加强国家的政治制度，必须在国家杜马选举中实行比例代表制。为此，俄罗斯通过了一系列重要法律，俄罗斯政党制度的规范化得以确立。

其一，2004年11月3日，普京签署《政府法》修正案，取消《政府法》中对联邦政府总理和部长级官员担任政党和其他社会组织内领导职务的限制。这意味着政府官员可以直接参与政党活动，也使成立议会制责任政府成

---

① Послание Федеральному Собранию Российской Федерации, 16 мая 2003 г, http://president.kremlin.ru/appears/2003/05/16/1259_type63372type63374type82634_44623.shtml.

为可能。

其二，2004年12月12日，普京签署了《关于联邦主体立法机关和执行机关组织总原则》，标志着总统实际上拥有了对地方行政长官的任命权。在2005年国情咨文中，普京表示，为进一步提高政党在组阁方面的作用，建议将联邦各主体政府首脑的权力新规定的细则，提交俄罗斯国务委员会讨论。总统可以推举在地区选举中获胜党派的代表出任该地区行政长官。① 根据该建议，国家杜马对《关于联邦主体立法机关和执行机关组织总原则》进行了修改。2006年1月1日，普京签署了修正案。按照修正案法律规定，在地方议会选举中获胜的政党有权提出联邦主体的行政长官人选。由于政权党统一俄罗斯党在俄罗斯全国范围内的强势地位，总统实际上依然牢牢掌握着地方行政长官的任命权。不过，该规定提升了地方议会选举的政治意义，并促进了政党在地方政权中的作用，有利于政党制度的发展。

其三，2004年12月22日，普京签署了《俄罗斯政党法》修正案，其中主要规定了全国性政党的党员数量不得低于5万人，并禁止地方性政党的建立。根据该修正法案，截至2007年9月第五届国家杜马选举前夕，符合《俄罗斯政党法》规定的政党只有15个。②

其四，2005年5月19日，普京签署《国家杜马代表选举法》。该法的主要规定为：第一，俄罗斯在国家杜马选举中，将取消"混合选举制"，改为全部按照"比例代

---

① Послание Федеральному Собранию Российской Федерации, 25 апреля 2005г, http://president.kremlin.ru/appears/2005/04/25/1223_type63372type63374type82634_87049.shtml.
② Перечень зарегистрированных политических партий (из Федерального закона от 11 июля 2001г, №95 – ФЗ "О политических партиях"), http://www.cikrf.ru/politparty.

表制"的方式进行选举,即国家杜马的450个议席,在取得进入国家杜马资格的政党中,按照其得票比率进行分配。第二,获得参选资格的政党的全联邦性候选人不得超过3人,其余候选人须全部登记在地区选区的选票上,且参选政党须在不少于4/5的联邦主体内提出自己的候选人名单。第三,只有获得7%以上选票的政党才能进入国家杜马。也就是说,单一选区制的取消,导致独立候选人将不能参加国家杜马的选举,国家杜马的运行机制将完全是议会党团体制,原先存在的独立议员团被取消。选民只能通过投票选举某个政党的方式参与国家杜马选举,政党因而成为选举的唯一主体,这将极大地促进政党制度的规范化发展。

正是基于以上基本的宪法性法律的保障,尽管俄罗斯政党制度依然不尽完善,政党在利益整合和政治认同等方面还存在不少问题,但在机制运行和组织保障等方面得到了规范。在2007年12月2日的第五届国家杜马选举中,俄罗斯形成了统一俄罗斯党一党主导的政党政治格局,这对实现普京的战略目标至关重要。

梅普组合时期以及普京再次就任总统以来,俄罗斯继续采取措施,完善政党制度,使政党制度向规范化发展。梅德韦杰夫提出,俄罗斯要采取进一步提高政权代表机构的水平和质量的措施。这些措施要能够保障公民广泛参与政治生活。2007年进入国家杜马的政党得到了90%以上选民的支持。但同时,有近500万人把票投给了没有进入国家杜马的政党。这些人没有得到联邦一级的代表席位。因此,俄罗斯要保障投票给小党的选民的代表席位,获得5%~7%选票的政党可以得到1~2个国家杜马席位。这种方式一方面可以维持和巩固已经构成了国家政治模式的大党的制度,另一方面,它将向代表一部分人利益的小党提供进入议会的机会。而且，只有在地区选举中得票最多的政党，才能向总统推荐联邦主体执行权力机关未来领导人的候选人。代表大部分民众的公开政治组织有推举相关候选人的特权。联邦委员会由被选入政权代表机构的人和相关联邦主体地方自治机构的议员组成。修改政党法，规定政党领导机关的轮换制度。这些措施都有助于代表机构质量的提高，有助于更充分地考虑公民的利益。这些措施将会加强公众对政府的信任和社会团结。① 2011年12月23日，梅德韦杰夫向国家杜马提交了有关政党登记和总统候选人提名的两项法律草案，其内容包括：将组建政党的最低人数的要求，由目前的4.5万人降低至500人，取消关于政党各地区分部的成员最低人数限制以及至少在半数联邦主体拥有分部的要求。另外，政党提名的总统候选人和独立参选人的征集签名的数量规定大幅度减少，独立候选人为30万人，议会外政党候选人为10万人，同时取消政党需要征集签名才能参加国家杜马选举的规定。

经过修改的俄罗斯《政党法》于2012年4月4日起生效。截至2013年2月27日，共有188个政党组织在司法部申请备案，② 获准注册的是59个政党。③ 从政党制度改革的政治影响来看，增加政党数量并没有提升政党体系运作的质量。而且，统一俄罗斯党的权力基础并没有被削弱，反而得到加强。从10月14日的地方选举看，统一俄罗斯党大获全胜。目前，共有74个联邦主体行政长官来自统一俄罗斯党，1个联邦主体行政长官来自俄共，1个

---

① Послание Федеральному Собранию Российской Федерации, 5 ноября 2008г, http：//www.kremlin.ru/transcripts/1968.
② http：//minjust.ru/node/2459.
③ http：//minjust.ru/nko/gosreg/partii/spisok.

联邦主体行政长官来自俄罗斯自由民主党,其余的7个联邦主体行政长官为无党派。

3. 多党制的发展趋势

从2011年国家杜马选举的结果看,自由民主派的社会基础依然非常薄弱。右翼力量的两个政党亚博卢和右翼事业党均未超过4%的得票率,未能进入议会。这表明,俄罗斯民众对自由主义经济政策依然持否定态度。民众认为,俄罗斯20世纪90年代所陷入的深重危机是俄罗斯的"民主派"造成的,换句话说,是"民主派"在政治上实践"欧洲—大西洋主义"的结果。经过各派政治力量角逐,"民主派"的势力和影响已大大削弱。但是,该派在相当一部分知识分子和政客中,特别是在梅德韦杰夫总统周围,包括在他的智囊团中,影响依然存在,而且会越来越大。俄罗斯反对派也还没有联合起来形成强大力量,而且普京也具有反制措施。只有当反对派的力量足够强大,并受到广泛的社会支持时,俄罗斯的政局才有可能出现本质变化。

从发展趋势看,俄罗斯多党制的一个核心问题是统一俄罗斯党的地位与作用问题。统一俄罗斯党是俄罗斯现代史上最强大的政权党,得到拥有广泛民意基础的总统的支持,精英团结在总统周围,构建了垂直权力体系。强大的政权保证了政权党的强大。同时,政权党对克里姆林宫的政治价值也大大提高了。① 当前,统一俄罗斯党在俄罗斯政坛的地位举足轻重。在中央层面,统一俄罗斯党是普京实施强国战略的坚实保障;在地方层面,统一俄罗斯党作

---

① Татьяна Становая, Что такое «партия власти» в России? http: // www. rian. ru/analytics/20050608/40488891. html.

为势力最为广泛的全国性政党，是普京防止地区分裂、巩固联邦统一的核心力量。因此，从俄罗斯国家转型的视角看，研究多党制发展趋势，必须关注总统制和普京的理念对于多党制的影响。

从俄罗斯政权组织结构看，普京在2003年国情咨文中提出的建立以议会多数派为依托的专业而高效的政府，意味着总统在和多数党派领导人协商后，提出得到多数党派支持的总理候选人，然后与多数党派协商各部部长人选。如果上述变化成为现实，对俄罗斯政治的发展有积极影响。因为从俄罗斯三权分立的体制看，一方面，政府对经济承担所有的责任，但同时总理却不能为自己选择部长。政府的行为不仅被法律，而且还被总统令束缚着。政府的决定只是为了执行法律和总统令。另一方面，从立法机构看，议会的责任问题也得不到很好的体现。所以，建立议会多数派政府的意义在于，让立法人对所通过的决定后果承担责任。① 但是，自2003年和2007年大选结束后的政府组成看，该原则并没有得到体现。究其根本原因，这是别斯兰人质事件对俄罗斯政治形势的影响所致。别斯兰人质事件后，随着俄罗斯政治形势的变化，普京对俄罗斯国内政治发展条件的判断也有了很大变化，并且具体反映在政党制度改革的方向上。普京认为，俄罗斯没有类似欧洲意义上的多党制，因此建立责任政府是未来考虑的事情。与此相应，自2005年以后，普京坚定地表示，俄罗斯需要一个强势的总统制政体。而对于俄罗斯政治而言，强势总统制与政党制度的成熟存在一定矛盾。其具体表现是：一方面，根据俄罗斯宪法，总理由总统任命，但没有

---

① А. Головков, Нас не устраивает то, что происходит сегодня, Независимая газета, 8 сентября 1999г.

规定必须由议会多数派的政党领袖出任，这造成政府组成资源与政党发展的不匹配；另一方面，普京又坚持认为俄罗斯需要强势总统制，这直接造成统一俄罗斯党是政权党，是总统的依靠力量，但不是执政党。可见，在现行政治体制的框架内，制约统一俄罗斯党成为执政党的因素为两个：法律约束和普京理念。

从俄罗斯发展的全局看，统一俄罗斯党到底居于什么地位？俄罗斯政府的根本目标就是强国富民，为了实现强国梦，俄罗斯最大限度地采取了一切可以采取的措施。从这个意义上讲，政党制度改革的力度以及统一俄罗斯党的政治地位和发展前景都在很大程度上取决于它们在俄罗斯发展全局中的位置。普京坚持政权效应，认可强大权力的国家是秩序的源头和保障，是任何变革的倡导者和主要推动力，认为一个有效的政府是转型国家经济和社会发展的关键。在这样的前提下，统一俄罗斯党的直接政治作用就是和总统相互配合，通过适合国家发展战略的法案。在国家杜马中普京以统一俄罗斯党为支柱，不仅帮助通过决议，还推动其付诸实施。在普京看来，俄罗斯当前的这种以总统制为核心的政治制度，比建立责任制政府的权力制衡体系要容易得多，见效得快，更利于最大限度地实现他的既定目标。因此，普京利用统一俄罗斯党在国家杜马中的优势地位使其发展战略合法化。

总之，从俄罗斯多党制的未来发展来看，俄罗斯的政党要担负现代化的重任，必须进一步实现政党的现代化。政党现代化的实现取决于政治体制的开放和灵活。政党要学会文明的政治竞争，首先要求改革政治体制，让议会成为政治斗争的舞台，各政党通过竞争，轮流上台执政，由党派及其联盟来组建联邦和地区执行权力机关，提出国家总统候选人、地区及地方自治领导人。这也是梅德韦杰夫的政治规划。只有实现了这一改革，才能造就一批拥有丰富的经验，知道如何同选民合作的政治家，才能产生知道如何与其他党派合作和妥协，寻找解决社会问题的方案的政党。同时，只有实现了政党现代化，俄罗斯才能够把社会的各个阶层、各民族的公民、各种不同的团体团结为一个政治整体，俄罗斯新政治战略才能实现。

四 普京"主权民主"体制的剖析

从国家转型的视角看,"主权民主"思想及其体制对俄罗斯的政治发展已产生深刻影响,而且也将在普京复任总统后发挥重要作用。只有深入研究"主权民主"思想的背景、内涵及前景,才能更好地理解与俄罗斯国家转型相关的一系列重要问题。

1. "主权民主"提出的历史背景

普京治国理念的形成与发展在总体上可以划分为两个阶段。1999年12月至2005年4月为"俄罗斯新思想"时期,形成了普京八年执政的思想基础,并在此基础上提出强国战略,也逐渐形成了普京特色的发展模式。2005年4月至2008年5月为"主权民主"思想时期,概括了普京执政八年的政治模式及发展道路,并在"主权民主"思想的基础上提出"普京计划"。2012年普京再次就任总统后发表国情咨文,重申了"主权民主"的核心理念。

2005年4月25日,普京发表2005年国情咨文开宗明义表示道:"这次国情咨文涉及关于俄罗斯意识形态和政治领域一系列的原则问题。在俄罗斯当前的发展阶段明确这些问题非常重要。"国情咨文对民主问题的论述简明扼要，全文意识形态色彩浓厚。在国情咨文中，普京指出，俄罗斯当前最主要的思想政治问题是俄罗斯要作为自由民主国家的发展问题。俄罗斯需要解决的最困难的问题是如何保护好个人价值并确保俄罗斯民主制度的发展潜力。当前对于俄罗斯而言，民主的价值同经济发展和社会稳定一样重要。这个问题解决得越好，俄罗斯在国际上的地位就越稳固。

国情咨文发表后，激起了俄罗斯政治精英的热烈讨论。前《独立报》总编、俄罗斯著名政治评论家特列季亚科夫继 2000 年率先提出"可控民主"概念后，2005 年 4 月 28 日，在《俄罗斯报》发表文章《主权民主：普京的政治哲学》，首先提出了"主权民主"概念，并以此评价普京的国情咨文，概括普京的治国理念。他认为，民主、自由和公正，是俄罗斯自然形成的三个主要价值观，这不是外国带给俄罗斯的，而是俄罗斯内生性的价值理念。①

俄罗斯提出"主权民主"思想的直接动因，是应对"颜色革命"的挑战。俄罗斯认为，独联体地区一些国家爆发的"颜色革命"实际上是外部势力要在民主化的旗号下达到控制这些国家的目的。② 同时，在"颜色革命"酝酿、组织和实施过程中，来自美国的资金支持、非政府组织以及由他们资助的青年激进组织发挥了极为积极的作用。③在"颜色革命"的背景下，尤其是在围绕

---

① Виталий Третьяков, Суверенная демократия: О политической философии Владимира Путина, *Российская газета*, 28 апреля 2005 г.
② В России демократии больше, чем на Западе, http://www.edinros.ru/news.html?id=115327.
③ Б. Дмитрий, Урок украинского для России, *Время новостей*, N231, 20 декабря 2004 г.

制定《非政府组织法》的过程中，俄罗斯与西方国家之间的争论，坚定了普京政权提出并宣传"主权民主"思想的意念。

其深层次原因是消除政治压力。2004年的别斯兰人质事件对俄罗斯的政治发展产生了重要影响。普京认为，俄罗斯的政治体系不能适应社会发展的现状，俄罗斯应建立一个更为有效的安全体系，使护法机关在面临新威胁时能够采取有效的行动，① 为此，普京政权采取了一系列政治举措。② 对于这些举措，西方国家更多是从民主制度的层面理解，认为以别斯兰人质事件为代表的俄罗斯恐怖主义实际上成全了普京政权的掠夺性。③ 美国重新开始关注俄罗斯集权体制复活的可能性，担心普京寻求类似苏联时期对政治的重新控制。④ 此外，普京政权的反对派也在别斯兰人质事件后对普京大肆批评。⑤ 可以说，面对来自国内外的政治压力，普京希望整合他执政以来俄罗斯政治发展领域的一系列重要思想，从而在政治话语权上掌握主动。

其根本原因是为了保证国家发展道路的延续性。普京上台后采取了一系列战略举措，使俄罗斯逐步实现了从危机到复兴、从动荡到发展的历史转变。面对俄罗斯2007

---

① Владимир Путин выступил с обращением к россиянам, http://www.rian.ru/politics/20040904/672429.html.
② Путин объявил о перестройке государства после трагедии в Беслане, http://www.newsru.com/russia/13Sep2004/putin.html.
③ Fred Weir and Scott Peterson, "Russian terrorism prompts power grab", *The Christian Science Monitor*, September 14, 2004.
④ А. Самарина, Е. Григорьев, Участники встречи в Братиславе сосредоточились на стратегическом партнерстве, *Независимая газета*, 25 февраля 2005 г.
⑤ S. Peterson, "Broad Backlash to Putin Reforms", *The Christian Science Monitor*, January 19, 2005.

年的国家杜马选举和 2008 年的总统大选，普京认为其首要任务就是确保俄罗斯发展道路的延续性。要想确保这种延续性，就政治心理学的角度而言，普京政权需要用一种主流政治价值观，引导俄罗斯民众，继续走已有的发展道路，并在统一的思想下完成强国目标。俄罗斯需要积极创建自己的意识形态，创造性地运用传统的思想。

可见，虽然"主权民主"思想的产生具有鲜明的历史背景，是普京政权在特定历史条件下的一次成功的政治设计，但由于该思想深刻揭示了普京执政八年俄罗斯发展道路的特点，从而能够提升到俄罗斯主流政治价值观的政治高度。总之，国内外政治形势的发展变化均要求普京政权在意识形态问题上有所作为。"主权民主"思想应运而生。

以俄罗斯传统的价值观作为社会团结的思想基础，是"主权民主"思想形成的历史内核。执政之初的普京在政治理念上的逻辑基础是：俄罗斯要想实现强国富民就需要在经济上保持必要的增长速度，要实现经济增长就需要有成效的建设性的工作，而这种工作不可能在一个主要社会阶层和政治力量信奉不同价值观和不同意识形态的社会里进行。因此，对于刚刚经历了 20 世纪 90 年代社会动荡的俄罗斯而言，达到必要的经济增长速度，不仅仅是经济问题，也是政治问题，从某种意义上来说，还是意识形态问题。以 1999 年 12 月的《千年之交的俄罗斯》、2000 年 2 月的《致选民的公开信》和 2000 年 7 月的国情咨文这三份重要的政治文献为标志，普京提出了以俄罗斯传统价值观为思想基础的"俄罗斯新思想"。"俄罗斯新思想"的"新"体现在它是一个合成体，它把全人类的普遍的价值观与俄罗斯的传统价值观有机地结合在一起。普京认为，只有将市场经济和民主的普遍原则与俄罗斯的现实有机地结合起来，俄罗斯才能期望有美好的未来。由此可见，普京的"俄罗斯新思想"具有很强的针对性。普京提出的"俄罗斯新思想"是对20世纪90年代以来在俄罗斯占主导地位的政治思潮的挑战和反证；"爱国主义"实质上就是俄罗斯民族主义，针对自戈尔巴乔夫以来社会上盛行的世界主义和民族虚无主义；"强国意识"，主要针对"民主派"奉行的力图使俄罗斯尽快融入"西方文明世界大家庭"的"欧洲—大西洋主义"；强调"国家的权威"，针对的是20世纪90年代以来占统治地位的认为市场万能的自由主义；"社会互助精神"，针对一度泛滥的以"个人主义"为核心的西方文化，为包括苏联70年在内的俄罗斯传统文化的核心——集体主义正名。

面向俄罗斯实际的发展道路和模式是"主权民主"思想形成的现实基础。普京对"俄罗斯新思想"的阐发，是其对俄罗斯发展道路与模式的初步探索与总结。普京主张在俄罗斯进行市场经济和民主改革，但是强调改革必须从俄罗斯的国情出发，走俄罗斯自己的道路：既反对活跃在俄罗斯政坛上的"共产主义"和"民族爱国主义"，也不赞成"激进自由主义"；既反对回到苏联时期的社会主义，也不赞成导致混乱和危机的自由资本主义改革。

总之，"主权民主"思想的提出具有上述历史背景，并非是空穴来风，它的形成具有深厚的基础，是普京执政理念一以贯之的有效继承与发展，体现了普京执政以来俄罗斯发展道路的特点。

2. "主权民主"的主要内容

厘清"主权民主"思想的核心内涵对于加深理解俄

罗斯国家转型的特点非常重要。"主权民主"是俄罗斯强大的意识形态武器。① 现综合普京政治言论和举措以及俄罗斯政治精英的分析评论,归纳"主权民主"思想内涵如下。②

"主权民主"与大多数其他特定的民主体制如自由民主、社会主义民主、直接民主、全民民主等有所区别,它从内部和外部两个方面来界定政治体制,内部主权是基础和核心,并制约外部主权,但外部主权又加深了对于内部主权的认识,并对俄罗斯的发展产生深远意义。

"主权民主"思想主要诠释了主权的内涵、民主的内涵以及主权与民主的关系等三个核心问题。

其一,关于主权。民主的俄罗斯政治体制应当服从于维护和加强主权的要求。俄罗斯首先要维护自己的主权。主权要求来自俄罗斯所处的复杂国际地缘政治环境。因此,"主权民主"是一种意识形态,也是一种政治制度,在这种制度下民主程序和准则服从于加强大国主义和国家体制的标准。

俄罗斯唯一现实选择是做强国,做强大而自信的国家,做一个不反对国际社会,不反对别的强国,而是与其共存的强国。在可预见的未来,俄罗斯应当在世界上真正

---

① Андраник Мигранян: Суверенная демократия - мощное идеологическое оружие, http://www.edinros.ru/news.html? id = 115143.

② See. Bush and Putin on Democracy, Political Debate and Iraq, NEW YORK TIMES, February 25, 2005; См. А. Самарина, Е. Григорьев, Участники встречи в Братиславе сосредоточились на стратегическом партнерстве, *Независимая газета*, 25 февраля 2005г; Г. Александр, К. Лариса, Президент РФ Владимир Путин: Почему Ельцин выбрал меня, остается большой загадкой-Ключевые слова личности российского президента, *Комсомольская правда*, 13 марта 2004г; Россия – самостоятельный субъект истории, http://www.edinros.ru/news.html? id = 114369.

强大的、经济先进的和有影响力的国家中占有一席之地，俄罗斯的所有决定、所有行动都只服从于这一点。俄罗斯强国的战略目标是：成为具有发达公民社会制度的和牢固民主的国家；有竞争力的市场经济国家；有着精良装备的机动的武装力量的强国。

俄罗斯是独立自主的主权国家。俄罗斯十年前还不能说是主权独立的国家，恢复主权成为其进入新世纪以来政治领域的核心内容。俄罗斯政府以保护本国经济利益为重点，打击经济分裂主义。俄罗斯参与全球经济的最大竞争的财富是自然资源、工业和知识潜力，俄应确立主权经济，独立寻找自己在世界上的位置。当前，俄罗斯已经具备了相应条件，可以独立确定社会经济发展的目标、方向和速度，从而制定自己的全球战略。

主权是政治竞争力的同义词。自宣布新俄罗斯诞生之日起，它首次明确回答了对任何一个国家及其人民来说都十分重要的问题：自己的国家向何处去。这表明，俄罗斯要自主决定如何在自己的家园安排生活，不需要外人评论。

其二，关于民主。民主传统已经在俄罗斯确立。俄罗斯追求民主、自由和公正，俄罗斯同其他欧洲民族一起确立了这些传统，同时这些传统也已在俄罗斯历史上得到确认。俄罗斯一直在吸收西方文明的成果，强调自由、民主和市场经济是全人类的共同的价值观，人类社会发展的康庄大道。

民主应该适应俄罗斯的国情与传统。俄罗斯在没有任何外界压力的情况下主动选择了民主。这是俄罗斯的最终选择，俄罗斯不会回头，不会改变了。当然，民主制度与原则也必须适合俄罗斯，适合俄罗斯的发展现状和阶段，适合俄罗斯的历史与传统。尤其是，俄罗斯必须走符合自己国情的发展道路，强调探索自己的改革道路和寻找自己的模式，不能照搬外国课本上的模式和公式，也不能照抄别国的经验。

民主模式必须由各国自己决定。各民主国家都有自己的民族特点，这是由它们的历史经验和文化遗产的独特性决定的。人民有权在没有任何外来压力的情况下独自做出决定。在不同的历史文化背景下，对民主的理解和适用有所不同。一个国家采取的民主制度的类型和民主制度的完善需要符合国情，它是一个内生的过程而不能靠外力输入，一个国家民主化的进程不可能脱离其社会政治经济的实际发展阶段。

民主主要原则的表现形式不应强求一致。俄罗斯不会拼凑特殊的俄罗斯式的民主，而会继续遵循民主的普遍原则，但是在不同国家，民主的主要原则表现形式各不相同。比如在选举法方面，美国和欧洲国家就不同。

民主是一个过程，是一个发展中的治理模式。民主是动态性的，因此，既不能静态地消极地看待当前俄罗斯的民主现状，也不能将当前的民主现状视为一个最终的结果而加以指责。俄罗斯只能实行渐进的和审慎的改革，不能再搞激进改革。

民主发展以法治化为基础。俄罗斯没有所谓专制的民主。没有一定的基础，民主根本无从谈起。如果经济发展达不到某种水平，这种基础也就很难建立起来。俄罗斯面临建立一个有效的、确保人人守法的法治环境问题。如今俄罗斯恢复了统一的法律，地方上不再违反宪法，与此相伴的是经济逐年增长。

民主的发展应当促进经济发展和社会稳定。民主原则的贯彻不应以国家的解体或者人民的贫穷为代价。它应当使国家更加安定团结并提高人民的生活水平。俄罗斯将沿着这一方向发展。只有当俄罗斯借助经济发展，成为真正的民主国家，它才能赢得世界的尊重，才会成为一个稳定的国家。

其三，关于主权与民主的关系。"主权民主"强调了它不同于20世纪90年代那种有悖于俄罗斯国家利益的虚伪的"民主"。"主权民主"的政治体制使人民意识到自己是政治主体并相应地采取行动。

不能容忍他国利用民主问题谋求利益。意识形态的简单化使美国人不容易在国际事务中换位思考，甚至很难理解其他国家的复杂国情。美国人眼中的世界一直就是两个：以美国为代表的"自由世界"和以美国的敌人为代表的"邪恶"世界。美国的使命就是"捍卫自由世界"和"消灭邪恶势力"，灰色地带是不存在的。俄罗斯则明确表示不能以所谓的民主问题干涉别国主权，主权问题不能讨价还价。不仅如此，美国需要了解俄罗斯，因为美国并不完全了解俄罗斯正在发生的事情，因此也就并不理解俄罗斯政治中的某些事情。

言论自由受适当控制是可行的。如果一个媒体没有足够的物质条件来保障自己的生存，那它的言论自由就成问题。俄罗斯的目的就是要让大众传媒在财政上获得独立，不依赖于他人。俄罗斯民众享有言论自由，政治反对派可以自由发表观点。俄罗斯的自由和民主的形式受到政府的适当控制是可行的。

俄罗斯境内的政治活动应该保持最大限度的透明度，其中对政治活动的资助应该保持透明。利用国外资助从事政治活动的俄社会组织，应该处于国家的监督之下。一些国外非政府组织被用作向俄罗斯境内民间政治团体提供资金的渠道，而资金来源是其他国家的政府。这种做法与民主无关，而是一个国家试图影响另一个国家。

如果从事政治活动的俄社会团体接受外国官方资助，那么它们实际上是在为这些国家的对外政策服务。俄罗斯政府对受国外基金会资助的非政府组织，严格地定位为以公共服务为目的，必须在政府立案，接受相关的法令、规章管辖的非营利或慈善机构，并不得危害社会和国家主权。

俄罗斯不能允许任何国家称霸世界，把以军事优势和经济优势为基础的游戏规则强加给其他国家。当前，有的国家在国际关系中过度使用军事实力，使以政治手段解决问题变得不可能。主权原则受到威胁。

在解释"主权民主"时，"外部主权"同样重要。"主权民主"强调，必须尊重和保持世界文明及发展道路的多样性。历史形成的文化传统、政治社会体制、价值观和发展道路的差异不应被用于干涉他国内政的借口。社会发展的具体模式不能成为"输出品"。

2007年9月14日，普京在索契与"瓦尔代"国际俱乐部成员会谈时，回答了关于如何看待"主权民主"的问题。这是普京在公开场合对"主权民主"较为全面和权威的一次阐释。普京认为，"主权民主"是一个混合体。主权指的是俄罗斯与外界相互关系的内核，而民主则是俄罗斯的内部状态，俄罗斯社会的内在。①

可以说，俄罗斯与西方围绕"主权民主"思想展开的争论，不仅表明俄罗斯与西方在政治价值观上出现裂痕，更使得关于俄罗斯发展道路的认识与评价问题具有国际政治意义。有效政治基金会主席帕夫洛夫斯基认为，世界上有"代议制民主""社会民主"等不同的概念。欧盟

---

① Встреча с участниками международного дискуссионного клуба «Валдай», 14 сентября 2007г, http://president.kremlin.ru/appears/2007/09/14/2105_ type63376type63381type82634_ 144011.shtml.

国家官方承认"社会民主",美国认可"市场民主"。为什么俄罗斯就不能提"主权民主"呢?① 围绕"主权民主"思想展开的争论导致俄罗斯与西方国家之间的关系出现结构性矛盾。

3. "主权民主"的问题

"主权民主"思想的提出,其目的是试图从理论上回答这样一些现实的问题:普京领导下的俄罗斯是一个什么样的国家?俄罗斯将走向何方?是"融入西方"?还是"从民主倒退,走向独裁"?俄罗斯的回答是:俄罗斯是主权的和民主的国家。它既不是过去的苏联,也不是90年代的俄罗斯。苏联有主权,但是没有民主;90年代的俄罗斯有民主,但是国家丧失了主权。

正如苏尔科夫指出的:一个国家如果没有思想就无法生存。俄罗斯过去和现在都必须建立垂直权力体系,但如果没有用得到全民认可的思想来充实俄罗斯官僚体系,那么这样的官僚体系将无法长久。俄罗斯的国家思想原则上与欧洲的思想没有太大的区别,俄罗斯模式当然有自己的特色,但与欧洲模式差别不大。② 基于这个基本认识,普京政权强调:"主权民主"思想是普京执政理念的集中体现,它反映了普京政府对内对外政策的基本点。"主权民主"思想的价值在于,它总结了俄罗斯现代发展史正反

---

① Глеб Павловский: Суверенная демократия нуждается в разработке именно как универсальное понятие, http://www.edinros.ru/news.html?id=115141.

② Наталья Меликова, Кремль сказал вражеским СМИ свое твердое слово-Владислав Сурков разъяснил зарубежным журналистам ближайшую перспективу российской внутренней политики, *Независимая газета*, 29 июня 2006г.

两个方面的经验和教训，揭示了俄罗斯转轨时期政治与经济的发展模式，并体现了鲜明的时代感。这种民主发展理念充满朝气，富有活力，符合俄罗斯的现实和历史传统，是俄罗斯崛起的意识形态基础。"主权民主"思想应该成为俄罗斯全社会接受的观念。

在政治转型的基本路径上，普京未来会继续坚持以国家为中心的政治转型。从目前来看，权威主义政治依然是未来一个时期俄罗斯的主要政治形态。在俄罗斯历史上，统治者经常利用强有力的国家机构和行政手段，推动国家的发展与进步。使俄罗斯政治转型对此形成路径依赖，但是在当前这种政治体系中的官僚集团，缺乏现代化改革的动力，严重制约了俄罗斯现代化的有序进行。从这个角度来看，加强政治竞争性是新阶段的新特点，其实质是如何改革俄罗斯新权威主义政体的问题。

新权威主义政体是介于民主政治和专制体制之间的一种较为温和的过渡形式。作为后发展国家现代化初级阶段的政治选择，新权威主义的要旨在于通过强制性的政治整合维持社会秩序，以达到发展经济、促进社会进步的目的。作为一种政治实践，新权威主义的优势在于它提供了一种社会变迁过程的可控性，其特点是：实行经济发展优先战略，以民族主义聚合社会共识；以精英主义的行政权力结构作为权威统治的基础；强调社会秩序和政治稳定，其合法性基础在于经济绩效。新权威主义政体的政治稳定，在很大程度上是以对新闻自由、集会、结社等公民权利的控制，以及执政党对各级政权、选举过程的有效掌控来实现的。这有助于保证改革初期所需要的政治稳定，然而却也无法避免地导致政治腐败和权力失范。新权威主义政体这些内生性矛盾缺乏自我调节能力。社会结构深层次矛盾如果持续积累，就会极大削弱大众对社会体制的政治认同，从而造成转型时期的政治合法性危机。①

布宁认为，由于制度的不稳定性上升，只对方针稍做修正继续沿着原有发展道路前进的可能性越来越小。② 俄罗斯今后一个时期必须恢复民众对政治体系的信任；缓和社会冲突和政治对立；通过推行经济改革和负责任的经济政策，确保经济持续稳定发展；推动建立充满活力和竞争力的政治模式。③ 俄罗斯经济具有寻租特性，同时总统权力过大，在缺乏足够的制约和平衡的情况下，这会导致行政体系的腐败。如果这一体制保持不变，将不利于民众恢复对当局的信任。因此必须加强制衡，总统和议会的职能需要重新分配。首先要采取措施，恢复俄罗斯不同政治机构之间的权力平衡，有意识地加强议会和政府的作用，对总统的权力加以限制。这并不是说要大规模修改宪法，将俄罗斯变成一个议会制共和国，而是要采取一些起码但却坚定的举措，来减少总统和总统办公厅对政府的政治干预，同时加强政府对议会的责任。比如可以将议会多数派组阁的原则确定下来，并且限制总统对组阁过程的干涉。④

在民主国家中，自由公正的选举、有效的政治参与、

---

① 李炳烁：《新权威主义、立宪政体与东亚法治转型》，《法制与社会发展》2009年第2期。
② Игорь Бунин, Кризис в современной России: социально-политическое измерение, http://www.politcom.ru/7573.html.
③ Политический кризис в России и возможные механизмы его развития, http://www.csr.ru/index.php?option=com_content&view=article&id=307：2011-03-28-16-38-10&catid=52：2010-05-03-17-49-10&Itemid=219&lang=ru.
④ Политический кризис в России и возможные механизмы его развития, http://www.csr.ru/index.php?option=com_content&view=article&id=307：2011-03-28-16-38-10&catid=52：2010-05-03-17-49-10&Itemid=219&lang=ru.

严密的制衡监督和完善的竞争机制是政府合法性的来源。既然政府的合法性建立在这些机制上，那么，政治危机、社会危机乃至经济危机都可以通过民意政治的表达来舒缓，通过政府的更迭来解决。但是，这些危机只是对政府合法性的挑战，不存在对宪政制度政体的挑战。民主国家的政体不担心利益多元化和政治多样性。所谓政府危机不会转化为宪政制度的危机。政府首脑可以像走马灯似的轮流换，但对政体无碍。而在后发国家中，处于民主化的初期阶段，一般采取权威主义政体，信奉国家主义。这种政体及其政府的合法性，在很大程度上建立在政绩上。一旦出现危机，其合法性就受到挑战，而且民意政治的矛头直指其宪政制度本身。俄罗斯就是一个例子。反普京的体制内和体制外力量矛头直指国家权力体制本身，这种权力体制的制衡机制形同虚设。普京道路和普京模式受到前所未有的质疑，其实质是公民社会对威权主义国家的反抗。宪政制度与政府合法性是两个概念。所以，普京再次执政后，主权民主体制的变革与调整是必要的。前景如何，世人拭目以待。

五 俄罗斯司法制度改革

司法制度改革是俄罗斯社会转型过程中政治变革的重要内容之一。无论是叶利钦时期、普京时期，还是梅普组合时期，都对国家的司法制度实行了不同程度的改革。经过20多年的司法改革实践，目前俄罗斯已经初步建立起了一整套司法制度体系。

1. 叶利钦时期的司法制度改革

俄罗斯现行的司法制度是在苏联司法体系的基础上建立起来的。由于法律文化的历史惯性，在俄罗斯社会转型的过程中，俄罗斯的司法制度改革始终处于与苏联传统司法观念的不断较量中。

综观苏联时期的司法制度，其主要问题可以归结为两点：一是法律虚无主义的盛行。在苏联时期，法律和作为国家根本大法的宪法，只停留在文本上，并未得到应有的尊重。虽然宪法和各种法律规定了公民享有的各种权利，但在实践中，法律法规常常会因领导人意志的变化而变化。二是司法独立性的缺失。苏联时期，司法制度被视为政治专政的工具，司法为行政所控制，司法部门未得到相关部门的授意根本不可能独自做出任何决定。

苏联解体后，随着俄罗斯政治经济制度的变迁，国家司法制度的改革也被提到了议事日程。

按照社会转型理论，转型社会的制度改革通常分为"内生演进型改革"和"外生推动型改革"两种模式。俄罗斯的司法制度改革即是在政府推动下进行的"外生推动型"改革。

叶利钦时期的司法制度改革主要是在1991~1994年进行的。为保证司法改革的顺利开展，1991年俄罗斯最高苏维埃通过了《俄罗斯司法改革的基本构想》，详细规划了俄罗斯司法改革的具体任务和目标。1993年俄罗斯新宪法的颁布，为俄罗斯司法制度改革奠定了基本的指导原则和宪法保障。1994年，为进一步推进司法改革，俄罗斯成立了联邦总统司法改革委员会，以统一协调有关部、委以及地方司法改革委员会在实施《俄罗斯司法改革基本构想》方面的活动。

概括起来，叶利钦时期进行的司法制度改革主要包括以下内容。

（1）构建一套新的法院体系，将苏联时期单一的普通法院体系扩展为包含三个既相互联系又各自独立的联邦司法部门（俄罗斯联邦宪法法院、仲裁法院和普通法院）的法院体系。这一新的法院体系不仅为俄罗斯公民提供了更多的司法服务，也扩大了法院的权限，提升了法院在社会上的地位。其中，仲裁法院是为了解决俄罗斯国内日益增多的商务纠纷而设置的，而1991年作为宪法监督机关而设立的俄罗斯宪法法院，其主要职能则是解释宪法，审议各种联邦、地方法律法规的合宪性，以确保俄罗斯宪法享有国家最高的法律地位。

宪法法院的设立是俄罗斯司法制度改革的一大创举。但由于法官经验不足，在1991年成立后的一段时间内，宪法法院并没有充分发挥其宪法监督的职能。1994年7月，国家杜马通过了《俄罗斯联邦宪法法院法》，1995年3月，俄罗斯宪法法院重新组成并开始行使职权。然而，在此后的司法实践中，无论是联邦政府，还是地方政府，都始终未能完全遵循宪法法院的决定，有时还公然对抗和藐视宪法法院，在一定程度上损害了宪法法院的权威性，降低了其履行宪法监督职权的能力，以至于一些俄罗斯学者指出，俄罗斯宪法法院长期以来只是一个"没有牙齿的"，"胆小的、无效的、极具依赖性"的机构。①

（2）促进司法独立，保证公正裁决。俄罗斯宪法对于司法独立有着明确的规定。根据俄罗斯宪法，俄罗斯实行三权分立，即立法机关、执行机关和司法机关相互独立；司法审判权只能由法院行使。但事实上，在叶利钦执政时期，由于俄罗斯经济严重下滑，法院的预算资金远远不能满足实际需要，有时其预算经费还被政府财政部门无故削减，法院系统常常处于捉襟见肘的境地，为此各级法院不得不向地方政府寻找预算以外的新财源，于是逐渐加重了对地方政府的财政依赖。直到1999年，在最高法院副院长的倡议下，联邦议会最终出台了《俄罗斯联邦法院财经法》。根据该法，法院系统的财政预算直接由联邦政府划拨给联邦最高法院，再由后者逐级向下拨付。为此，联邦政府还专门在联邦最高法院内设立了司法财政管理局，负责整个法院系统的财政管理工作。

司法独立的另一个基本含义是指法官审判的独立性。俄罗斯的法官独立主要是通过法官遴选程序、任用程序、对法官任期的保障，以及对法官人身安全与物质保障等方

---

① Jeffrey kahn, *Federalism, Democratizatn and the Rule of Law in Russia*, Oxford University Press, 2002, pp. 176 – 182.

面来实现的。1992年俄罗斯通过了《法官地位法》，对法官的地位等问题做出了较为详细的规定。1993年俄罗斯宪法进一步确立了对法官独立地位的宪法保障，明确规定：法官独立办案，并只对宪法和法律负责；法官不可撤任，法官权力的中止或暂停须符合联邦法律规定的程序和原则；法官不可侵犯，除联邦法律规定的程序外，不得追究法官的刑事责任；等等。此外，提高法官的薪金也是叶利钦时期司法制度改革的主要内容之一。根据1996年1月通过的《关于法官和公职人员额外补助法》，不仅大幅度提高了各级法官的薪金，还给予法官各种额外的优惠待遇，如免费旅游、免费交通以及免费医疗等。然而，也有学者指出，为法官提供各种优惠待遇，对提高法官社会地位有一定积极意义，但对法官保持其独立地位也有不利的一面。因为这些补贴和优惠待遇往往是由法院院长、上级法院或者政府官员根据法官的个人业绩派发的，旨在通过改善法官经济状况，以确保其公正地履行司法审判职能，但是，这种做法也可能使法官为了获取更多的薪金而失去自身的独立性。

（3）设立陪审团制度，建立司法程序的正义性。设立陪审团制度是《俄罗斯司法改革基本构想》的主要内容之一。1993年，俄罗斯通过了《法院体系法》和《刑事诉讼法修订案》，将陪审团制度正式引入俄罗斯的司法体系。① 这一改革措施被认为是俄罗斯司法改革的基石，其主要目的是尽可能地减少法官遭受政治控制的可能性与促进司法的公正性，为公民直接参与司法程序提供机会，从而重新恢复公民对司法的信心。然而，由于构建

---

① 今日俄罗斯陪审制度并非初创，早在1864年进行的那次影响深远的司法改革中，俄罗斯就建立了陪审团制度，并一直沿用到1917年，才被苏联时期的人民陪审团制度所取代。

这一制度所需要的成本很高，加上这一制度本身的复杂性，所以在实施陪审团制度的过程中并没有像改革者预想的那样顺利。1995年国家杜马审议了一项扩大陪审团使用范围的草案，却遭到政府部门的强烈反对而未能实行。叶利钦时期，陪审团制度并没有覆盖整个全联邦范围，而只在九个行政区内实施过。在实施陪审团制度的地区，也只是在审判一些重罪（如谋杀、强奸、危害国家安全等）时才被允许启用，而且因财政不足以及来自地方行政部门的干预等原因，这些地区陪审团的作用也往往极其有限。

（4）增设治安法院，减轻基层法院的办案负担。叶利钦时期，由于法院在财政上的匮乏，司法人员短缺的问题一直没有得到很好的解决，但法院受理的申诉案件却在不断增多，法官往往不堪重负。据相关资料统计，截至2000年，法院审理的刑事案件和民事案件只占申诉案件的20%。[①] 由于案件审理进展缓慢，有时犯罪嫌疑人甚至被监禁两三年后才得到审判。为缓解基层法官的办案压力，1997年俄罗斯颁布了《联邦司法体系法》，在原有三个法院层级，即联邦最高法院、联邦各主体法院（共和国、边疆区、州、直辖市法院）和区法院的基础上又增加了一个新的层级，即治安法院，负责审理轻微的民事行政案件。与陪审团一样，治安法院并非一个新鲜事物，早在1864年，俄罗斯就设立过类似的治安法院。此次俄罗斯设立治安法院的目的，主要是减轻基层法院的判案压力。

（5）实施检察制度改革，重新定位法院与检察院的

[①] Judicial Reform and Human Rights in Russia, Strengthening Democratic Institutes Project seminar, Harvard University, June 1, 2001.

关系。① 苏联时期，法院和检察机构同属俄罗斯的司法体制。检察机构被赋予了相当大的权力，特别是在刑事诉讼案件中，检察院同警察部门几乎控制了整个诉讼过程。除了调查犯罪、准备和起诉案件，检察机关还拥有监督审判权。在检察院的法律监督下，法院实际上成为检察机关的附属品，其审判过程也不过是对检察机关调查结果的一种确认。苏联解体后，改革检察制度，改变检察院对法院的控制，成为俄罗斯司法改革的主要内容之一。

在1991年通过的《俄罗斯司法改革基本构想》中，首次提出了有关"取消检察机关的监督职能，将其司法权力限定在刑事诉讼程序中"的建议。但这些改革建议遭到了检察院和部分政府官员的抵制，未能全部付诸实践。1992年通过的《俄罗斯检察院法》，去除了检察院对法院及诉讼参加者的监督权，却保留了检察官对司法审判的一般性监督职能。1993年俄罗斯宪法对俄罗斯检察制度的原则进行了严格规定。根据宪法第22条，对任何人的逮捕和羁押只能由法院决定。这一规定不仅明确了法院与检察院的关系，也改变了过去检察机关和侦察机关主导侦查过程的办案模式，有利于促进法院的司法独立以及实现对犯罪嫌疑人的权利保障。但由于落实这项宪法性原则的配套法律——刑事诉讼法迟迟未能出台，因此叶利钦时期，这一宪法原则始终停留在纸面上，检察院也依然保持着对法院的审判及日常工作的监督权。

---

① 尽管关于检察机关是否属于司法部门尚存在争议，但是鉴于俄罗斯宪法将对检察院的规定纳入司法权一章中，故而在探讨俄罗斯司法制度改革时也将对检察院的改革列入其中。

2. 普京时期的司法制度改革

普京时期的司法制度改革是在叶利钦时期司法制度改革的基础上进行的。针对俄罗斯日益严重的司法不公，以及社会上要求实行司法改革的呼声，普京在2001年4月3日发表的国情咨文中，提出了一系列实行司法制度改革的计划。

普京执政时期实行的司法制度改革措施主要有：

（1）进一步促进司法独立。针对俄罗斯司法权薄弱，法院依然没有摆脱依赖地方行政权力的现象，2002年11月普京推出了两项司法改革措施。其一，促成议会通过了《法院体系法修正案》，取消了地方立法机关参与法官任命和晋升的资格；取消了联邦行政长官对法官任命的否决权。① 其二，制定了《2002~2006年俄罗斯司法制度发展纲要》，大幅增加了对法院的资金投入，规定政府每年将向法院系统提供2亿~3亿美元的资金支持。这些政府资金主要用于：在全俄范围内推广陪审团制度；增配新法官，以适应新刑事诉讼法对加强司法审判权力的客观要求；培养新的治安法院法官；增加法官的工资；扩充法院工作人员编制，如增加书记员的数量等；为法院修缮办公设施，为法官购房提供免息贷款；等等。根据相关数据统计，截至2005年，俄罗斯司法系统的财政预算增长了8倍以上。② 大量的资金注入使法院系统对地方财政的依赖性大大减少，有效地增强了法院的独立性。

---

① 这两项法案在议会两院中都顺利获得通过。这是因为，2000年普京对议会上院（联邦委员会）进行了改组，宣布地方精英不得担任联邦委员会议员，因而降低了他们对联邦议会立法的影响力。
② 王志华：《解读第六届全俄法官代表大会》，《法制日报》（理论版）2005年1月20日。

（2）加强法官职权与对法官地位的保障。为了改变刑事审判中检察权主导、法院司法权弱化的现象，2001年国家杜马通过了《俄罗斯刑事诉讼法》，将以前由检察院行使的各种审前程序（如审前监禁、搜查、扣押）以及排除非法获得证据的决定权，转交给了联邦法院系统，增强了法院的司法权力及法官在整个审判过程中的主动权。2001年11月，国家杜马通过了《法官地位法修正案》，[1]进一步完善了对法官的各项保障措施，为法官公正地履行法律赋予的司法职责创造了良好的条件。2002年3月，杜马又通过了《俄罗斯法官团体法法案》，为法官团体的设置提供了法律保障。2005年4月，普京签署了一项新法律，将所有法官的退休年龄由65岁延长至70岁，[2]这一规定有效地调动了法官的积极性，也有利于法官队伍的稳定。由于法官享有特殊的物质和社会保障，目前法官已经成为俄罗斯社会中令人尊敬和羡慕的职业，同时也是社会竞争最为激烈的行业。[3]

（3）加强司法问责。司法问责主要是指针对司法部门的行政监督。在加强法官的独立性、确保其不会受到外部不当影响的同时，普京还推出了一些对法官权力实行监督和制衡的措施，其中包括：改变法官评审委员会[4]的人员组成，将原来完全由法官组成的法官评审委员会，改为其中的1/3成员由地方律师和法律学者担任；明确规定法官的退休年龄，尽管俄罗斯实行法官终身任职制，但按照相关法律，法官均须在70岁退休；规定法院院长的任职

---

[1] 这是俄罗斯国家杜马对《俄罗斯联邦法官地位法》进行的第六次修改和补充。
[2] 在此之前，只有宪法法院的法官退休年龄为70岁。
[3] 任允正、余洪君：《独联体国家宪法比较研究》，中国社会科学出版社，2002，第289~290页。
[4] 法官评审委员会是一个负责法官任命和提职的组织机构。

期限为 6 年，任期届满后，需经一定程序才可重新获得任命；改变法官享有绝对刑事和行政责任豁免权的状况，规定只要符合一定程序，便可取消有关法官所享有的免受刑事和行政责任的特权；① 等等。

（4）提高司法效率，促进公正裁决。2001 年，国家杜马通过了三大程序法——《刑事诉讼法》《民事诉讼法》《行政过失法》。特别是刑事诉讼法，为俄罗斯公民和司法人员引入了很多全新的法律内容，如推行辩诉交易、无罪推定、对抗式审判等，反映出国家在尊重公民权利和惩治犯罪方面的改变，而这在以揭示犯罪为司法理念的苏联时期是不可想象的。根据刑事诉讼法，从 2003 年 1 月开始，俄罗斯所有地方法院审理重罪时都要采用陪审团制度，以确保当事人获得正当的审判程序，并最终获得公正的裁决。这一规定也标志着，作为一项重要的司法机制，陪审团制度已经在俄罗斯初步建立了起来。

（5）加强宪法法院的职能和作用。2001 年 5 月 23 日，普京向杜马提交了《关于执行宪法法院裁决法修正案》，针对宪法法院的裁决问题进行了一些补充规定，明确了各部门废除违宪法律的责任、执行宪法法院裁决的期限，以及不能及时履行宪法法院裁决所要承担的法律责任等。这些法案的实施有效地推动了对宪法法院裁判的执行，进而增强了宪法法院的权威；2005 年，通过相关法律，普京取消了对宪法法院法官任期上的限制，只在年龄上对宪法法院法官有所限制，即宪法法院法官任职年龄的上限为 70 岁。从而进一步保障了宪法法院法官的独立性。普京时期，联邦宪法法院逐渐活跃起来，在维护俄罗斯国

---

① 就刑事责任而言，只要由上级法院组成的 3 人专家小组做出裁决，并获得法官资格委员会的同意，总检察长便可对有关法官提起刑事诉讼。

家法律的统一、协调中央和地方关系以及保障公民权利和自由等方面发挥着越来越重要的作用,与叶利钦时期相比,普京时期宪法法院的声誉和地位都有了很大提高。

(6)推动检察制度改革。2001年12月5日,国家杜马通过了《俄罗斯联邦刑事诉讼法典》,对检察机关职权做了重大变更:其一,取消了检察机关对法院审判的监督权。其结果,消除了检察机关对法院办案的潜在影响,法院能够更加独立地审理案件,刑事诉讼中的控辩双方可以处于更加平等的地位,同时也有利于保障犯罪嫌疑人的权利。其二,取消了检察长适用强制措施的决定权,将涉及公民人身自由权、财产权、住宅权和通信自由权等限制公民自由权方面的强制措施的决定权,转由法院行使。这样,原来主要是作为监督部门而存在的检察院系统,现在更多的则是致力于对公民权利的保障。

3. 梅普组合时期的司法制度改革

梅德韦杰夫出身于法律界,进入政坛之初曾主要负责国家司法改革领域的工作。担任俄罗斯总统后,他更是将司法改革作为其执政的重点。在2008年的第一次国情咨文中,梅德韦杰夫提出了司法体制改革的方向和目标,并表示在今后四年里,新一届俄罗斯政府的一项主要任务就是保障司法体系的相对独立,彻底铲除司法腐败。

在推进司法体制改革方面,梅德韦杰夫采取的举措主要是:

(1)推动司法独立向纵深发展。如进一步增加司法部门的预算,提高司法透明度,允许法官终生任职而不是每三年就要经过克里姆林宫的确认等。

梅普组合时期,司法的独立性有了明显增强。其中一个有代表性的案例就是，2011年6月车臣总统卡德罗夫诉人权中心负责人奥列格·奥尔洛夫诽谤罪，经法院最终判决，奥列格·奥尔洛夫被认定为无罪。

(2) 重拳打击司法腐败。上任伊始，梅德韦杰夫即下令公开法院的司法裁决，将法官的审判置于公众的监督之下，以便于公众获得法院判决的相关信息，避免在信息不畅的情况下，对审判过程或结果进行任意猜测，从而增强他们对法院的信服和认可。另外，在遏制司法腐败方面，梅德韦杰夫任职期间对个别高级法官的腐败行为进行了严厉惩处，如莫斯科地区联邦仲裁法院主席柳德米拉就曾因从事不动产交易而遭到联邦政府的查处。

(3) 全面改革警察系统。一直以来，俄罗斯警察系统都是俄罗斯的阿喀琉斯之踵，提到俄罗斯警察，人们首先想到的就是腐败和不称职。俄罗斯警察的不端行为已成为俄罗斯社会的一大顽疾，不仅制约着俄罗斯经济的发展，也严重损害了俄罗斯的国家形象。对此，梅德韦杰夫执政期间，从法律制度和组织机构方面，对国家的警察体系进行了一系列改革：2011年2月7日，梅德韦杰夫正式签署《俄罗斯联邦警察法》，详细规定了警察的工作原则、权利及义务，采取强制性措施的条件，法律地位，甄选形式，社会保障和监督等。《俄罗斯联邦警察法》的出台对改革内务部的职能奠定了法律基础。根据该法律，内务部人员于2012年1月1日前缩减20%，届时所有已经被列入编制外的人员，须在通过必要考核后才可重新进入内务部机构。①

(4) 大力加强人权保障。梅德韦杰夫任职后，积极

---

① 此后，一项法律草案在进入议会程序之前交由社会讨论成为所有涉及社会意义的俄罗斯法律的必经程序。

致力于改变俄罗斯的人权纪录。在梅德韦杰夫的倡导下，俄罗斯宪法法院先后做出两项重要司法决定。一是 2009 年 11 月宪法法院正式宣布，俄罗斯将于 2010 年 1 月起停止适用死刑。① 虽然宪法法院宣布的废除死刑决定一时遭到俄罗斯社会各方的质疑，但该决定在保障罪犯人权方面具有十分重要的意义，它意味着俄罗斯开始兑现其对欧洲委员会的承诺，② 在人权保障方面已经进入了一个新的阶段。二是 2011 年 6 月 30 日宪法法院做出了一项裁定，认定国家公务员和政府官员具有公开批评国家和政权结构的权利，且某一公开言论是否属于被禁止的范围将由法院或专门的机构来判定。③ 宪法法院的这一裁定与梅德韦杰夫一贯主张的言论自由不谋而合。

2011 年，在梅德韦杰夫的推动下，俄罗斯再次对《俄罗斯联邦刑事诉讼法》进行了重新修正，针对 68 类罪行新增设了对罪犯监狱服刑之外的刑罚措施，取消这些罪犯监狱服刑的最低期限。在刑罚政策方面的这些重大改变，意味着俄罗斯正在从传统的控诉模式转向对罪犯从轻处理的人道关怀，增强了对罪犯的人权保障，同时也使法官从"判处轻罪即被怀疑收受贿赂"的怪圈中解脱出来，为法官审理刑事案件提供了更为宽松的环境。在保障人权问题上，梅德韦杰夫时期值得一提的另一个重大突破，是他在 2011 年 5 月承诺：俄罗斯将履行其在欧洲人权法院的义务，而这一承诺在普京任总统期间却未曾提出过。

---

① 尽管 1999 年以来，俄罗斯的所有死刑判决事实上都被暂缓执行。然而，对是否要彻底废除死刑制度问题，俄国内一直存在激烈争论，反对废除死刑者不在少数。

② 1996 年俄罗斯加入欧洲委员会，之后签署了欧洲关于保护人权的第六号议定书。根据该议定书，俄罗斯从 1999 年起，暂停执行死刑。

③ RIA Novosti, 30 June 2011.

4. 俄罗斯司法制度改革的意义及前景

在俄罗斯社会转型的20多年中，经过叶利钦、普京和梅德韦杰夫执政时期实行的各项司法制度改革，俄罗斯的司法体系正在发生着深刻变化，司法的独立性和司法判决的质量都有了很大程度的提高，法院的裁决越来越开明和公正。这些变化一方面表明俄罗斯法院的地位更加独立，另一方面也说明俄罗斯法院的价值取向也在悄然发生改变，即在权衡国家权利与公民权利方面更倾向于保护后者。

总的来说，俄罗斯社会转型过程中司法制度改革的意义主要表现在：

（1）推动了俄罗斯社会的法治建设。法治的真正建立意味着，任何一个国家机构都不能让法律服从于政治目的，因此评估俄罗斯在法治方面的进步首先要确定法院是否享有独立的司法权，不受政治因素的影响。从这个意义上来说，社会转型时期以加强司法独立为目的的司法制度改革，无疑是推动俄罗斯法治建设的重要之举。尽管在这一改革实践中，俄罗斯的司法独立依然存在种种问题，但司法制度改革的结果已经使俄罗斯在宪政民主的道路上向前大大迈进了一步。通过改革，俄罗斯的司法部门正在逐渐从地方行政部门的控制中摆脱出来，成为国家真正独立的司法权力机关。法官的独立性也在不断提高，他们不再迎合政府权力者的偏好或者对政府唯命是从，在审理案件时也不再考虑单纯适应政府政策的需要，而是以法律的公正和公平为重。正如有些西方学者评价的那样："这实在令人惊讶，俄罗斯的法院已经采用了与欧洲、美国相同的司法公正标准，包括对双方当事人的权利保护、对证据的合法审查以及对案件审慎的判决。"① 这表明，目前俄罗斯的司法制度正在向着国际通行的标准靠近。

（2）促进了俄罗斯人权保护状况的发展。司法是社会救济的最后一道防线。行之有效的司法体系是维护人权的重要保障。正如普京所指出的："独立和公正的法院是公民权利重要的法律保障。"② 二十多年来，俄罗斯司法制度的变革，从根本上扩大和加强了对俄罗斯公民权利的保护，使个人和组织获得了更多的运用司法途径保护自身权利的机会，人们逐渐地愿意向法院寻求救助。无论是对死刑的废除，还是对公民言论自由的扩大，都标志着目前俄罗斯社会的人权状况已经取得了重大进步。可以说，在司法制度改革的全面推动下，当今的俄罗斯社会正在走向"权利的时代"。

（3）为俄罗斯的政治经济转轨提供了有效的法律保障。有效的司法制度是俄罗斯政治经济转轨成功的必要前提条件。只有建立一套社会公正的司法制度，才能保证市场竞争的合理和有序，从而推动市场经济向着健康的方向发展。长期以来，俄罗斯恶劣的司法环境曾遭到社会的广泛诟病，也大大影响了俄罗斯的内部投资环境。实行司法制度改革后，一定程度上减少了司法腐败现象的发生，降低了法院裁判的随意性，提高了各级法院审议和裁决的效率，也大大提高了整个社会对司法部门的信任。根据最新的一项调查资料，俄罗斯民众对法院的作用，持谨慎乐观态度的比例在不断提高，其中3/4的企业管理者认为，在

---

① S. Machura, *Fairness, Justice, and Legitimacy: Experiences of People's Judge in South Russia*, LAW AND POLICY, 25, 2, pp. 123-150.
② Speech by President Vladimir Putin on 9 July 2001 at a Meeting with the World Bank President James D. Wolfensohn and the Participants of the Global Justice Conference.

与商业伙伴发生纠纷时，能够从仲裁机关和法院获得有效的保护，俄罗斯的陪审团对普通法院法官裁判的公正性也表现出了高度信任。① 应该说，所有这些社会变化对俄罗斯政府进一步推进司法制度改革有着很大的促进作用。

（4）相对减轻了欧洲人权法院的审案压力。自俄罗斯成为欧洲理事会成员国以来，俄罗斯人每年向欧洲人权法院提起的诉讼日渐增多，到2006年已经达到1.2万件，几乎占欧洲理事会所有成员国提起诉讼的近1/5。之所以出现这种情况，很大程度上缘于俄罗斯本国的司法环境差、法院的公信力差，导致人们更愿意向欧洲人权法院提起诉讼，以求获得公正的判决。这种状况不仅极大地损害了俄罗斯的司法地位乃至国家形象，也常常使欧洲人权法院不堪重负。随着俄罗斯国内司法改革的推进，近年来俄罗斯国内这种寻求国际司法救济的状况正在逐渐有所改观，人们对本国司法制度的信心日益恢复，在发生纠纷时也开始逐渐转向求助本国的司法部门，欧洲人权法院的审案压力也由此得到了一定程度的缓解。②

然而，尽管俄罗斯的司法制度改革取得了一定成效，但目前其司法体系依然面临着诸多的问题。

首先，司法制度改革仍需要社会各方面，尤其是职业法律工作者的支持。由于俄罗斯的司法制度改革触及了社会多方面的利益，很多改革措施也招致了社会不同阶层，甚至司法机构内部人员的强烈反对，致使政府推行的一些重要司法改革措施，因受到强大阻力而无法具体实施。例

---

① Maria Popova, "Watchdogs or Attack Dogs? The Role of the Russian Courts and the Central Election Commission in the Resolution of Electoral Disputes," *Europe-Asia Studies*, vol. 58, no. 3, May, 2006.
② 诉诸欧洲人权法院的案子主要有两种：一种是违反监禁条件，一种是违反司法程序。

如，在改革检察机关的过程中，有些改革措施因受到检察机关的公然抵制和对抗而难以推行。又如，尽管司法制度改革增强了法院的权力和独立性，但也相应地增加了对其行使权力方面的监督，如规定法院应实行审理过程和信息的公开，接受公众监督，应吸纳受人尊重的社会公众人物进入法官资格委员会，以加强对司法人员的问责等，但这些改革措施却因不同程度地受到来自法院系统的阻力而搁浅或停止。①

其次，司法独立性问题仍未得到彻底解决。虽然目前俄罗斯在司法独立方面已经取得重大进展，但距离实现真正意义上的司法独立还为时尚早。例如，苏联解体后，俄罗斯的历次司法制度改革都没有触及法院院长的问题，而事实上，目前对各级法院院长的任命程序及其职权范围的划定，正是阻碍俄罗斯司法独立的一个最为严重的障碍，它有很深的历史和法律文化的背景。在这个问题上，目前还没有看到任何改革的迹象。不仅如此，梅德韦杰夫在任期间，将宪法法院也并入俄罗斯的垂直权力体系，并直接将任命宪法法院院长和副院长的权力收归总统所有，而此前按照《俄罗斯宪法法院法》的规定，俄罗斯宪法法院院长应是在宪法法院内部、经全体宪法法院法官选举产生。梅德韦杰夫的这一决定遭到了俄罗斯社会各方面的指责，被认为是俄罗斯司法改革的一次倒退。

再次，目前俄罗斯的司法腐败问题依然十分严重。在俄罗斯，司法腐败并不是一个新问题。从苏联时期的"电话审判"到俄罗斯时期的"影子审判"，司法腐败问题一直是困扰俄罗斯公民的梦魇。鉴于司法人员职业的特

---

① Guy Chazan, "In Move to Reform Russia's Judicial System, Putin Battles Entrenched Vested Interests," *The Wall Street Journal*, November 20, 2001.

殊性，司法人员已经成为俄罗斯的高腐败人群。正义是司法的生命线，而司法腐败则从根本上腐蚀了社会正义的底线。腐败的存在影响了法官对案件的客观判断和对法律的公正适用，使得作为正义最大伸张力量的司法部门形同虚设。面对行政腐败，人们可以向司法寻求公正，但面对司法腐败，人们往往除了借助非正当途径来维护自身的权益外，别无他途。除了法院系统，作为执法机关的俄罗斯警察系统，也是司法腐败的高发区，仅2010年一年，政府就查处了1.5万起涉及警察的腐败案件，但正如梅德韦杰夫所说："这还只是冰山一角"。普京第三次当选总统后，将消除社会腐败作为政府工作的重心。但时至今日，俄罗斯反司法腐败的成效并不十分明显。

正所谓"冰冻三尺非一日之寒"，俄罗斯司法体系中存在的这些问题已经是由来已久，不可能期望在短时间内得到彻底解决。对于俄罗斯而言，司法改革只能采取渐进的方式，任何急于求成的做法只会使俄罗斯司法制度改革陷入困境。因此，除了关注司法制度改革本身之外，还应考虑俄罗斯长达3/4世纪的法律落后文化对当代俄罗斯司法体制的影响。

对于仍处于社会转型的俄罗斯来说，政治、法律制度的改革相对容易，而社会观念上的转变则非一朝一夕之功。从"国家本位"到"个人权利本位"，从"电话审判"到"独立审判"，从"重实体轻程序"到"关注正当程序"，所有这些都需要人们逐渐地适应和改变。俄罗斯司法制度改革的任务依然任重而道远。

六 社会转型与俄罗斯的选举制度

俄罗斯的选举制度是在苏联后期戈尔巴乔夫倡导的"民主化"运动中建立起来的,它顺应了当时民众要求民主选举"国家最高权力"的政治愿望。俄罗斯社会转型的过程中,根据1993年俄罗斯宪法和各类联邦选举法,定期举行国家各级权力机关代表与领导人的民主选举,已经成为俄罗斯社会政治生活的主要内容之一。

1. 俄罗斯选举制度的确立与主要内容

俄罗斯的选举制度按照类型可分为议会、总统与地方三种选举体制。除了宪法及联邦法律规定的有关选举制度的一般原则外,三种选举体制在内容和形式上都自成体系,俄罗斯的选举制度由体现这三种选举体制的各种法律性文件组成。

(1) 俄罗斯的议会选举制度。苏联时期,在戈尔巴乔夫推行政治体制改革之前,各级苏维埃作为国家自上而下实行议政合一的政权机构,从未实行过真正的民主选举。1988年12月1日,苏联最高苏维埃通过了《苏联人民代表大会选举法》,这是苏联历史上第一部有关公开选举国家权力机关代表的法律。很快,包括俄罗斯联邦在内的各加盟共和国也相继举行了各自的地方议会选举。

1989年10月,为准备第一次俄罗斯人民代表大会代表的选举,俄罗斯联邦最高苏维埃通过了《俄罗斯苏维埃联邦社会主义共和国人民代表选举法》,确定了一系列民主选举的原则和程序,如选举的普遍、直接、平等与无记名投票原则,划分选区原则,有关候选人资格与候选人提名程序的规定等。根据该选举法,1990年5月,俄罗斯选出了第一次人民代表大会的代表共1068名。

苏联解体后,1993年10月1日和11日,叶利钦以总统令的形式分别签署并颁布了《1993年俄罗斯联邦会议国家杜马代表选举条例》和《1993年俄罗斯联邦会议联邦委员会选举条例》。两院代表选举条例对俄罗斯国家代表权力机关的构成、选举的方式和程序等都做出了新的规定。根据两院选举条例,新的俄罗斯国家代表机关——联邦会议(俄罗斯联邦议会)将由国家杜马(下院)和联邦委员会(上院)两院组成,国家杜马代表选举将采用"混合式代表选举体制",即在450名杜马代表中,225名代表按单名制(全国划分为225选区,每个选区选举1名代表)方式与多数代表制(获相对多数选票的候选人当选)原则由选民直接选举产生,另外225名代表则在全联邦范围内从参加竞选并获得5%以上选票支持的选举联合组织和选举联盟中,根据其获得选票的多少,按比例选出;联邦委员会将从89个联邦主体中按多数制原则各选出2名代表,共由178名代表组成。

1993年12月12日,按照两院选举条例选举产生了俄罗斯联邦第一届联邦会议。作为临时议会,这一届联邦会议任期二年。

在举行俄罗斯联邦会议两院代表选举的同一天,俄罗斯还就联邦宪法草案举行了全民公决,并最终通过了俄罗斯联邦宪法。新宪法将全民公决和自由选举作为俄罗斯宪法制度的基本原则之一,并承认第一届联邦会议的法律地位及其选举的合法性。但新宪法只规定了有关选举的一般原则,并没有设置针对任何一项选举的专门章节。根据宪法,组成联邦委员会和选举国家杜马的程序将由专门的联邦法律规定。

为准备第二届联邦会议代表选举,1995年6月和12月,俄罗斯国家杜马先后通过了《国家杜马代表选举法》和《联邦委员会组成程序法》,并以这两个法律为基础选举产生了第二届联邦会议。1995年的《国家杜马代表选举法》基本重复了1993年杜马代表选举条例中的主要条款,保留了"混合式代表选举体制",并对提名代表候选人、统计选票与公布选举结果的方法做了一些特殊的补充规定;1995年的《联邦委员会组成程序法》则根据1993年俄罗斯新宪法的有关规定,提出:"联邦委员会将由每个联邦主体内的国家代表权力机关首脑和国家执行权力机关首脑共同组成"。根据《1995年国家杜马代表选举法》,1995年12月17日,俄罗斯选举产生了第二届国家杜马。1996年初,第一届联邦委员会届满后,由俄罗斯联邦各主体代表与执行权力机关首脑,共178人,组成了第二届联邦委员会。

此后,有关俄罗斯联邦议会选举的立法工作基本上没有大的改动,主要是针对1993年议会选举以来出现的问题,对选举法进行了某些必要修改和补充,其中包括国家杜马1997年9月5日通过的《基本保障俄罗斯联邦公民选举权与参加全民公决权法》和1999年6月2日通过的《1999年国家杜马代表选举法》。

(2)俄罗斯的总统选举制度。1991年3月17日,即全联盟就"是否保留苏联"的问题举行全民公决的当天，在俄罗斯境内同时就有关设立总统职位问题举行全民公决。全民公决的结果，有52%的选民支持在俄罗斯实行总统制。

全民公决后仅一个多月，1991年4月24日，俄罗斯最高苏维埃讨论并通过了《俄罗斯苏维埃联邦社会主义共和国总统选举法》，该法规定了俄罗斯总统选举的主要原则和程序，内容包括：俄罗斯总统将由具有选举权的公民根据普遍、平等、直接、无记名投票的方式选举产生；总统候选人的年龄应限定在35~65周岁，任期为5年，且同一人不得连任两届以上总统职务；设立副总统一职，副总统候选人由总统候选人提名，两人作为联盟者一同参加竞选；在选举方式上，采用由选民直接投票的绝对多数代表制，即在选民参选率过半，且有两名以上候选人参选的情况下，所得选票超过投票总数半数以上的候选人当选。如所有候选人所得选票均未超过总票数的一半，则将在第一轮选举后的15天内进行第二轮选举，由得票最多的候选人当选；在提名总统候选人的程序上，规定凡在联邦司法部取得正式登记的全俄性政党、社会组织、群众运动，在征集到10万以上选民支持的情况下，均有权提名总统候选人。

根据该总统选举法，1991年6月12日，俄罗斯联邦举行了第一届总统选举。叶利钦等6人在中央选举委员会取得了总统候选人的资格登记。选举结果，叶利钦在第一轮投票中获得57.3%的选票，顺利当选俄罗斯第一任总统。

1993年，俄罗斯颁布了新宪法。新宪法针对俄罗斯总统选举也做出了一些调整，如去除了对候选人年龄资格上限的限制，增加了对候选人在俄罗斯境内居住年限的限制，规定，"凡年满35岁，在俄罗斯联邦定居十年以上的俄罗斯联邦居民，均可以当选为俄罗斯联邦总统"；将俄罗斯联邦总统的任期由原来的五年改为了四年。

为准备1996年总统大选，依据《1993年俄罗斯联邦宪法》，1995年5月17日俄罗斯国家杜马通过了独立以后的第一部总统选举法。该法保留了1993年宪法中有关总统选举的基本原则，如俄罗斯总统选举的普遍、平等、直接、无记名投票等原则，并在此基础上又提出了一系列新的原则，其中包括公民自愿参加总统选举原则、总统候选人建立个人竞选基金原则，以及在准备和举行总统选举中的公开性原则（指各国家政权机关和选举机关作出的所有与总统选举有关的决议、命令必须予以公布）。根据1995年的总统选举法，选举总统的程序主要包括：划分选区与成立各级选举委员会；进行选民登记，建立选民名册；提名与登记总统候选人；总统候选人举行竞选活动；选民投票；统计与公布选举结果。在提名总统候选人方面，该法规定："选举联合组织、选举联盟或者由100名以上选民组成的倡议小组有权提名总统候选人"，"每个被提名的总统候选人须征得100万名以上选民的签名支持，在每个联邦主体内征集到的选民签名不得超过所征集选民签名总数的7%"。

为适应2000年总统大选的需要，1999年12月1日，俄罗斯国家杜马又通过了一部新的总统选举法，以代替1995年的总统选举法。新总统选举法对由联邦预算拨款的竞选基金的使用做了一些限制，规定"在总统选举中所获选票未达到投票总数3%的候选人，选举结束后须将本人联邦预算部分的竞选基金如数退还"。2000年总统选举的结果，在11名候选人中只有3人获得了3%以上的选票（普京、久加诺夫和亚夫林斯基），根据该规定，其余候选人不得不将选举时从联邦预算得到的竞选基金上交回去。此外，新总统选举法还增加了有关提前选举总统的内容。而恰在《1999年俄罗斯总统选举法》公布的当天，即1999年12月31日，俄罗斯总统叶利钦突然宣布提前辞去总统职务。依照俄罗斯宪法，总理普京代行总统职权，直至举行新的总统大选。

（3）俄罗斯的地方选举制度。俄罗斯是一个由83个①联邦主体组成的联邦制国家。这83个联邦主体又分为共和国、边疆区、州、联邦直辖市、自治州和自治区等不同类型。它们受不同的历史条件、地理环境、文化传统与经济发展的影响，在实施其所属职权时形成了各自不同的地方政权体系，包括各自政权机关的选举体制。

1988年，苏共第十九次代表大会提出了将在全联盟范围内举行各级人民代表苏维埃直接选举的政治改革方针。很快，1989年，俄罗斯最高苏维埃制定并颁布了《俄罗斯人民代表选举法》及《俄罗斯地方人民代表选举法》。根据这两个选举法，1990年3月，在俄罗斯联邦境内同时举行了俄罗斯人民代表大会和俄罗斯各级地方苏维埃代表选举，这是俄罗斯历史上各级地方立法机关的第一次直接选举。在此之前，俄罗斯长期沿用由上级委派地方领导人的制度，从来没有举行过任何形式的地方权力机关选举。1991年以后，在一些联邦主体内，又由直接选举地方苏维埃逐渐发展成直接选举共和国总统或地方行政长官。1991年6月12日，在举行俄罗斯第一任总统选举的当天，鞑靼斯坦共和国、莫斯科和列宁格勒市同时还举行了各自共和国的总统选举与市长选举。这三个地方的选举成为俄罗斯地方行政长官直接选举的初次尝试。随后，其他联邦主体也纷纷仿效，到1991年底，又有8个共和国

---

① 叶利钦执政期间，俄罗斯共有89个联邦主体。普京执政后，对联邦体制实行了多项改革，其中之一就是合并了部分联邦主体。目前，俄罗斯合并后的联邦主体数量为83个。

在其境内举行了各自的总统直接选举。

苏联解体后,1993年10月22日和26日,叶利钦分别签署了《边疆区、州、联邦直辖市、自治州和自治专区在分阶段宪法改革时期国家政权机关组织与活动的基本原则》和《边疆区、州、联邦直辖市、自治州和自治专区国家代表权力机关选举基本原则》,① 对地方代表机关的活动范围、代表任期与选举日期等都做了规定。1993年10月27日,叶利钦还分别签署了《有关边疆区、州、直辖市、自治州与自治专区国家代表权力机关选举一般原则的命令》和《有关地方自治机关选举一般原则的命令》,宣布:立即解散联邦主体地方苏维埃,同时根据新的选举原则重新进行地方代表权力机关的选举。

与俄罗斯联邦国家杜马代表的选举原则一致,俄罗斯各联邦主体代表权力机关的选举均实行普遍、平等、直接和无记名投票的方式,以及选举过程公开原则和公民自愿参加选举原则等。大多数联邦主体宪法或章程都明确规定:地方代表机关的代表不得兼任地方行政职务。在公民享有选举权与被选举权方面,各联邦主体代表机关选举法普遍都对拥有选举权和被选举权的公民的年龄、居住地和居住时间做了一定限制,规定:凡年满18岁且其大部分时间居住在该联邦主体境内的俄罗斯联邦公民均享有选举权;凡年满21岁且在该联邦主体内居住一年以上的俄罗斯公民享有被选举权。但某些联邦主体却有另外的规定,如在乌里扬诺夫斯克州,公民享有选举权与被选举权的法定年龄都为18岁;在车臣共和国,把公民享有被选举权的法定年龄下限提高到了23岁。而在印古什共和国,根

---

① 这两个文件都没有涉及联邦各共和国,在此之前,各共和国都是按照自己规定的程序选举其立法权力机关代表的。

据其选举法，年龄在 21～55 岁的公民才可以被提名为代表候选人。大部分联邦主体规定选民最低参选率为 25% 以上，而阿尔泰、卡巴尔达—巴尔卡尔、北奥塞梯等共和国甚至规定，只有选民参选率达到 50%，选举才被认为有效。另外，各联邦主体对选举时使用语言的规定也各不相同，其中大部分联邦主体允许选民使用俄语和本地语，或除俄语和本地语之外的多种语言投票，而在鞑靼斯坦共和国却严格规定：在选举时只能使用本地语言。

1993 年 12 月，经全民公决通过的俄罗斯新宪法中并没有直接涉及有关地方行政长官选举的内容。根据新宪法第七十七条第一款的规定："联邦主体的国家权力体系由各主体依据俄罗斯联邦宪法和联邦法律规定的组织国家代表权力机关和执行权力机关的一般原则独立确定"。也就是说，按照这一规定，联邦主体地方行政长官的产生方式应由联邦主体自行决定。从 1994 年起，各边疆区、州、联邦直辖市、自治州和自治专区在 1993 年新宪法的基础上陆续颁布了自己的宪章，并在各自的宪章中都对有关直接选举地方行政长官作出了明确规定。

1995 年 12 月 5 日，国家杜马通过了《俄罗斯联邦会议联邦委员会组成程序法》。① 根据这一法律，从第二届联邦会议起，联邦委员会将由各联邦主体的执行权力机关首脑和代表权力机关领导人组成。该法同时还规定，截止到 1997 年 1 月，各联邦主体必须选举出其地方行政长官。于是，从 1996 年下半年起，俄罗斯各地的地方行政长官选举全面展开。

俄罗斯地方行政长官选举制度完全是由各联邦主体国家权力机关自行制定并组织实施的。1995 年以后，俄罗

---

① 参见《俄罗斯联邦立法汇编》1995 年第 50 期。

斯各联邦主体在其宪法（或宪章）基础上又先后制定了各自的地方行政长官选举法，确定了地方行政长官选举的一般原则和程序。根据大多数联邦主体地方行政长官选举法的规定，地方行政长官选举按照普遍、平等、直接和无记名投票的方式，由该联邦主体的公民选举产生，任期4~5年，可以连选连任，但不得超过两届。但在莫尔多瓦、达吉斯坦、阿尔泰和乌德穆尔特共和国，其第一任共和国总统都是由该共和国立法机关代表选举产生的。莫尔多瓦从其第二任总统才开始改由选民直接选举。① 通常情况下，大多数联邦主体都按照差额选举原则，实行两轮选举制，只有印古什、鞑靼斯坦、卡累利阿等共和国允许实行非差额选举，即在选举中只提出一名候选人；阿尔泰共和国实行一轮选举制。实行两轮选举制时，一般规定在第一轮选举中获绝对多数选票的候选人当选，如无人获半数以上选票，则在获选票前两位的候选人中举行第二轮选举，其中获相对多数选票的候选人当选。另外，各联邦主体还对选民最低参选率做了明确规定，宣布只有联邦主体25%以上的选民参加选举，选举才被认为有效，否则将举行重新选举。

在对候选人资格的限制上，大部分联邦主体都规定：凡年龄在30岁以上，在本联邦主体内居住满一年的该联邦主体公民均有权被提名为候选人。但有的联邦主体却做出了特殊规定，如在雅库特共和国，总统候选人的年龄被限定在40~60岁之间，且必须在该共和国内连续居住15年以上。哈卡斯、阿迪格等共和国选举法有类似的规定。在候选人掌握何种语言的问题上，绝大部分共和国强调，

---

① 〔俄〕A.伊万琴科主编《俄罗斯联邦的选举权与选举过程》（大学教程），莫斯科，1999，第23页。

候选人必须熟练掌握共和国内"主体民族"(即指该共和国以其名称命名的民族)的语言,尽管某些共和国中"主体民族"的人口并不占多数,如在阿迪格共和国,阿迪格族人只占总人口的1/5。显然,这种规定违反了《俄罗斯联邦公民选举权基本保障法》中有关"每个公民都拥有平等的选举权"的基本原则,对非主体民族的候选人带有某种歧视性质。依据联邦法律,对地方行政长官选举法中某些违反联邦宪法及联邦法律的条款,联邦各级法院或联邦宪法法院有权对其进行审议并做出裁决。

地方行政长官的产生由任命制发展到直选制不仅大大改变了地方政权的政治格局,也打破了旧的国家垂直权力体制的基本框架。一方面,各种政治力量和党派积极参与地方行政长官选举,争夺对地方的领导权,以扩大自己的政治影响力,致使地方行政长官选举中的党派色彩越来越突出,其中主要表现为以俄共为首的左派反对派和政权党之间的较量,俄罗斯社会政治生活中常常提及的所谓"红区""白区"之分正是这种较量的结果,地方政权的政治格局呈现复杂化与多样性的特点。另一方面,地方行政长官改由直接选举产生后,中央与地方的矛盾并没有完全消除,相反又出现了新的矛盾。中央失去了对地方行政长官的任免权,同时也失去了统一协调国家的权力。

2. 普京执政时期对俄罗斯选举制度的改革

2000年3月,普京当选新一届俄罗斯总统。普京认识到,叶利钦时期中央权力软弱,地方政府自行其是,社会严重分裂,产生了不良后果,从2000年起,普京有步骤、有计划地在国家的政治领域实行了一系列制度性改革措施,其中就包括俄罗斯的选举制度。改革的主要内容包括:

（1）多次修改《俄罗斯国家杜马代表选举法》，取消了自1993年以来实行的"混合式代表制"，规定今后所有国家杜马代表都将按照"比例代表制"的方式选举产生（在地方议会中依然实行混合式代表制，但按比例代表制产生的代表须占当地议会席位的一半）；（2）将参选政党进入议会所需要获得的选票最低比率由5%提高到7%；（3）禁止各政党或政治组织联合组建"竞选联盟"参加选举；（4）取消选票中"反对所有政党"选项；（5）取消对选举最低投票率的限制；（6）严格限定政党参加选举活动的条件，如规定在选举前，每个参选政党必须在法定期限内获得20万名以上选民的签名支持，或者向中央选举委员会缴纳6000万卢布的选举保证金；[①]（7）改变地方权力机关的组成方式，废除叶利钦时期实行的联邦主体地方行政长官直选制，改由总统提名、地方议会批准；等等。

普京在自己的两个总统任期内，凭借以上改革措施，在整顿社会秩序和加强中央权力方面取得了显著效果。其一，消除了叶利钦时期党派林立的现象，提高了大党在国家政治生活中的地位，议会中政党的数量越来越少，从2007年第五届杜马时起，有资格进入议会的只有统一俄罗斯党、俄罗斯共产党、公正俄罗斯党和自由民主党等四个政党。在地方议会选举中，从2007年起，参与竞选的政党也是逐年减少，到2009年，在各地区选举中能够当选的政党平均不足三个。[②] 其二，在俄罗斯形成了一个以

[①] 根据2002年《俄罗斯公民选举权与参加全民公决权保障法》，选举保证金的数额与选举基金即候选人或政党投入选举的基金数额相关，其数额为选举基金最高支出额度的10%~15%。

[②] Кынев А. В, Любарев А. Е. Партии и выборы в современной России：Эволюция и деволюция. Новое литературное обозрение. Москва, 2011. С. 681. 转引自官晓萌《俄罗斯地区立法机关选举研究》，《俄罗斯研究》2012年第2期。

普京为核心、集合众多国家各级权力机关领导人、占据国家杜马和大部分地方议会多数席位的超大型政权党——统一俄罗斯党。① 其三，依照相关法律，联邦中央掌控了对地方代表机关的监督权和地方领导人的任命权，重塑了俄罗斯国家垂直权力体系，有效制约了地方政治精英的影响，并借助统一俄罗斯党严密的组织体系，在全联邦范围内形成了一张自上而下的政权网。

然而，普京这种以加强中央权力为主要目的的制度改革，也带来了某种制度上的矫枉过正，对社会产生了一些负作用。首先，普京制度改革的目的明显带有"扶持"政权党的作用，因而在制度设计上大大限制了不同党派之间政治上的良性竞争，统一俄罗斯党在国家杜马和地方议会中的优势地位难以撼动，俄罗斯的多党制已形同虚设。其次，随着"废除地方行政长官直选制""取消单名制选区"等项法律的出台，选民和候选人直接接触的机会越来越少，普通选民直接参与国家政治生活的渠道和积极性受到了一定程度的限制和影响。② 再次，政权党的过分强大造成了该党对国家政治经济资源的垄断，以致在俄罗斯社会内部形成了一个"新的官僚集团"。因缺乏有效的社

---

① 从 2007 年起，统一俄罗斯党在国家杜马和各地方议会选举中的得票率均保持在 50% 以上。

② 相比较来说，俄罗斯社会针对"废除地方行政长官直选制"的反对之声最为强烈。早在普京推行这一改革措施之初，俄国内外舆论就指责该法违反了俄罗斯宪法中有关"自由选举"的宪法原则和第 77 条第 1 款中有关"俄罗斯联邦主体独立确定地方权力机关"的相关规定。有俄罗斯学者甚至尖锐地指出：这项法律让人联想到苏联时期实行的行政命令式管理方式和任用地方各级政府官员的做法。2005 年下半年，俄罗斯右翼政党"右翼力量联盟"的代表和部分地方选民曾联名向俄罗斯宪法法院提起诉讼，要求对该法律中部分条款的合宪性进行审议。宪法法院受理了这一诉讼请求，并于 2005 年 12 月 21 日做出终审裁决，认定该诉讼请求中列举的相关法律条款没有违反俄罗斯宪法，反对者也只得承认这一诉讼结果。

会监督机制，严重的政治腐败和行政上的低效率也一直是现政权难以克服的最大难题。受 2008 年全球金融危机的影响，俄罗斯政治和经济体制中的诸多弊端更加突出，俄罗斯要求社会变革的社会情绪也在不断增长。

3. 梅普组合与普京新时期对俄罗斯选举制度的调整及其前景

梅德韦杰夫上任后，意识到民众情绪的变化与俄罗斯政治体制中存在的问题，2008 年 11 月 5 日，在他向议会发表的第一次国情咨文中，就向社会提出了有关实行政治体制改革和调整的一揽子计划，共 10 项改革措施。其中包括：建议地方行政长官候选人由本地方议会选举中获胜的政党提名，总统批准；取消各类选举中的选举保证金制度；建议在国家杜马选举中，取得超过 5% 得票率以及在 3 个以上地区建立杜马党团的政党，可以不用为参加国家杜马选举收集签名（此前只有在杜马建立党团的政党可以免予收集签名）；等等。梅德韦杰夫的改革倡议很快就被杜马以法律的形式确定下来。

应该说，梅德韦杰夫提出的以上这些改革措施只是对俄罗斯现有政治制度的一些小修小补，其改革力度和作用都非常有限，不足以在制度上形成针对日益壮大的统一俄罗斯党的制衡机制。相反，由于 2007 年以后，统一俄罗斯党在地方议会选举中控制了绝大多数席位，梅德韦杰夫提出的"将地方领导人的提名权赋予议会中第一大党"的改革动议，客观上进一步强化了统一俄罗斯党在地方权力机关中的优势地位和影响力。另外，针对近年来俄罗斯社会要求"恢复地方长官直选"的呼声，梅德韦杰夫在 2011 年 5 月的一次记者招待会上曾明确表示："在未来 10～15 年，

（联邦政府）不会考虑恢复地方行政长官直选问题。"①

2011年12月10日，莫斯科等地爆发了大规模的群众示威游行，抗议统一俄罗斯党在议会选举中的舞弊行为。考虑到三个月以后即将举行的总统大选，出于安抚抗议者的目的，2011年12月15日，在"与民众连线"节目中，普京第一次当众表示将会"有条件地"恢复地方行政长官直选。②

作为对普京此番表态的回应，一个星期以后，即2011年12月22日，梅德韦杰夫在向联邦会议发表的其任期内的最后一次国情咨文中，着重阐述了有关实行政治改革的问题，并明确提出了包括"恢复地方行政长官直选制"等在内的六条制度性改革措施。随后，于2011年底至2012年2月，梅德韦杰夫先后向国家杜马提交了多项改革法案。据报道，杜马在审议以上法律草案时，梅德韦杰夫还多次与反对派领导人会面，听取他们对各项法律草案的意见，邀请非议会政党和体制外反对派的代表，到杜马中参加相关问题的讨论。反对派政党——人民自由党的领导人之一 B. 雷日科夫也在受邀之列。其间，他对媒体发表评论指出：梅德韦杰夫提出的这些法案与其说是政府对反对派的让步，不如说是"反对派的胜利"。③

与此同时，自2012年1月起，普京在俄罗斯主要媒体上连续刊发了七篇竞选文章，内容不仅涉及民生、社会政策、军事及外交等各种民众关心的现实问题，他还直接谈到了对俄罗斯民主制度的看法。尽管普京在文中依然强

---

① Губернаторские выборы вернут через 10 – 15 лет. http://www.kasparov.ru/material.php?id=4DD3B37D45368.
② Путин предложил ввести ограниченную выборность губернаторов. http://lenta.ru/news/2011/12/15/govern/.
③ Требования услышаны. http://www.bbc.co.uk/russian/russia/2011/12/111221_khodorkovsky_fedotov_review.shtml.

调"真正的民主不可能一蹴而就,不能照搬他国的模式",但同时也承认"俄罗斯的民主体制需要完善,政权与社会之间的联系应该加强",甚至建议"在保证其真实性的基础上,议会应该对互联网上10万名以上签名的社会倡议予以审议"。

经过多方讨论、审议,2012年3月23日杜马通过了《政党法修改法草案》(又称简化政党登记手续法案)。根据该法,申请登记政党党员人数的数量由4万人降至500人;除总统选举外,政党在任何选举中无须征集支持自己的选民签名,只有自荐者才需要征集签名。拥有选举联盟地位的社会联合组织应该为自己的地方选举候选人征集签名。在俄罗斯总统选举中,未进入国家杜马,或没有进入1/3以上联邦主体的地方议会的政党必须征集签名,但签名的数量从200万张减少到10万张,以独立候选人身份参加总统选举者须征集的签名数量从200万张减少到30万张;此外,该法还简化了政党提交党员人数信息和财务报表的手续,将每年申报一次改为每三年申报一次。

2012年4月25日,国家杜马以237票的微弱多数通过直接选举地方行政长官的法律,4月27日俄联邦委员会批准了该法。该法的主要内容有:(1)地方行政长官候选人可以由政党提名或个人自荐,然后由当地选民直接选举产生;凡年满30岁、没有重大犯罪记录的俄罗斯公民均可成为候选人。以独立候选人身份参加竞选者需征集支持者签名,签名数量需达到该联邦主体总人口的0.5%至2%,具体比例由各州自行决定。(2)总统有权就政党提名的候选人及独立候选人的人选提出意见。如果总统认为该候选人参选有可能对该地区的领土完整、稳定或人权构成威胁,则有权对该候选人的候选人资格提出质疑。(3)该候选人须得到该地区议会议员一定数量的"信任签名"才能参选。(4)获得50%以上当地选民投票支持的候选人当选,如果得票率均未达到50%,将举行第二轮选举。当选的地方行政长官一届任期不得超过五年,最多不得连任两届。

值得一提的是,在审议该法的过程中,俄共和公正党的大部分议员投了反对票,表示对该草案中有关"地方行政长官候选人人选须与总统协商后而定"的规定表示不满,认为这一规定对反对派非常不利,它为总统以各种理由阻止反对派候选人参选提供了法律依据。①

《政党法修改法》和《直接选举地方长官法》在分别获得联邦委员会批准后,于2012年4月4日和6月1日开始生效并正式实施。按照《直接选举地方长官法》等相关法律的规定,凡在2013年1月1日之前,其地方行政长官任期届满的地区,将在2012年10月14日的秋季地方选举日,根据新的地方长官选举法,举行新一届地方长官选举。

2012年10月秋季,地方选举结束后,根据俄罗斯中央选举委员会公布的选举结果,统一俄罗斯党再次成为最大的赢家。其中,在阿穆尔州、布良斯克州、别尔哥罗德州、诺夫哥罗德和梁赞州等5个联邦主体地方行政长官直选中,所有现任行政长官、由统一俄罗斯党推举的候选人,全都在第一轮中获胜,且所得选票超过第二名的其他党派候选人40~60个百分点;在北奥塞梯共和国、乌德穆尔特共和国、克拉斯诺达尔州、奔萨州、萨拉托夫州和萨哈林州等6个地方议会的选举中,统一俄罗斯党在其中的5个州的议会选举中获得超过半数的选票,在唯一一个没有过半数的地区,所得选票也领先第二名的政党超过

---

① 参见俄新网《俄国家杜马通过州长直选法》,http://rusnews.cn/eguoxinwen/eluosi_ neizheng/20120425/43418807.html。

20个百分点；在7个联邦主体首府（切尔克斯克市、巴尔瑙尔市、彼得罗巴甫洛夫斯克市、符拉迪沃斯托克市、库尔斯克市、特维尔市和雅罗斯拉夫尔市）举行的市代表机关选举中，统一俄罗斯党同样获得了胜利，且所获选票均远远超出其他政党。

  由此可见，普京推行的此次制度改革，虽然部分地满足了社会各阶层对扩大政治参与和民主选举的合理要求，缓解了社会紧张情绪，也相对分散了议会选举后社会抗议运动给普京政府带来的政治压力，但由于目前俄罗斯执政集团的影响力过分强大，力量过于分散的反对派政治力量还很难与之相抗衡。所以，在普京新时期，能否真正实现梅德韦杰夫曾经提出的"发展公民社会"和"政治现代化"的目标，能否真正适应民众"平等政治参与"的社会要求，还取决于在未来很长一段时期内，俄罗斯各方政治力量的彼此消长与良性互动。

七 从国家转型视角分析 2012 年俄罗斯总统大选

2012 年俄罗斯总统大选,是在 1991 年底苏联剧变后,俄进入一个新历史阶段的背景下进行的。这个阶段的转型任务是实现国家现代化,为此,在俄执政当局看来,一是要保证普京胜选后,继续实施他的治国理念与政策;二是根据新阶段的任务,进一步改革与实施一些调整政策。这次大选普京以 63.6% 的得票率在首轮胜出。虽然这次选举没有悬念,但较为热闹,各政党竞争激烈,在俄罗斯很多城市出现了集会游行的街头政治。如何从俄罗斯转型视角透析这次大选与今后普京面临的难题,对于研究俄罗斯今后国家转型趋向有重要意义。

1. 围绕大选在俄全国各地出现 "反普" 集会游行的缘由

2011 年 9 月 24 日,在统一俄罗斯党的代表大会上,由梅德韦杰夫宣布,将由普京担任该党总统候选人,获大家一致鼓掌通过。接着,普京表示将接受这一提名,还说如他当选总统,将提名梅德韦杰夫任总理。之后,于

2012年12月4日，进行议会（杜马）选举，结果统一俄罗斯党在选举中遭到重大挫折，在议会中的席位由315席减少到238席，未能取得2/3的绝对多数席位。在议会选举的当天下午，反对派发动了集会，表面上是反对选举不公正，存在舞弊，实际上是多年来"去普京化"不断发酵的表现。"反普"有其深层次原因。

第一，反对政治垄断，使国家政治成为普梅两人的游戏，厌恶普梅两人的政治二人转，认为这种"王车易位"在看似不违宪的名义下践踏民主，是民主的倒退，不利于俄罗斯民主改革，也反映了俄民主制度的缺失，并体现了加强政治竞争性的政治诉求。不少人士还认为，普京团队的稳定结构，导致精英的流动性不强，削弱了政治参与的广泛度。可以说，这些看法与诉求是苏联解体二十年来前所未有的，也是要求政治民主不断发酵的结果。

第二，与上述问题相关，俄罗斯不少民众对普京时期的威权主义政治模式，对一个国家依赖于某一个强权人物来主导，表达不满，认为这显然与民主政治是相违背的。

第三，严重的腐败问题得不到解决。这主要是由于官僚集权政治体制长期没有从根本上得到解决的结果，反映在办成什么事都要靠行贿，连妇女生孩子找产科医生亦得行贿。

第四，贫困差距拉大，俄仍然有相当一部分人处于贫困状态。2000~2010年，最贫困的10%的人口与最富有的10%的人口之间收入差距不仅没有缩小，反而扩大了近1/5。这一差距以及由此带来的社会不公正问题，引起了人们的不满。普京在2月23日"祖国保卫日"发表的讲话中承认："俄罗斯目前存在诸多问题——不公正、不平等、受贿、贫困。"与此相关，俄罗斯市政公用服务收费过高，让老百姓无法承受。另外，国家财政对科学、教育、卫生事业拨款不足。这些都是"反普"的重要因素。

第五，国家现代化没有取得重要进展。长期以来俄罗斯经济发展过多地依赖世界市场上能源价格的上涨。2009年，石油价格大幅下跌，使俄罗斯GDP下降8.3%。

总的来说，"反普"反映了相当一部分民众对民主政治改革的强烈诉求。

2. "挺普"成为民意主导地位的深层次原因

第一，众多的俄罗斯人，把普京视为稳定的象征。在"挺普"的集会上，支持普京的民众，相信普京能够引领国家实现稳定和发展，他们不希望俄罗斯突然改变政策，忽左忽右，不要再出现动荡。在俄罗斯第二大城市圣彼得堡，"挺普"集会主题是"我们不要大动荡，我们要伟大的俄罗斯"。人们举的标语牌有："不要橙色革命发生在俄罗斯""不要瓦解俄罗斯""不想回到90年代"。俄罗斯民众都记得，普京在接替叶利钦之后的执政时期，通过调整与整治政策，使俄罗斯政治结束了混乱无序的状况，并使市场经济向有序方向转变。

第二，众多的俄罗斯人，把普京视为实现强国的象征。普京执政时期，经济得到了大幅度的发展，GDP年均增长率达到7%，1998年俄罗斯GDP总量为3000亿美元，到2012年已增长到1.5万亿美元。普京的目标是，到2020年，俄将成为世界第五大经济体，届时人均GDP可达3.5万美元。恢复俄在世界上的大国地位，成为世界强国，这也是广大俄罗斯人长期的梦想。普京一直强调，俄罗斯没有别的选择，只有选择做强国，为此，他集中力量发展经济，加强军事力量。这对富有俄罗斯民族主义的广大俄罗斯民众来说，是得到认可的。

第三，众多的俄罗斯人，把普京视为实现国家尊严的象征。由于普京实行上述国内政策，加上在对外政策方面坚决捍卫俄罗斯的国家利益，不当西方的"应声虫"，坚决反对"阿拉伯之春"，从而赢得了国家尊严。这对富有强烈民族自豪感和有强国意识的广大俄罗斯人来说是十分重要的。

第四，人们认同普京执政时期关注民生的政策与取得的成就，这也是支持普京的一个不可忽视的因素。2000年，俄罗斯生活在贫困线以下的人口比例为29%，而如今下降为12.5%，并还在不断下降；同期月人均工资也由82美元增加至745美元。还要指出的是，在2008年发生全球金融危机后，俄罗斯民众的实际收入不仅未降低，反而略有提高。2011年，80%的俄罗斯居民实际收入超过1989年的苏联鼎盛时期，家用电器拥有率增长50%，50%的家庭拥有小汽车，增幅达2/3。普京执政时期，还实行了超前的收入分配政策，即工资的增长速度超过GDP的增长，还提出让老百姓看得起病、上得起学与买得起房的政策。

第五，广大民众"挺普"，也反映当今社会多数俄罗斯人的心态。在"挺普"的人群中，在以下问题上存有共识：一是希望俄罗斯在政治领域提高透明度，更加开放，推进政治体制改革；二是要渐进地进行改革，不是革命，不要因改革出现社会混乱乃至动荡；三是在客观上都认识到，当今在俄罗斯还没有比普京更合适的总统候选人。应该说，以上观点也得到了部分"反普"民众的认同。

从以上的分析可以看到，普京在这次总统大选中，尽管遇到一些阻力，但支持他的民意仍占主导地位，加上反对派阵营成员复杂，没有统一的政治主张和纲领，没有一个可以被多数人接受的领袖人物，没有组织。所以，普京赢得大选并不困难。俄罗斯国内与国际上不少有识之士认为，普京的困难并不在于能否赢得大选，而是在选举后如何解决面临的种种难题，取得新的辉煌。

3. 普京在大选后面临的难题

（1）面临两难的民主政治改革。正如前文指出的，"反普"的根由是反对政治垄断，认为普京在践踏民主，因此，"反普"反映了部分民众对俄罗斯民主制度的缺失的强烈不满与加强政治竞争性的政治诉求。与上述问题相关，俄罗斯不少民众对普京时期存在的威权主义政治模式，对一个国家依赖于某一个强权人物来主导，表达不满，认为这显然与民主政治是相违背的。总的来说，"反普"的发酵告诉我们，如果在20世纪90年代中期至21世纪初期，人们所关心的是生存问题，在物质生活条件明显改善后，就要求进一步改革，特别是要求政治体制改革，转而开始关心政治问题，特别是关注民主、自由问题。这在高智商群体中反映得尤为明显。从参加"反普"的人员构成也可说明这一点，60%参加者不到40岁，70%的人受过高等教育。从选举投票的地区来看，边远落后地区"挺普"力量大，远东等边远地区支持普京的一般为60%～70%，车臣高达99.7%，而莫斯科仅为49.2%，大富豪（拥有180亿美元财产）普罗霍罗夫在莫斯科的得票率为20.45%，超过久加诺夫居第二。在莫斯科大学投票的排行榜中，普京竟排在末位，只得87票，而名列第一名的是普罗霍罗夫。青年人选择普罗霍罗夫，这是因为他本人就很年轻（46岁），选民愿意看到新面孔，防止国家再度集权化。

应该说，普京通过这次大选清楚地认识到，民众对政治垄断、威权政治强烈不满，因此必须推进改革，特别是政治体制改革。改革的方向是进一步推进民主政治。普京应该考虑到，如果说过去在俄罗斯存在威权政治的空间，但现在人们对威权政治、强人政治越来越厌倦。据凤凰卫视2012年4月5日的采访，莫斯科市民谈不满普京原因时说：俄罗斯到该换人的时候了。所以，普京当选后，推进政治民主已成为必然，或者说，普京面对着不得不改的巨大压力。据俄罗斯时事评论网2012年2月6日报道，普京在会见政治家时坦承，自己当选后最大的任务是在俄罗斯创建一种体制，使国家命运不会被1~3人左右。但普京在竞选过程中发表的《俄罗斯的民主制度》一文中强调说：俄罗斯政治制度需要重塑，但不要指望外部模式。他坚持说，俄罗斯需要一个强有力的政府。在普京看来，如大步推行民主政治改革，会削弱强大的联邦中心与他个人的威权，并会影响他依赖的已安插到70%要害的强力部门的要职人员的利益，而且稍有不慎会影响政局稳定。普京在上述文章中还说："真正的民主不是一蹴而就的，也不能仅在表面上复制。"但是，如果民主政治改革缓慢又将引起反对派的强烈不满，难以推动经济发展。所以，如何推进民主政治的改革，对普京来说，不能不说既是难题又是重大挑战。

普京会如何处理这个难题？这首先要分析一下普京执政以来在政治上出现的中央集权化趋势，这种中央集权会发展到什么程度，会不会发展到极权？从普京来说，他一再强调，俄罗斯绝不会回到斯大林时期的那种体制轨道上去。普京早在1999年12月发表的《千年之交的俄罗斯》一文中强调指出："现今俄罗斯社会不会把强有力的和有效的国家与极权主义国家混为一谈"。俄罗斯在建立强有力的国家政权体系的同时，并"不呼吁建立极权制度"。① 他在回答对昔日俄罗斯帝国的强盛是否有"怀旧感"问题时说："没有，因为我认为，帝国治理形式不会长久，是错误的。"2003年11月13日他在出席俄罗斯工业家和企业家联盟第十三次代表大会上讲："俄罗斯不会回到老路上去。这绝对不能。"② 普京执政时期的实践表明，俄罗斯政治上集权化的主要目的是，通过加强中央权力，防止俄罗斯进一步瓦解，使社会不断走向稳定，经济保持增长势头。但问题是，普京没有随着社会的稳定不断地推进民主政治，而是一味地强调实行"可控的民主""主权民主"方针，同时也没有建立起完善的政党制。现在的政权党统一俄罗斯党仍是一个官僚党，2011年12月杜马选举前，它在议会中占了2/3以上的席位，这样容易成为"一党制"。当然，作为苏联继承国的俄罗斯，推行民主政治的过程将是曲折的，不会是很顺利的。普京在2004年的总统国情咨文中说："年轻的俄罗斯民主在其形成过程中取得了昂著成绩。今天谁不愿意承认这些成就，谁就不够诚实。但我们的社会体制还远远谈不上完善，我们应该承认：我们正处于起点。"

  我认为，普京很可能在头几年依然维持现有的政治模式，之后逐步向民主政治体制转型，在转型过程中，推行可控民主政策将更具弹性、灵活性与柔性。当前普京要做的是，缓解与政治反对派的矛盾，处理好与其他政党的关系。2012年4月11日普京在杜马做最后一次政府报告时，出现了俄公正党议员全部退场的情况。普京应该努力避免冲突升级，不能动粗，更多地采取疏导的方式。普京

---

① 《普京文集》，第9~10页。
② 〔俄〕《消息报》2003年11月15日。

在3月5日胜选后就呼吁各政党："同心协力，行动起来，以更有效地解决国家面临的问题。"在涉及权力分配问题的改革时，普京会尽量保障分权与集权之间的平衡。俄罗斯将会放宽新政党注册与参政条件。

至于有一种观点认为，新上台的普京会进一步加强控制，更加压制民众，向集权化发展。我认为，这种可能性不大。这是因为：一是普京不能忽视在这次大选过程中民众要求推进民主政治的强烈诉求。二是虽然俄罗斯的政治体制还不能说完全定型，但经过二十年的转型，大致形成了三权分立的政治体制框架，今后更大的可能是朝着现代化政治体制方向发展。三是从国际环境来看，普京如进一步走向集权，不推进民主政治的改革，就会把自己孤立起来，难以融入国际社会，从而亦会影响俄罗斯国家现代化目标的实现。四是中东变局的影响是不可忽视的。中东变局远未尘埃落定，中东局势如何发展，任何一个有头脑的领导人是不能不认真思考的。五是梅德韦杰夫一直坚持民主、自由的价值观。梅普两人在稳定、发展、强国等大的方面是一致的，可是在历史问题、民主问题、现代化问题上，两人都有不同的看法。思想观念、治国理念上的分歧不是靠私人关系能够解决的，梅德韦杰夫任总理，对于促进普京民主政治改革会起到一定的作用。这一问题下面将专门论述。

（2）以实现国家全面现代化为主要目标的一些重要经济转型政策难实现。实现国家全面现代化，这是梅普时期提出的一项重大战略性目标。任何一个转型国家最终的目标都是要实现国家现代化。这些国家必须在转型的过程中解决七个问题：一是从高度集中的指令性计划经济体制转向市场经济体制；二是转变经济发展方式；三是改变经济发展模式；四是调整不合理的经济结构；五是实现政治民主化，成为法治国家；六是转变文化、观念和意识形态；七是处理好与发达国家的关系，成为开放型国家。全面现代化包括经济、政治、社会等领域的内容。政治现代化主要是要使俄罗斯公民感到自己生活在民主国家并享有充分的自由。经济现代化主要是解决俄罗斯经济由资源型向创新型转变的问题。而实现这种转变将是十分困难的，会遇到很多一时难以解决的问题。

梅德韦杰夫在《前进，俄罗斯！》一文中说："除了少数例外，我们的民族企业没有创新，不能为人们提供必需的物质产品和技术。他们进行买卖的，不是自己生产的，而是天然原料或者进口商品。俄罗斯生产的产品，目前大部分属于竞争力非常低的产品"。俄罗斯"依靠石油天然气是不可能占据领先地位的"。"再经过数十年，俄罗斯应该成为一个富强的国家，她的富强靠的不是原料，而是智力资源，靠的是用独特的知识创造的'聪明的'经济，靠的是最新技术和创新产品的出口"。为此，梅德韦杰夫提出，今后一个时期要在高效节能技术、核子技术、航天技术、医学技术与战略信息技术五个战略方向展开工作，并在莫斯科近郊科尔科沃建立类似"美国硅谷"那样的高科技园区，被称为俄版"硅谷"。普京在2012年1月16日《消息报》发表的题为《俄罗斯正在养精蓄锐，以应对我们必须应对的挑战》一文中指出："现在原料型经济的潜力即将枯竭，最重要的是，它缺乏战略前景"。他在2012年4月11日的政府报告中说，他在新的总统任期要比任总理期内更加强经济，推动经济现代化。普京为此准备采取以下政策措施。

第一，减少或弱化国家对企业的不必要干预。要做的是减少国企比重，继续推行私有化政策。

第二，大幅度降低税负，以刺激投资，增加国内需求。普京在"发展战略"的讲话中提出："必须积极地运用税收机制来刺激发展人的资源的投资。为了做到这一点，就必须最大限度地减免公司和居民的税收。"与此同时，要创造条件发展中小型私营企业。普京指出，现在，在俄罗斯要经营中小企业太难了。但要解决就业和发展经济，也取决于从事小企业的条件有多便利。①

第三，扩大地方财税方面的自主权，调动地方的积极性。办法是提高地方税的留存比例，而现在地方财政收入的70%要上缴联邦预算。另外，各联邦主体在联邦预算支持下建立地方发展基金，用于发展供水、垃圾处理、修路、建幼儿园、修体育场等市政建设。

第四，尽管普京执政期间居民收入大大提高，生活有大的改善，但由于存在经济垄断、分配不公、腐败严重等问题，导致贫富差距在不断扩大，相当一部分人仍生活在贫困状态，社会支出不足。这一问题如不解决，难以实现社会公正、公平，同样会严重影响今后普京执政的社会基础能否牢固。普京承诺，对重点公共部门的薪酬开支增幅会占到GDP的1.5%，即未来几年每年多支出300亿美元，到2018年该项支出将占GDP的4%~5%。他还誓言，要在2020年前解决贫困问题。普京还提出，要采取各种措施解决居民住房问题。目前只有1/4的公民有能力建设或购买新房。他承诺，2020年让60%的家庭获得新房，2030年前彻底解决住房问题。

第五，积极改善投资环境，更多地吸引外资，同时防止资金外流。普京提出，俄罗斯要实现投资规模性增长，将投资从目前占GDP的20%提高到25%，在二十年内，创造不少于2500万个工作岗位。普京认为首先要为高学历者提供就业机会，以便增加中产阶级数量。据估计，目

---

① 《普京文集》，第679、682页。

前中产阶级占俄居民总数的20%～30%。普京计划通过提高医生、教师、工程师与技工的工资及增加这一群体的人数来扩大中产阶级，使其人数超过总人口数的一半，这是社会稳定和发展经济的一个重要因素。

这里要指出的是，俄上述经济转型将是一个缓慢的过程。缓慢的原因在本书"转型与国家现代化"部分已做了论述，在此不再重复。

普京履新后的另外两项重要任务是：反对腐败与强军。一个腐败丛生的国家是不可能成为现代化国家的。在目前的国际形势下，特别是面临以美国为代表的西方国家的挑战，俄要做强国，要在国际上受到尊重，有尊严，就需要强军。普京承诺在未来十年，俄将花费7711亿美元，实现武装部队的现代化。到2020年，俄罗斯军队新式武器的比例应不低于70%。普京还提议，把俄国防开支占GDP的比重，从2011年的3%提高到5%～6%。问题是，俄不少经济学家认为，这将面临资金来源的困难，对此提议能否实现持怀疑态度。

4. 不能忽视梅德韦杰夫的民主、自由价值观的影响

应该说，在梅普组合初期，两人的发展战略目标是一致的，都要实行富民强国战略，加速经济发展，提高人民生活水平，强化市场化改革方向。梅德韦杰夫一再强调，将沿着普京的路线走下去，要继续执行普京执政时期的政策。

从梅德韦杰夫在克拉斯诺亚尔斯克经济论坛上的讲话来看，他提出的经济发展方向有四个：国家制度化建设、基础设施、创新与投资。为了使以上四个重点发展方向得

以实现，他指出要完成以下七个任务：克服法律虚无主义；彻底减少行政障碍；减轻税务，以刺激创新和私人投资流入人力资源领域；创建能成为世界金融稳定柱石的强大且独立的金融系统；将基础设施进行现代化改造；形成创新体系；实现社会发展纲要。

但随着时间的发展，梅德韦杰夫的治国理念逐步与普京出现分歧。现在看来，产生分歧的根本原因在于不同的价值观，并由此反映出不同的治国理念与发展道路：普京坚持带有威权特征的、中央集权的、强人治国的理念，以此为前提，推行以政府主导的市场经济模式；而梅德韦杰夫坚持以民主与自由价值观为基础，推行国家全面民主化的基本政策，以此为出发点，强调实行不断弱化国家对经济干预的自由市场经济模式。

2008年5月7日，梅德韦杰夫在宣誓就职的演讲中说："人权和自由在我们的社会被认为是最高的价值，正是这两点决定着所有国家活动的意义和内容。"他认为，"自己的最重要任务是继续发展公民自由，为自由和责任感的公民实现自我价值和国家繁荣创造宽泛的条件"。据可信的说法，梅德韦杰夫的就职演说是由他本人撰写的。2008年11月5日，梅德韦杰夫在他的首个总统国情咨文中又特别强调指出，宪法所保障的个人自由和民主体制的成熟程度是俄罗斯今后发展的源泉。他还说，通过宪法来扩大经济与商业自由，形成中产阶级、发展中小企业与建立创新经济。

从经济社会发展方式来看，梅德韦杰夫主张更自由化一些。俄罗斯经济评论网2008年2月11日的一篇评论说："梅德韦杰夫被认为是普京亲信中自由化程度最高和反西方色彩最低的人物。商界精英和西方都在实施自由化方针上对他寄予厚望。"美国媒体说："梅德韦杰夫具备相对有力的准自由主义经济和政治资格"。① 波兰学者罗戈札认为："梅德韦杰夫是具有自由派形象的体制内的人"。② 上述评价被梅德韦杰夫在以后的时间里发表的一些值得关注的言论所证实。

2010年9月9日至10日，俄罗斯雅罗斯拉夫尔国际政治论坛召开。该论坛由梅德韦杰夫倡导于2009年创立。这次论坛的主题是"现代国家：民主标准与效率准则"。俄罗斯现代化与民主标准问题是会议主题。梅德韦杰夫在会上发表了题为《现代国家：民主标准和效率准则》的讲话（以下简称讲话），并与国际著名政治学者进行了对话（以下简称对话）。③ 在该论坛上他较集中地论述了有关现代化与民主及自由问题。他在讲话中说："我不仅坚信作为管理形式的民主，不仅坚信作为政治制度形式的民主，而且坚信民主在实际应用中能够使俄罗斯数以百万计的人和世界上数以亿万计的人摆脱屈辱和贫困。"他还强调："与人权一样，民主标准（实际上民主标准包括人权在内）也应该是国际公认的。只有这样，它才能成为有效的。"接着，梅德韦杰夫提出以下五条民主的普遍标准。

一是从法律上体现人道主义价值和理想。要使这些价值具有法律的实际力量，从而引导所有社会关系的发展，并以此来确定社会发展的主要方向。

二是国家拥有保障和继续保持科技高水平发展的能力，促进科学活动，促进创新，最终生产充足的社会财富，使公民能够获得体面的生活水平。贫困是民主的主要威胁之一。不久之前，在改革第一阶段所导致的大规模贫

---

① 〔美〕《东西双边关系》2008年1月号。
② 参见《中国社会科学院院报》2008年2月21日。
③ 以上两个材料见俄罗斯总统网站，http//：www.icremlin.ru。

困期间,"民主"这个词本身在俄罗斯获得了消极的意义。

三是民主国家有能力保卫本国公民不受犯罪集团侵犯。

四是高水平文化、教育、交流手段和信息沟通工具。自由民主社会,毕竟是受过良好教育、有教养、有文化人的社会。俄罗斯在很多世纪中,在千百年间,走的是非民主的发展道路。正是在20世纪,在帮助"普通老百姓"的旗号下建立了最恶劣的专政。21世纪是有教养的、聪明的,也可以说"复杂的"人的时代,他们自己掌握自己的才能,他们不需要那些代替他们做出决定的领袖、保护人。由"领袖们"指示"普通老百姓"应当如何生活和为什么生活的时代已经结束了。

五是公民确信自己生活在民主社会。这也许是主观的,但却是极端重要的事情。每个人应该独立地对民主做出自己的判断。但是假如人们自己感觉不自由、不公正,那就是没有民主,或者是民主出了问题。政府可以不断地对自己的公民说,你们是自由的。但是,只有当公民本身认为自己是自由的,那时才开始有民主。梅德韦杰夫在强调民主的普世性的同时,反对普京认同的"主权民主"的概念,他上台后,没有公开使用过"主权民主"的说法。梅德韦杰夫在对话中强调,民主是发展俄罗斯这个国家、这个庞大经济和政治系统的必要条件。他与学者谈到,在俄罗斯推行民主进程中遇到的困难有:其一,在俄罗斯转型初期,由于复杂与困难的政治及经济形势,大多数公民又不具有在市场经济条件下生活的素养,不得不集中精力于谋求个人生存之术,因此,当时的民主仅仅限于参加选举时投票。其二,正是在那种形势下,新的统治精英很快学会了操纵选举程序,建立保障他们一直掌握政权的机制。而西方国家当时所关心的是制止在俄罗斯恢复共产主义制度，因此，并没有对俄罗斯推行民主化施加更多的压力。这样，就使得俄罗斯转型初期在民主化进程中存在很多缺陷，并且使威权主义抬头。其三，广大民众还未做好准备。正如梅德韦杰夫在对话中讲的，推行民主最大的困难是，广大民众总体上还没有准备好接受完整意义上的民主，没有准备好去亲身经历民主，共同参与政治进程，并感觉到自己的责任。其四，受历史传统的影响。梅德韦杰夫在对话中指出，俄罗斯千年历史上从来没有过民主。当我们国家是沙皇和皇帝执政的时候，没有任何民主。苏联时期也没有任何民主。也就是说，我们是有千年威权史的国家。人们习惯主要寄望于沙皇老爷，寄望于高层力量。

俄罗斯经历了二十年的转型，民主政治有了进展。在梅德韦杰夫看来，俄罗斯虽已经是个民主国家，存在民主，但这种民主是年轻的、不成熟的、不完善的，还处于民主发展道路上的起点，因此，俄罗斯在这方面还有很多事情要做。

2009年11月，俄罗斯总统梅德韦杰夫提出的国情咨文报告，正式提出俄罗斯将以实现现代化作为国家未来十年的任务与目标。他提出的现代化是"需要全方位的现代化"的概念。梅德韦杰夫说："我们将建立智慧型经济以替代原始的原料经济，这种经济将制造独一无二的知识、新的产品和技术，以及有用的人才。我们将创造一个有智慧的、自由的和负责的人们组成的社会，以取代领袖思考决定一切的宗法式社会。"也就是说，21世纪俄罗斯现代化将以民主与自由的价值观和体制为基础。

2009年9月10日，梅德韦杰夫在俄罗斯报纸网发表长篇文章，概述了他对俄罗斯未来十年的看法。他在文章中说："效率低下的经济、半苏联式的社会领域、脆弱的民主、人口负增长的趋势以及动荡的高加索，这些即使对俄罗斯这样的大国来说都是非常严重的问题"。人们普遍认为，梅德韦杰夫的文章，对俄罗斯的现状做出了精确的"诊断"，并明确了未来的发展方向。

梅普都主张国家现代化，但由于持不同的价值观，因此存在一些不同的理解。

第一，有关国家现代化的含义与目标不同。梅德韦杰夫的现代化包括经济、政治、社会等领域的国家全面现代化，特别强调政治现代化，加速推进民主化的进程，而普京主要强调经济现代化。

第二，虽然梅普都认为现代化的目标是富民强国，但含义不同。在梅德韦杰夫看来，富民应包括富裕的俄罗斯公民感觉到自己生活在民主国家里，并享受有充分的自由；而强国的含义应包括一个强大的俄罗斯，它的民主与自由应得到国际社会的公认。而普京的富民强国纲领主要着眼于经济。

第三，梅德韦杰夫在对话中强调，不论经济层面还是政治层面，要实现国家现代化，只有靠自由的人，那些感觉自己是自由的人，才能从事现代化建设。如果一个人畏首畏尾，束手束脚，怕国家，怕司法机关，怕竞争对手，怕生活，就不可能去搞现代化。只有自由的人才能做这件事。普京则更多地从国家政策与技术层面来谈现代化如何实现的问题。

第四，梅德韦杰夫虽然也认为现代化的进程要视客观条件而定，但他总的来说主张加快推进现代化进程。他在对话中说，政府以及我本人的任务，就是要加强现代化运动，我们确实不能原地踏步了。而普京则强调渐进地逐步推行，一再反对用跳跃式的方式实行现代化。与此相关，梅德韦杰夫在2010年11月24日的一次讲话中表示："在某种程度上,我们的政治生活开始出现停滞不前的症状"。而普京在同年1月22日的一次讲话中说,俄罗斯的政治体制改革需要"特别谨慎"。

　　2012年总统大选后,由"梅普"变为"普梅",梅德韦杰夫的地位与作用大大削弱,但他的民主、自由价值观在俄罗斯有一定的社会基础,随着民主政治改革的发展,将会得到更多人的认同,所以,我们在研究俄罗斯国家转型问题时应予以关注。

八　关系到俄罗斯前途命运的腐败问题

腐败已是关系到俄罗斯前途命运的一个重大问题，它引起了当今俄罗斯高层领导高度关注，并采取了不少反腐措施，但至今成效甚微，并且呈现"越反越腐"的趋势，根由何在，值得研究。

1. 腐败之历史渊源

腐败并不是在苏联剧变后的俄罗斯才出现，在18世纪前的俄国，君王对其官员不发给薪俸，官吏依赖接受贿赂维生。到1715年，沙俄皇帝彼得学习西方国家的制度，开始给官吏发给固定的薪俸。但在封建帝国时代，庞大的官僚机关在办事效率低下与缺乏监督的情况下，并不能消除普遍存在的腐败。

到了苏联时期，由于斯大林采用红色恐怖与革命初期人们对社会主义的信仰，官吏的贪污腐败暂时得以控制。在第二次世界大战后，苏联的高度集权体制出现了种种弊端，而斯大林又不思改革，从而在各级领导干部代表国家掌控与支配公共资源，而广大群众又无权监督的情况下，盗窃公有财产等腐败现象日益严重。特别要指出的是，苏联时期的腐败突出的表现形式是特权阶层以权谋私。

苏联的特权阶层早在斯大林时期就已经形成。我们这里讲的特权，并不是指对某些有特殊贡献的人，或一部分领导人享有较高的工资或待遇，而是指利用权力享受种种特权。苏联特权阶层的特权表现在：名目繁多的津贴；免费疗养和特别医疗服务；宽敞的住宅和豪华的别墅；特殊的配给和供应；称号带来的特权；等等。对苏联上层领导来说，高薪并不是主要报酬，更多的是上层所享有的特权。他们获得的一切主要靠特权。因此，在苏联的任何时期，作为特权阶层的一个基本特征是共同的，即他们掌握着各级党、政、军领导机关的领导权。这个领导权是实现特权的基础。

赫鲁晓夫时期，领导人的特权虽有所削弱，但依然存在。到了勃列日涅夫时期，又开始悄悄地斯大林化。这期间特权阶层扩大化与稳定化，成为勃列日涅夫时期改革停滞不前的一个重要原因。俄罗斯著名学者、苏联发展演变过程的目睹者阿尔巴托夫指出："早在30年代，所有这些已经形成完整的制度。根据这个制度的等级——政治局委员、政治局候补委员、中央书记、中央委员、人民委员、总局的首长，等等——每一级都有自己的一套特权。战争之前，享有这种特权的人范围相当小，但特殊待遇本身是非常优厚的，特别是同人民生活相比更是如此。"① 在第二次世界大战后，对苏联上层领导人的配给制达到了非常精细的程度，特别是各种商品的购货证与票券越来越多，逐渐成了高中级干部家庭生活的一部分。

勃列日涅夫时期特权阶层扩大化与稳定化的主要原因

---

① 〔俄〕格·阿·阿尔巴托夫：《苏联政治内幕：知情者的见证》，第311页。

有：首先，由于勃列日涅夫时期实际上没有进行政治体制改革，干部领导职务搞任命制与终身制，干部队伍较为稳定，因此，特权阶层也比较稳定。而斯大林时期，虽然形成了特权阶层，但它是不稳定的。这是因为，斯大林一方面给予上层人物大量的物质利益和特权，另一方面又不断地消灭这些人。在30年代的大清洗运动中，首当其冲的便是这个特权阶层。其次，由于勃列日涅夫时期的僵化和官僚主义的发展，各级领导机关干部数量大大膨胀，与此同时，特权阶层的人数也随之增加。据俄国学者估计，当时这个阶层有50万~70万人，加上他们的家属，共有300万人之多，约占全国总人口的1.5%。① 人们对特权阶层的人数估计不一。英国的默文·马修斯认为，连同家属共有100万人左右。西德的鲍里斯·迈斯纳认为，苏联的上层人物约有40万，如果把官僚集团和军事部门的知识分子包括进去，约70万人。苏联持不同政见者阿·利姆别尔格尔估计，苏联的特权阶层有400万人，也有人估计不少于500万人。② 笔者认为，不能以斯大林时期特权人物不稳定和人数可能没有勃列日涅夫时期那么多为根据，得出只是到了勃列日涅夫执政后期才形成特权阶层的结论。这个结论是不符合苏联历史发展情况的。虽然在斯大林时期特权人物不稳定，今天是这一批人，明天是另一批人，人数这个时期多一些，那个时期少一些，但总是存在这么一个阶层的人。这些人，用苏联人的话来说，就是列入"花名册"（也称为"等级官员名册"）的人，即那些被党的首领选来掌管最重要的职位的人的秘密名单。

---

① 〔俄〕А. Н. 博哈诺夫等：《20世纪俄国史》，莫斯科，1996，第571页。
② 陆南泉等编《国外对苏联问题的评论》，求实出版社，1981，第82页。

在苏联时期曾任州委书记、苏共政治局候补委员、莫斯科市委书记，后来任俄罗斯总统的叶利钦，在其《自传》中，根据个人亲身经历对苏联特权阶层的种种特权加以揭示：特权阶层有专门的医院、专门的疗养院、漂亮的餐厅和赛似"皇宫盛宴"的特制佳肴，还有舒服的交通工具。你在职位的阶梯上爬得越高，你享受的东西就越丰富。如果你爬到了党的权力金字塔的顶尖，则可以享受一切——你进入了共产主义！那时就会觉得什么世界革命、什么最高劳动生产率，还有全国人民的和睦，就都不需要啦。就连我这个政治局候补委员，这样的级别，都配有3个厨师、3个服务员、1个清洁女工，还有1个花匠。特权阶层享受着现代化的医疗设施，所有设备都是从国外进口的，是最先进。医院的病房像是一个庞大的机构，也同样很豪华气派：有精美的茶具、精制的玻璃器皿、漂亮的地毯，还有枝形吊灯。购买"克里姆林宫贡品"只需花它的一半价钱就行了，送到这儿来的都是精选过的商品。全莫斯科享受各类特供商品的人总共有4万。国营百货大楼有一些柜台是专为上流社会服务的。而且那些级别稍低一点的头头儿们，则有另外的专门商店为他们服务。一切都取决于官级高低。所有的东西都是专门的——如专门提供服务的师傅，专门的生活条件，专门的门诊部、专门的医院，专门的别墅、专门的住宅、专门的服务。每个党中央书记、政治委员和候补委员都配有一个卫士长。这个卫士长是受上级委派办理重要公务的职员，是一个组织者。他的一个主要职责是立刻去完成自己的主人及其亲属请求办理的任何事情，甚至包括还没有吩咐要办的事情。譬如要做一套新西服，只要说一声，不一会儿裁缝就来轻轻敲你办公室的门，给你量尺寸。第二天，你便能看到新衣服，请试试吧！非常漂亮的一套新西装就这样给你做好了。每年3月8日妇女节，都必须给妻子们送礼物。这同样也不费事，会给你拿来一张清单，那上面列出能满足任何妇女口味的礼品名称——你就挑吧。对高官的家庭向来是优待的：送夫人上班，接她们下班；送子女去别墅，再从别墅接回来。每当政府的吉尔车队在莫斯科的大街上沙沙地飞驶而过时，莫斯科人通常停下脚步。他们停下来不是因为此刻需用敬重的目光瞧一瞧坐在小车里的人，而是由于这确实是个令人有强烈印象的场面。"吉尔"车尚未来得及开出大门，沿途的各个岗亭就已得到通知。于是，一路绿灯，吉尔车不停地、痛痛快快地向前飞驶。显然，党的高级领导们忘了诸如交通堵塞、交通信号灯、红灯这样一些概念。若是政治局委员出门，则还有一辆伏尔加护卫车在前面开道。叶利钦谈到自己的别墅时叙述道：我头一次到别墅时，在入口处，别墅的卫士长迎接我，先向我介绍此处的服务人员——厨师、女清洁工、卫士、花匠等人。然后，领我转了一圈。单从外面看这个别墅，你就会被它巨大的面积所惊呆。走进屋内，只见一个50多平方米的前厅，厅里有壁炉、大理石雕塑、镶木地板、地毯、枝形吊灯、豪华的家具。再向里走，1个房间、2个房间、3个房间、4个房间，每个房间都配有彩色电视机。这是一楼的情况。这儿有一个相当大的带顶棚的玻璃阳台，还有一间放有台球桌的电影厅。我都弄不清楚到底有多少个洗脸间和浴室；餐厅里放着一张长达10米的巨大桌子，桌子那一头便是厨房，像是一个庞大的食品加工厂，里面有一个地下冰柜。我们沿着宽敞的楼梯上了别墅的二楼。这儿也有一间带壁炉的大厅，穿过大厅可以到日光浴室去，那儿有躺椅和摇椅。再往里走便是办公室、卧室。还有两个房间不知是干什么用的。这儿同样又有几个洗脸间和浴室。而且到处都放有精制的玻璃器皿，古典风格和现代风格的吊灯、地毯、橡木地板等其他东西。①

法国作者罗曼·罗兰1935年访问莫斯科时，发现连无产阶级作家高尔基也享受贵族待遇，在金碧辉煌的别墅里，为他服务的有四五十人之多。他在《莫斯科日记》里写道：苏联已出现了"特殊的共产主义特权阶层"和"新贵族阶层"，"他们把荣誉、财富与金钱的优势攫为己有"。②

事实上，苏联特权阶层享受的特权是很多的。那么，在苏联为何要建立这样一个让苏共党内少数领导干部享受的特权制度，关于这个问题，阿尔巴托夫的分析是很有道理的。他说：特权阶层的形成，"这是斯大林故意采用的政策，目的在于收买党和苏维埃机关上层，使其落入某种连环套之中，这是一种路线，旨在借助于直接收买，借助于灌输丢掉职位就丢掉特权、失掉自由甚至生命的恐惧思想，从而保证官员们绝对听话，并积极地为个人迷信服务"。③ 应该说，斯大林为苏共领导层提供的种种特权，是他建立的一种制度，或者说是苏联政治制度的一个内容。斯大林—苏联模式的一个重要内容是高度集权，权力掌握在少数领导人手里，后来集中在斯大林一个人手里，他掌握着主要领导乃至地方各级领导干部的任免权。这是斯大林为了巩固其统治的重要手段。

苏联剧变后，特权阶层中很多成员，借助手中权力，摇身一变成为俄罗斯的权贵政治精英，在俄罗斯经济转型

---

① 参见〔苏〕鲍里斯·叶利钦《叶利钦自传》，朱启会等译，东方出版社，1991，第140~147页。
② 转引自陆南泉等主编《苏联真相——对101个重要问题的思考》（下），第1193页。
③ 〔俄〕格·阿·阿尔巴托夫：《苏联政治内幕：知情者的见证》，第312页。

过程中，特别是在国有企业私有化过程中，大量侵吞国家财产。据一项调查，俄罗斯61%的新企业主曾经被列为党、政府、企业的精英成员。也就是说，私有化为原苏共领导人大量侵吞国有资产大开方便之门。他们从事投机，大发横财。正是由于这个原因，在俄罗斯私有化过程中围绕公司控制权而展开了各种斗争。被称为俄罗斯私有化之父的丘拜斯对此坦言："在证券私有化起步时，苏联的经理厂长的第一次突破就是要把一切都据为己有，通过各种合法的和近似合法的途径，把尽可能多的财产置于自己的控制之下。为配合这项任务，他们创建了各种各样的子公司及其下属的公司，积聚资金以收购财产。在许多情况下，钱被非法地转到这类公司和商行的账上：钱是从已被私有化的企业本身的流通中取得的。后来，这些钱被投到收购私有化证券上去。当某个时刻，即母企业进行证券拍卖的时刻来到时，他们便用私有化证券大规模地把工厂收买了。通过这种简单的行动，经理厂长便成了实际的所有者。"

主要集中在苏共党内的特权阶层，不顾广大民众长期受商品严重缺乏之苦，不顾人民为弄到一块面包和最起码的住房处于艰苦奋斗的境地，如此丧失道德地享受特权，如此无耻地掠夺社会财富，当人们了解到社会如此的不公，就会对苏共失去最后一点的信任。这样的党，怎么能不脱离群众，怎么能得到人民的信任和拥护呢，怎么能不垮台呢！

2. 日趋严重的腐败与反腐措施

1991年底苏联剧变后，国家制度虽进行了根本性的转型，实行了经济市场化与政治民主化的改革，1996年已基本形成了市场经济体制框架，并建立了以总统设置、多党议会民主、三权分立、自由选举为特征的西方式政治体制模式，但在叶利钦执政时期，俄罗斯社会存在严重的混乱、无序状况。从经济体制来讲，离有序的、文明的市场还有很大距离；从政治体制来讲，民主制度很不完善，多党制并没有真正建立起来，缺乏有效的监督机制。特别要指出的是，在快速私有化过程中，各种侵害国家财产的情况大肆泛滥，加上在转型的最初几年，经济情况严重恶化，各个权力机关与官员，通过各种手段捞取实惠以缓解其困难。

当今俄罗斯腐败现象严重。2008年，它在世界180个国家透明国际清廉指数排行榜上排名第147位。2011年12月1日，透明国际发布的2011年度全球清廉指数报告显示，俄罗斯在183个国家中列第143位。根据透明国际的评估，在2012年全球腐败印象指数中，俄罗斯在176个国家中排名第133位；而在反映企业国外行贿可能性的2011年行贿指数排名中，俄罗斯在28个参与国家中垫底。2013年4月8日俄《晨报》报道，俄罗斯全国反腐委员会主席基里尔·卡巴诺夫说：俄罗斯2012年的贿赂总额达3000亿美元。还应指出的是，就连国防开支亦有20%被贪污。2012年11月6日，俄罗斯国防部长谢尔久科夫因隶属该部的服务公司欺诈行为而被免职。2013年3月22日俄罗斯国防部宣布，2012年涉及国防开支的违规案超过1500起，国防采购资金每年损失的比例最高达40%。

腐败已成为阻碍俄罗斯社会经济健康发展的一个重要因素，它对俄罗斯构成了最大威胁。为此，俄罗斯一直把反腐作为政府的一项重要任务。普京早在2006年致联邦会议的总统国情咨文中强调：腐败是俄罗斯发展道路上的"一个重大障碍"。2007年12月12日，他在回答美国

《时代》周刊记者的问题时也明确表示，俄罗斯的司法机关与社会组织不要容忍腐败现象，国家再也不能容许腐败分子逍遥法外了。① 梅德韦杰夫任总统后一再表示要把反腐进行到底的决心。他认为，"腐败问题是俄罗斯社会中最尖锐、最现实的问题之一"。他在2008年的总统国情咨文中指出：腐败是现代社会的"一号公敌"。为此，他把反腐视为其首要任务、国家工作的"优先日程"。2009年，梅德韦杰夫总统在《前进，俄罗斯！》一文中提出了一个简单而又严肃的问题，即"我们应该不应该把……长期存在的腐败和根深蒂固的恶习带入我们的未来"？他还说："长期存在的腐败，一直在吞噬着俄罗斯。"梅德韦杰夫在2009年11月提出的总统国情咨文中，正式提出了俄罗斯将以实现现代化作为国家未来十年的任务与目标。而作为现代化主要内容的经济现代化要着力解决经济由资源型向创新型转变。2010年7月27日，他在经济现代化委员会的发言指出，向创新型经济过渡就需要解决贪污的阻力，减少行政影响与发展良性竞争，不解决这些问题就不可能实现现代化。

俄罗斯不仅对反腐重要性与紧迫性的认识不断提高，还制定了不少反腐计划，并采取一系列反腐措施。

普京在2002年就提出惩治腐败的两项措施：一是要改革行政机关，使现行的国家机关不要成为助长行贿受贿之风的行政权力机关，要使行政管理机关系统现代化，让其能为经济自由服务；二是加强法制，主要途径是推进司法制度现代化。2006年普京又提出，为了使反腐取得成效，就必须改变公民对国家权力机关信任程度不高的问题，因而必须建立公平的法律并在实际生活中付诸实施。俄罗斯

---

① 《普京文集》，第647页。

在2006年与2007年提高了反腐力度,在联邦安全局、海关总署与总检察院等部门揭露出不少腐败官员。2006年俄罗斯加入了《联合国反腐公约》缔约国行列,从而成为世界上第52个参加该公约的国家,这也反映了俄罗斯惩治腐败的决心。普京任总统期间虽在打击腐败方面采取了不少措施,但效果甚微。2007年12月12日,美国《时代》周刊向普京提问时说:俄"腐败蔓延,这是您的一个障碍"。他回答说:"这个问题我们解决得不成功,也未能控制住局势。"①

梅德韦杰夫上台后,提出了更多的严厉的反腐措施。2008年7月31日,梅德韦杰夫签署了《反腐败国家计划》。该计划分4个部分:出台反腐的法律法规、完善国家管理(系指行政改革)、加强对居民进行法律意识教育与反腐措施。2008年12月25日,俄出台了《俄罗斯联邦反腐败法》,该法明确了腐败的定义,规定了预防与打击腐败的一些基本原则。该法的另一个重要意义是扩大了反腐的监控范围,规定了公务员及其配偶、子女都必须提交收入与财产信息。2009年5月18日,在梅德韦杰夫签署的反腐的五项总统令中,进一步明确了财产申报制度的实施细则,规定除国家与地方行政官员外,法院、检察院、警察、军队、安全部门、选举机构的工作人员都被纳入申报人之列。② 另外,在签署的总统令中把财产申报主体范围还扩大到国有公司的领导人。以《反腐败国家计划》为基础,2010年4月13日,梅德韦杰夫签署了《反腐败国家战略》与《2010~2011年国家反腐败计划》的总统令,这表明,在俄罗斯已从国家发展前途的战略高度

---

① 《普京文集》,第641页。
② 《俄罗斯东欧中亚国家发展报告》(2010),社科文献出版社,2010,第164页。

来对待反腐问题了。2010年7月22日,俄罗斯总统下令成立国家反腐委员会,并由梅德韦杰夫总统亲自领导;同时,批准了《国家公务员工作守则》草案,要求公务员认真履行职务。2009年3月,俄罗斯出台了新的警察职业操守规范。俄罗斯杜马还出台对收贿官员处于高额罚款的法案,规定每次受贿达到3000卢布将罚50万卢布,同时规定在3～10年之内禁止其再担任公职。

梅德韦杰夫为了表示反腐决心,尽管法律没有要求总统申报个人与家庭收入及财产,但他在2009年4月6日在官方网站公布了个人与家庭财产情况。接着于4月7日普京总理公布了财产情况。梅德韦杰夫还强调,如果官员拒绝向有关机构提供收入与财产情况,将会被开除公职。他希望以此来使官员接受公众监督。应该说,官员财产申报制度是个进步之举,国际社会称为"阳光法案",目前世界上已有90多个国家与地区建立了相对完善的官员财产申报制度。2013年4月12日,俄罗斯政府网站公布了总统普京、总理梅德韦杰夫2012年的收入和家庭财产情况。普京和梅德韦杰夫2012年均有约580万卢布(约合18.7万美元)的收入。普京名下有1处公寓、1块地、1个车库和3辆俄罗斯产汽车,其妻子柳德米拉·普京娜2012年收入为12.14万卢布,名下无其他财产。梅德韦杰夫名下有1块地、1处公寓和3辆苏联产高尔基汽车。其妻子斯维特兰娜·梅德韦杰娃2012年没有收入,名下有1辆大众高尔夫汽车和两个停车位。

2011年5月4日,梅德韦杰夫签署了相关刑事和行政法的修正案,修正案中规定受贿者和商业贿赂者将面临多倍于受贿金额的罚款。这将使违法乱纪者明白,惩罚的矛头不仅指向他本人,还将指向其财产。2012年12月4日,普京总统批准一项法案,再次要求政府成员申报本人、配偶与子女收入。该法案要求上述人员提供收入信息、包括购买土地、不动产、交通工具、有价证券的交易。该法案于2013年1月1日生效。据俄《观点报》2012年8月1日报道，俄国家杜马的所有议会党团提交一份法案，禁止各级官员（包括总统、总理、内阁成员与各级议会的议员）及其配偶与未成年的子女在国外拥有各类资产和账户，包括股票、有价证券、不动产或外国账户，离职官员3年内不得拥有国外资产，违者将被追究刑责。根据该法案，在2013年6月1日前，现任官员必须将在国外的所有财产清理干净。违反这一法律就是刑事犯罪，可以处以500万至1000万卢布（约15万~30万美元）罚款，最多可判5年徒刑，3年内不得任公职。2012年12月20日，普京在举行的年终记者会上又强调，俄政府主张禁止官员在国外拥有资产和账户，并表示，必须加大力度惩处腐败官员；他还说，如外国官员或政治家帮助查出俄罗斯违法官员，俄罗斯将表示感谢并愿意为此发奖金。2013年4月2日，普京正式签署反腐总统令，其中规定：银行副行长、董事会成员和员工、退休基金、社保基金、联邦强制医保基金、国家集团（公司）以及依据联邦法律建立的其他组织的领导人和工作人员，以及他们的配偶和未成年子女，被纳入申报范围。政府官员和国企高管必须在7月1日前申报各自2012年的收入及支出、拥有外国账户、有价证券和不动产等情况。接着，4月19日，俄罗斯国家杜马通过法律草案，禁止高级官员和议员拥有海外账户、有价证券、股票和其他外国金融工具。

人们普遍认为，这次通过的反腐令是十分严厉的。民众普遍支持普京反腐的坚定态度。俄罗斯权威民调机构全俄民意调查中心公布的民调结果表明，64%的受访者对普京一年来的工作给予充分肯定。全俄舆情基金会4月5日公布的民调结果也显示，对于禁止官员拥有海外账户，83%的受访者表示赞成。

俄罗斯高度重视反腐，一再表达了反腐的政治意愿与决心，并采取了不少严厉措施，亦取得一些效果，2009年，在透明国际清廉指数排行榜上，俄罗斯的排名从2008年的第147位升到第146位。据一项民意调查显示，2007年只有12%的人认为俄罗斯政府反腐行动是有效的，而在2009年这个数字为21%。但应看到，总的来说，俄罗斯政府的反腐行动收效甚微。对此，梅德韦杰夫总统2010年7月14日在立法委员会议上说："无论是国民，还是官员或者腐败者本人都对打击腐败现状不满意。国民认为腐败是最严重的问题，是对国家最大的威胁之一。但我没有看到这方面取得明显效果。"[1] 2009年在俄罗斯行贿金额比上年平均价码涨了1倍多，约7700美元，而2008年约3000美元。据俄学者估计，腐败所涉及的金额几乎与国家财政收入相当。据俄反贪污组织2010年8月17日发布的最新材料显示，俄官员贪污金额总数已占GDP的50%，这与世界银行公布的48%相差不远。那么，俄罗斯缘何难以遏制腐败，应该说有其多方面的原因，下面就一些主要问题做些分析。

3. 腐败难以遏制的原因

（1）俄罗斯腐败已带有制度性、普遍性与合法性的特点

2008年5月19日，梅德韦杰夫总统在反腐败会议上指出，在当今俄罗斯"腐败已变成一个制度性问题，我们应该用制度性的对策来应对"。制度性因素表现在

---

[1] 〔俄〕《观点报》2010年7月15日。

很多方面:一是行政机关办事效率低但权力大,对经济干预多,使得公司、公民靠行贿去才能办成事情。对此,普京早在2002年的总统国情咨文中就指出,国家机关的工作助长了行贿之风,它们限制经济的自由,其结果是:"人们都在用贿赂来克服种种障碍。障碍越大,贿赂数额就越大,收受贿赂的人的级别就越高。"① 企图参政的金融寡头虽然受到打击,但那些"忠诚"的寡头依然存在,他们与官员结合,营私舞弊,成为腐败的一个重要温床。二是存在不少垄断性的国家大公司。梅德韦杰夫批评俄罗斯近几年来过度重新国有化的做法。他在2009年的总统国情咨文中指出,目前俄政府控制着40%以上的经济,这些企业效率低,又由政府派官员任大型企业的领导人,这容易形成官商一体的垄断组织,也是滋生腐败的重要因素。在上述体制因素影响下,在俄罗斯企业、公民个人与官员之间发生关系时,就难以避免出现贿赂。据2010年8月17日俄报纸网公布的一份报告说,俄企业界人士表示,行贿支出占到企业总支出的一半。

  腐败的普遍性在俄罗斯显得尤为突出。据俄罗斯总检察院2004年的初步估计,80%以上的官员有腐败行为。据俄罗斯社会舆论基金会2008年9月提供的一份调查数据显示:有29%的俄罗斯人曾被迫行贿,经常被迫行贿的企业家更高达56%,而且,即使是在那些从未行贿的人中,也有44%的人准备向俄政府公职人员行贿。梅德韦杰夫总统指出,2009年查明的国家公务人员职务犯罪数量达到4.3万起,比2008年有所增加,其中涉及审判机关滥用职权的刑事犯罪与官员收受贿赂的犯罪均上升了

---

① 《普京文集》,第607页。

10%，但俄罗斯媒体与学者普遍认为，实际上尚未破获的此类案件要比已破获的多 10 倍甚至百倍。据俄罗斯内务部统计，2009 年俄罗斯受贿金额高达 3000 亿美元。① 2010 年 8 月 2 日俄罗斯《每日商报》报道，根据"干净之手"社会组的报告材料，俄罗斯商人被腐败吞噬的金额几乎要占其收入的一半。腐败几乎涉及所有领域。普京在一次讲话中提到，一个孕妇分娩也要向产科医生行贿。在俄罗斯 1/4 的学历是伪造的。学历造假的新闻经常出现。2009 年 5 月，乌里扬诺夫斯克第二儿童医院持假文凭的医师罗辛，竟然为很多病儿做手术。据全俄患者维权联盟统计，俄每年有 5 万人死于医疗事故，其中不少就是丧命罗辛这类持假文凭的人手里。为了取得假文凭，还得造假成绩，每取得一次假成绩，5000 美元起价，若是知名学府要价可能高达 4 万美元。② 至于警察的腐败已惹民怨。拿交警来说，俄报刊是这样描述的：他们经常"埋伏"起来，抓到违规司机后，如果不严重，司机"反应快"就会"私了"。俄司法系统的腐败也尽人皆知（详下文）。俄罗斯纳税人为每英里高速路支付的费用是欧洲人的三四倍，其主要原因是由于贿赂和回扣。即使造价如此之高，工程质量的低劣使得修缮成为必要，于是有了更多的腐败机会。③

在俄罗斯不少腐败行为已公开化，如各种小费、向医生送红包与向老师送礼等，已司空见惯，在客观上人们默认了其存在的合法性。

（2）俄罗斯民众对腐败的容忍度高，一些人甚至不希望惩罚行贿行为

---

① 参见〔俄〕《观点报》2010 年 7 月 15 日。
② 参见〔俄〕《消息报》2010 年 7 月 20 日。
③ 〔美〕《华盛顿邮报》2010 年 5 月 26 日。

在俄罗斯之所以出现上述情况，有以下原因。

一是作为苏联继承国的俄罗斯，在叶利钦执政时期进行的经济社会转轨，出现了严重的混乱与制度缺失，特别是在私有化过程中，腐败大肆泛滥，而在普京执政8年，在反腐方面又未取得明显成效，腐败成为十分普遍的现象，有人认为，腐败在俄罗斯已成为社会的一种顽疾，无法根治。甚至还有人认为，腐败在俄罗斯已发展成为人们的一种生活方式。在此背景下人们对反腐失去了信心。笔者认为，俄民众对腐败的容忍度高，实际上是对惩治无所不在的腐败丧失信心的表现，是一种无奈。正像俄罗斯学者说的：俄罗斯人对普遍存在的腐败现象也怀着复杂的心情，一方面，他们深恶痛绝；另一方面，他们也默认了它的存在，认为它是不可根治的。

二是由于在普京时期，经济高速发展，人民生活水平的大幅度提高与腐败的发展是同时进行的。普京执政8年，坚持实行居民收入超前增长的政策。从1999年到2007年，俄罗斯GDP增长了68%，而居民实际收入与退休金都增加了1.5倍，失业率与贫困率下降了50%。同时，普京还特别注意解决民众最紧迫、最关心的问题，提出让老百姓买得起房、看得起病与上得起学的社会政策。另外，普京提高了俄罗斯在国际社会的地位。这些因素，对缓和广大民众对腐败问题的不满起了不小的作用，提高了对它的容忍度。对此，俄罗斯有学者指出："俄罗斯政治稳定在很大程度上靠金钱买来的。""普京个人及其政府的社会支持率是靠给老百姓钱换来的。一旦钱没了，拿什么来维持社会支持率？"

三是由于行政机构官僚化，使得人们不得不通过行贿来解决问题，并由此提出不要惩治腐败的观点。2009年5月20日，俄罗斯司法部长科诺瓦洛夫在国家杜马汇报工作时坦言，有25%的俄罗斯人希望官员腐败，愿意让腐败继续存在下去。他还认为，这是个被大大压缩的数字，实际上有更多的人不希望惩罚受贿行为，希望通过腐败机制获得非法好处，容忍官员的索贿行为。在俄罗斯之所以出现上述情况，这与行政机构办事效率低下、故意失职不作为、不给好处就不办事有关。据2007年列瓦达分析中心的民意调查结果，39%的俄罗斯人认为，俄罗斯腐败不会根除，因为腐败比法律途径更能解决各种日常生活和生意上的问题，而且速度更快、成本更低，所以，人们宁愿选择腐败而不是法律途径。① 据民调材料，有53%的俄罗斯人曾通过行贿解决个人问题，其中19%的人经常这么做。年龄在25～44岁的人群中，有61%～64%的人有行贿的经历。

以上情况表明，民众对腐败持宽容态度，甚至默认腐败存在的必要性，并视为生活的一个内容。更为糟糕的是，俄罗斯一项调查报告得出的结论：俄有相当一部分民众认为，"能够中饱私囊成为工作体面和稳定的标志。"② 俄罗斯民众对腐败的这种心态，成为反腐的一个羁绊。这对一个国家、一个民族来说也是极为可怕的。正如俄罗斯律师根里·列兹尼科夫所指出的，在俄罗斯"反腐之所以没有效果，主要由于行贿对俄罗斯人来说已习以为常，这种现象并没有遭到整个社会的谴责，因此必须要首先解决社会的深层问题"。③ 对此，梅德韦杰夫总统也呼吁：俄罗斯社会应对腐败采取不容忍的态度。④ 因此，加强对公民的教育，提高其自身的道德情操，培养廉洁奉公的社会风气，对抵制腐败是十分重要的。

---

① 参见《俄罗斯中亚东欧市场》2009年第11期，第46页。
② 俄罗斯报纸网，2010年8月17日。
③ 〔俄〕《观点报》2010年7月15日。
④ 俄罗斯政治评论网，2010年4月14日。

(3) 俄罗斯司法弱化与严重腐败

1993 年在俄通过了体现宪政精神的《俄罗斯宪法》。该宪法第 10 条规定："在俄罗斯联邦，国家权力的行使是建立在立法权、执行权和司法权分立的基础之上。立法、执行和司法权机关相互独立。"从宪法来说，规定和保障了司法的独立性。但从俄罗斯的实际情况看，一直存在两个问题：一是司法独立性不强，其力量在三权中最弱，二是司法腐败严重。

人所共识，司法机构是维护社会公正和正义的一个重要机构，它又是反腐败的主要机构，但在俄罗斯，司法腐败成了一个十分尖锐的问题，俄罗斯报纸网 2010 年 8 月 17 日公布的一份报告指出：俄"司法系统的受贿现象尤为普遍"。司法的不公与不能救助民众正义，一个重要因素是司法腐败。司法腐败主要表现在：一是个人腐败，系指法官索贿、受贿、敲诈勒索等徇私枉法行为；二是出于政治考虑或受握有经济权人士的影响，不能公正执法。这里特别要指出的是，俄司法受地方权力机构干预的现象十分严重，这是难以行使司法独立的一个重要因素，也是至今存在"电话审判"的原因之一。据调查，在俄罗斯腐败机构排名列在首位的是地方政府。据透明国际的调查，俄罗斯法院的司法人员已经成为高腐败人群。在俄罗斯有这样一种说法："当诉讼缠身的时候，最好的解决办法是和解。我们不害怕审判，但我们害怕法官，因为法官最容易被贿赂。就像鸭子的肚子，法官的口袋很难被填满。进入法院时你穿着一身衣服，出来时你会一丝不挂。"根据俄罗斯智库的调查，在俄罗斯，当事人要赢得诉讼所花费的额外成本为 9570 卢布（相当于 358 美元）。而根据俄某社会调查基金的调查，一个州法院院长每次办案平均受贿 1.5 万~2 万美元，一个市法院普通法官办案的平均受贿金额也达 4000 美元。① "在司法系统，决定职业威信的标准不是执法工作，而是能否持续腐败。肥缺岗位本身就成了买卖对象。'就业'已经变成司法机关的摇钱树。例如，一个区检察长助理至少值 1 万美元，而到交警支队工作可能需要花比这多 4 倍的钱。"② 司法腐败造成了极其严重的后果：一是使人们对司法机关失去信任，民众普遍认为不能依赖司法求得公平与正义。2010 年 6 月 10 日俄罗斯科学院社会学所一项调查报告说："连幼儿园的儿童都不相信法律面前人人平等"。二是对国家造成重大经济损失，俄官方公布的 2007 年司法腐败案件中造成的损失为 4300 万美元，但根据俄罗斯检察院下属调查委员会的调查，实际损失是它的 2000 倍。三是司法腐败助长了政府腐败，试想，腐败的法官会去追究腐败的政府官员吗！四是司法的腐败导致破案率低，俄罗斯有 90% 的受贿者都没有受到法律严惩。

（4）缺乏有效的监督

一些学者指出，部分民众之所以对反腐持怀疑态度，是因为普京没有将执行法令的监督工作交与联邦审计署、总检察院、调查委员会，甚至联邦安全局，而是交与自己的总统办公厅进行。俄罗斯国际科学院外籍院士、旅俄作家孙越认为，俄罗斯反腐非常必要，也有反腐的民意基础，但没有法律保障和具体的推行措施，缺乏独立的"第三方"监督，反腐的"裁判员同时都是运动员"。缺乏有效的监督就为官员在执法过程中钻空子创造了条件。

俄罗斯的腐败现象能否得到遏制，关系到国家的发展前途。

---

① 参见《俄罗斯中亚东欧市场》2009 年第 11 期，第 45~46 页。
② 俄罗斯报纸网，2010 年 8 月 17 日。

第三编

经济转型

九 俄罗斯经济转型进程与评价

俄罗斯于 1992 年 1 月 2 日正式启动向市场经济转型，至今已过了 20 个年头。研究俄罗斯经济转型的复杂性在于：一是俄罗斯作为苏联继承国，它是中央集权的计划经济体制的发源地，实施这一体制时间最长。因此，俄罗斯经济转型任务最为艰巨，在转型过程中出现的问题极为复杂，转型危机也十分严重。二是俄罗斯经济转型与国家制度变迁紧密联系在一起，是同一过程，这样，经济转型过程中参与了很多复杂的政治因素。俄罗斯经济转型任务远未完成。普京在 2008 年的一次讲话中尖锐地指出："俄罗斯经济今天所面临的问题主要就是效率极低。""国家管理的一个主要问题依然是权力过分集中。"俄罗斯经济转型在继续进行之中，还在不断深化。

1. 俄罗斯经济体制转型起始阶段有关向市场经济过渡方案的讨论

研究俄罗斯经济体制转型，如果不研究苏联解体时俄罗斯所面临的体制模式与经济，不研究苏联历次改革缘何没有从根本上触动高度集权的行政指令性计划经济体制，以及由此造成的严重经济后果，那么，对俄罗斯经济转轨的研究就难以深入，亦得不出符合实际的结论。

作为苏联继承国的俄罗斯，不仅继承了苏联的大部分领土（占苏联总面积的76.3%）、经济实力（占不包括土地、森林和矿藏在内的国民财富的64%）、生产固定基金（占63%）、社会总产值与工业产值（均占60%）、科技力量（占64%）与军事力量（占2/3），而且继承了传统的经济体制与极其复杂严峻的经济问题。

斯大林之后的苏联历次经济体制改革都未取得成功，其原因很多。如果从经济角度来看，最为重要的共同性原因是没有把建立市场经济体制模式作为改革目标，与此相关，改革未能触及所有制；如果从政治角度来看，苏联历次经济体制改革都没有与政治体制改革结合起来，政治体制成为经济体制改革的主要障碍。

到了戈尔巴乔夫执政的后期，经过激烈争论，"到80年代末，俄罗斯的大多数政治力量和居民在必须进行自由化和向市场经济过渡方面实际上已达成共识"。[①] 人们普遍认为："人类还没有创造出比市场经济更为有效的东西"，"市场经济是人类在经济运行方面所取得的成果，不应把它拒之门外"，经济体制改革不能停留在继续寻找计划与市场经济的"最佳结合点"上，否则，"对传统体制起不了治本的作用"，因此，"除了向市场经济过渡，别无选择"。但是，戈尔巴乔夫还未来得及实施以市场经济模式为目标的改革，他就下台了。这样，当俄罗斯独立后才决定推行以市场经济为目标的改革。但以什么方式向

---

① 〔俄〕Л. Я. 科萨尔斯等：《俄罗斯：转型时期的经济与社会》，石天等译，经济科学出版社，2000，第59页。

市场经济转型，人们存在不同看法。

在戈尔巴乔夫执政末期，即 1990~1991 年讨论向市场经济过渡时，对这一问题的争论就十分激烈，并提出了一些过渡方案。著名经济学者、时任苏联部长会议副主席及经济改革委员会主席的阿巴尔金院士，提出了经济改革的构想，在他的构想中，向市场经济过渡有三种改革方案，分别被称为"渐进的""激进的"（后来被称为"休克的"）和"适度激进的"改革方案。

阿巴尔金提出了大量有利于实行第三种改革方案即适度激进改革方案的论据召开。据当时俄罗斯社会民意调查，赞同第一种方案的占 10%；赞成第二种方案的占 30%，赞成第三种方案的占 60% 以上。在他的构想中，还拟定了实施适度激进改革方案的三个阶段：第一阶段始于 1988 年，并在 1991 年初结束。1990 年是稳定国内经济形势并制订过渡时期经济机制的关键时期；第二阶段从 1991 年到 1992 年，在这一阶段里应该实施一整套改革的措施，并启动新型的经济机制；第三阶段从 1993 年至 1995 年，这是实施激进经济改革计划的结束阶段。阿巴尔金认为，鉴于当时的实际情况，适度激进改革方案是最明智、最周到的方案。因为，该方案有以下优点：一是它在价格和工资有控制的增长的同时，无须依靠行政性措施，制止财政赤字的增长和生产的下滑，为市场机制的形成奠定基础。二是建立有效的对居民的社会支持体系，补偿因涨价、"下岗"和接受再培训等造成的大部分损失，能够缓解过渡时期人们遇到的困难，帮助人们尽快适应市场经济条件，能够刺激劳动生产率和经营积极性的提高。①

---

① 有关上述构想，参见《阿巴尔金经济学文集》，李刚军等译，清华大学出版社，2004，第 90~92、98 页。

向市场经济过渡的三种方案

	渐进方案	激进方案	适度激进方案
主要特点	1.用适当的速度循序渐进地进行改革;2.主要采用行政方法调控正在形成的市场和通货膨胀;3.逐步减少国家订货,控制物价和收入的增长。	1.短期内彻底摧毁现有结构;2.同时消除市场机制运作的所有障碍;3.大量减少国家订货,几乎完全取消对价格和收入的控制;4.大范围地向新的所有制形式过渡。	1.采取一系列激进措施,为向新机制过渡创造启动条件;2.建立积极调控市场的组织机制;3.落实巩固和发展新的经营体制的措施;4.对价格、收入和通货膨胀在所有阶段进行监控,对低收入阶层提供强有力的社会支持。
预期结果	1.可以逐渐适应变化,最大限度地减少剧烈变革造成的损失;2.延缓改革,采取措施的效果不明显以及不足以克服负面影响;3.有生产大幅下降、商品短缺和社会问题加剧的危险。	1.寄希望快速建立市场的成效;2.有货币流通出现混乱的危险,通货膨胀失控的可能性很大;3.大量破产,生产大幅下滑,出现大范围的失业;4.生活水平严重下降,居民收入差距拉大,社会紧张局势加剧。	1.能在相对短的时间内获得改革的明显效果;2.快速形成市场;3.遏制生产下降和财政赤字增长,控制通货膨胀;4.居民适应市场经济条件的环境比较宽松,缓解社会紧张局势。

资料来源:《阿巴尔金经济学文集》,第91页。

有关1991年末开始的俄罗斯向市场经济过渡的必要性与方式问题的讨论,时任俄罗斯财政部第一副部长的乌留卡耶夫认为,基本观点可划分为以下四种类型。

第一种观点,否定俄罗斯经济需要进行彻底的市场改革,坚持在保留原有经济体制的同时,对其进行某些现代化改造,使其增加活力。

第二种观点认为,原则上讲,必须进行市场改革,但不能过于迅猛和激进,应该最大限度地允许国家参与经济。更多地保留国有制,对国内生产者实行保护。总之,他们赞成经济现代化的"特殊的俄罗斯道路"。

第三种观点,坚持不懈地宣传各种改革方案,但又猛烈抨击现实的改革,称改革进行得不正确,不符合理论,所做出的选择不符合行动的循序渐进性——首先必须实现私有化、民主化,形成市场机制,然后才能采取措施稳定财政和放开经济。

第四种观点认为,为了保证改革向前推进,需要实行激进改革,其主要代表人物是 E. 盖达尔、A. 丘拜斯、M. 德米特里耶夫、Б. 费奥多罗夫等。

2. 缘何最后选择"休克疗法"式激进转型方式

人所共知,原苏联东欧各国中的多数国家,在从传统的计划经济向市场经济转轨时,实行的是激进的"休克疗法",其基本内容可归纳为自由化、稳定化与私有化。俄罗斯在 1992 年初围绕这"三化"推行的激进改革措施是:第一,实行"休克疗法"最重要和最早出台的一项措施是,从 1992 年 1 月 2 日起,一次性大范围放开价格,结果是 90% 的零售商品和 85% 的工业品批发价格由市场供求关系决定。第二,实行严厉的双紧政策,即紧缩财政与货币,试图迅速达到无赤字预算、降低通胀率和稳定经济的目的。紧缩财政的措施主要有:普遍大大削减财政支出;提高税收,增加财政收入;规定靠预算拨款支付的工资不实行与通胀率挂钩的指数化。紧缩货币的主要措施是,严格控制货币发行量与信贷规模。第三,取消国家对外贸的垄断,允许所有在俄罗斯境内注册的经济单位都可以参与对外经济活动,放开进出口贸易。第四,卢布在俄罗斯国内可以自由兑换,由原来的多种汇率过渡到双重汇率制（在经常项目下实行统一浮动汇率制，在资本项目下实行个别固定汇率制），逐步过渡到统一汇率制。第五，快速推行私有化政策。俄罗斯规定在1992年内要把20%～25%的国家财产私有化。1992～1996年，基本上完成了私有化的任务。1996年，私有化企业的数量和非国有经济的产值分别占俄罗斯企业总数与GDP的比重约为60%和70%。

1992年初，俄罗斯政府为什么要实行"休克疗法"式的激进转型？有些人认为，这主要是因为在政治上刚刚取得主导地位的民主派，为了在经济转轨过程中取得西方的支持。还有人认为，这是民主派屈从于西方压力的结果。实际上，当时以叶利钦、盖达尔为代表的俄罗斯民主派之所以选择"休克疗法"式的激进改革，有其十分复杂的原因。

（1）从苏联历次经济改革的失败中得出的结论。俄罗斯民主派在确定以建立市场经济模式为改革方向之后，总结过去改革的教训，决定改变把改革停留在口头上、纸上的做法，而是采取实际行动，快速向市场经济过渡，以此来解决俄罗斯面临的依靠传统体制根本无法解决的严重社会经济问题。这说明，俄罗斯"转轨进程启动缘于人们越来越确信中央集权的计划经济已经走到了尽头"。①

（2）极其严峻的经济形势，是促使俄罗斯新执政者实行激进改革的一个最为直接的原因。1990年，在苏联1200多种基本消费品中有95%以上的商品供应经常短缺，在211种食品中有188种不能自由买卖。在89个俄罗斯地区中，有60多个地区没有粮食储备和面粉，都在"等

---

① 〔波〕格泽戈尔兹·W.科勒德克：《从休克到治疗——后社会主义转轨的政治经济》，刘晓勇等译，上海远东出版社，1999，第3页。

米下锅"。"社会局势紧张到了极点，人们纷纷储备唯恐食品完全匮乏"。① 苏联解体的 1991 年经济状况进一步恶化，与 1990 年相比国民收入下降 11%，GDP 下降 13%，工业产值与农业产值分别下降 2.8% 和 4.5%，石油和煤炭开采量下降 11%，生铁下降 17%，食品生产下降 10% 以上，粮食产量下降 24%，国家粮食收购量下降了 34%，对外贸易额下降 37%。1991 年，国家预算赤字比计划增加了 5 倍，占 GDP 的 20%。经济状况严重恶化，使得市场供需矛盾变得十分尖锐。1991 年 10 月至 1992 年 4 月，笔者在苏联（俄罗斯）科学院经济研究所，作为访问学者考察当时正处于准备与起始阶段的经济改革，亲眼目睹了这个时期苏联（俄罗斯）市场商品奇缺的状况，它比人们想象的要严重得多，真是"空空如也"。

对新上任的俄罗斯领导人来说，面对如此紧张的社会经济局势，实行渐进改革已不大可能。正如俄罗斯学者指出的："在俄罗斯（苏联）利用中国改革经验，也许在这一经验出现前的十几年是可行的。因为当中国改革的经验出现的时候（20 世纪 70 年代末），俄罗斯的原社会经济体制已经病入膏肓，无法医治，与其说是需要医生，不如说是需要挖坟者了。"②

（3）俄罗斯新执政者一上台，在以什么样的速度推进经济体制转型的问题上，面临着巨大的心理与政治压力。人们对旧体制给社会经济造成的严重恶果已看得清清楚楚，同时又看到西方国家的市场经济所带来的丰硕经济成果，这样，从官方到普通居民都产生一种"幻想

---

① 〔俄〕Л. Я. 科萨尔斯等：《俄罗斯：转型时期的经济与社会》，第 28 页。
② 〔俄〕А. В. 乌留卡耶夫：《期待危机：俄罗斯经济改革的进程与矛盾》，第 6 页。

与错觉",似乎只要一向市场经济转型,马上就可摆脱经济危机,很快就可以缩短与发达国家的距离,达到发达国家的经济水平。正是这种压力成为俄罗斯加快改革步伐的催化剂。从这个意义上讲,俄罗斯采用激进式的"休克疗法"进行经济体制转型,是公共选择的结果,在较大程度上反映了当时的民意。下列情况亦可能从一个侧面证明这一点。俄罗斯1992年初推行"休克疗法"后,"从街上回来的人,惊慌失措,神情沮丧。然而,根据民意测验,1992年底有60%的居民支持市场化改革"。①

(4)通过激进转型尽快摧垮传统计划经济体制的基础,使得向市场经济的转型变得不可逆转。1991年底,民主派取得了领导权。但是,民主派的领导地位并不十分巩固,面临着以俄共为代表的左派力量的挑战,在当时的俄罗斯国内,各反对派对民主派实行以私有化为基础的资本主义市场经济体制并不都持赞成的立场。就是说在民主派上台初期,俄罗斯国内面临着国家向何处去的争论与斗争。斗争的核心是俄罗斯国家发展道路问题。另外,虽然以叶利钦总统为首的民主派掌握了国家权力执行机关,但是,另一个国家最高权力机关——人民代表大会由左派俄共等反总统派居主导地位。在上述政治背景下,在民主派看来,必须加速经济体制转型进程,特别是要加快国有企业的私有化速度,从根本上摧垮以国有制为基础的计划经济体制,使体制转型不可逆转。被称为私有化之父的阿纳托利·丘拜斯认为,俄罗斯的转轨到了1996年才可以说已不可逆转了,一个重要的标志是,这个时候已基本完成私有化任务。2001年

---

① 〔俄〕格·萨塔洛夫等:《叶利钦时代》,第217页。

12月29日叶利钦对俄罗斯电视台《明镜》电视节目发表谈话时谈到,1999年底他之所以能下决心辞职,因为他坚信在俄罗斯改革已不可逆转。

(5) 政治局势也是促使新执政者在经济方面推行激进转型的重要原因。苏联解体前后不仅面临着复杂而又严峻的经济形势,而且政治领域情况也十分严重。1991年"8·19"事件后,由戈尔巴乔夫领导的苏联,改革实际已停顿。"联盟国家机关已经寿终正寝并且四分五裂。""无论是什么样的国家监控实际上都不起作用"。① 这是因为,"俄罗斯市场是在苏联经济的行政命令体制崩溃过程中产生的。它产生于强大的国家体制削弱和瓦解过程之中",这在"客观上导致了旧的国家调节经济机制陷入崩溃"。② 在这期间,大家忙于政治斗争,重大事件一个接一个,取缔苏共,最后是苏联解体。这样,在俄罗斯已不存在强有力的政治核心力量,掌了权的民主派,在上述政治形势下,下决心实行激进的改革。"改革战略的实质不仅在于要进行极为迫切的经济改革,而且还在于要建立俄罗斯民族国家,这个国家具有一切必要的属性,如预算、稳定的并可兑换的本国货币、税收制度、边防军队、海关、有效的货币制度、可控制的国家银行,等等。"③ 这也说明,当时俄罗斯可供选择的改革途径已经十分狭窄了。俄罗斯有的学者认为,当时俄罗斯最高领导只要愿意,就完全能建立和形成一个权威机构,因此,这不能成为否定当时存在渐进改革的理由。但另一些学者指出,这

---

① 〔俄〕А.В.乌留卡耶夫:《期待危机:俄罗斯经济改革的进程与矛盾》,第21、22页。
② 〔俄〕Л.Я.科萨尔斯等《俄罗斯:转型时期的经济与社会》,第30页。
③ 〔俄〕А.В.乌留卡耶夫:《期待危机:俄罗斯经济改革的进程与矛盾》,第26页。

种说法是脱离当时俄罗斯实际情况的，"这只在办公桌上是可能的"。"在纸面上一切都好摆弄，但忘记了存在峡谷。而目前的俄罗斯的政治经济现实是接连不断的峡谷。"① 正如弗拉基米尔·毛在论证"为什么俄罗斯不能像中国那样，通过渐进的方式启动和实现经济转轨"时指出的："中国模式的关键是（转轨开始时），中国的党政集权制度仍然有效地控制着全国局势……而俄罗斯的自由化改革开始时，不仅没有强大的政府，而且根本就没有政府——苏联已经解体，俄罗斯作为一个主权国家仍只是停留在纸上。"②

（6）合乎历史逻辑的发展。从历史逻辑来看，以叶利钦、盖达尔为代表的民主派推行的激进改革，是承袭了戈尔巴乔夫下台前提出的改革设想。经过激烈的争论与斗争，1990年，苏联先后提出了四个向市场经济过渡的文件。③ 在戈尔巴乔夫执政后期，苏联各政治派别不仅就经济改革的市场目标达成了共识，并且快速向市场经济转轨的主张也已占主导地位。因此，叶利钦、盖达尔执政后，从历史逻辑上来说，推行激进改革是顺理成章的事。

上述分析说明，20世纪90年代初，俄罗斯实行激进改革是由特定的历史条件决定的。这也充分说明，到了这个时期，苏联社会中已积累了能够破坏一切的能量。寻找一个宣泄这股破坏性能量的出口是俄罗斯转轨的当务之急。从这个意义上讲，激进式"休克疗法"不过是

---

① 〔俄〕A. B. 乌留卡耶夫：《期待危机：俄罗斯经济改革的进程与矛盾》，第33页。
② 转引自《俄罗斯研究》2003年第3期。
③ 1991年3月，中国国家体改委国外经济体制司委托特约研究员陆南泉组织有关研究人员翻译了这四个文件，供国内跟踪研究苏联经济体制改革进程参考。

释放俄罗斯经济与社会生活中所积累的破坏性能量的一种较为可行的策略选择，亦是一种无可奈何的应对危机的策略。正如盖达尔所说：到了1990年秋天，很明显一场危机就要爆发了。一场革命就要来临，在这种背景下，有秩序的改革是根本不可能的，唯一剩下的就是如何对付危机。① 丘拜斯在分析20世纪90年代初，俄罗斯之所以采取激进转轨方式时指出：盖达尔政府开始的改革，"不是别人强加给我们的，不是有人从外面命令我们做的。这是已经成熟了的、使人困扰已久的变革，是由整个俄罗斯的历史进程所准备好了的变革。这是我们国家命运中不能避免的转折"。② 雅科夫列夫在谈到这一问题时说：盖达尔政府"从所有可能的方案中选择了最简捷的，但也是最脆弱的方案——休克疗法"。"我自己最初就感到这个方案至少是冒险的，代价会很大，是注定要失败的，这一点我在1992年2月就说了。物价放开需要有个竞争环境，然而当时并没有这种环境。在市场上，土地、住房、生产资料都不上市。没有制订应有的保护企业家特别是生产者的法律。""但是我既不充当预言家，也不想充当裁判员。在怀疑'休克疗法'主张的同时，我依然认为，当时政府根本没有别的选择。"③ 我们再看看，在俄罗斯连坚决反对叶利钦、盖达尔采取激进转轨方式的阿巴尔金，在他主管苏联经济改革期间，亦曾设想过激进改革的方案，他回忆说："时间会令人忘却一些事情，而今日的激愤又限制了历史的记忆。但是应该直说，激进经济改

---

① 参见徐坡岭《俄罗斯经济转轨的路径选择与转型性经济危机》，《俄罗斯研究》2003年第3期。
② 〔俄〕阿纳托利·丘拜斯主编《俄罗斯式的私有化》，乔木林等译，新华出版社，2004，第12页。
③ 〔俄〕亚·尼·雅科夫列夫：《一杯苦酒——俄罗斯的布尔什维主义和改革运动》，第262~263页。

革的构想是有过……你可能喜欢它或者不喜欢它，但这是另一个问题。"① 后来，阿巴尔金赞成的是实行适度激进方案。笔者一直认为，对俄罗斯采取激进转轨方式原因的分析，应该从当时俄罗斯面临的诸多复杂的主客观因素去探究，切忌简单化，更不能想当然地认为，套用中国的做法才是正确的。

3. 叶利钦时期解决了制度变迁与确立了市场经济体制框架

叶利钦时期的转型是与整个制度变迁同时进行的。就是说，当时俄罗斯新的执政者，通过政治与经济体制的改革，要改掉在斯大林时期建立起来的、已失去发展动力和人们不再信任的苏联社会主义模式。因此，当时俄罗斯需要确定十分明确的制度改革目标，即在政治上建立民主体制和在经济上建立市场体制。

从经济转型来看，通过激进的改革方式，俄罗斯很快就冲垮了传统的计划经济体制模式。俄罗斯在1996年形成了市场经济体制的框架，主要表现在：

第一，通过私有化，打破了国家对经济的垄断，形成了私营、个体、集体、合资、股份制与国有经济并存的多元化格局。

第二，按西方国家模式，构建了适应市场经济要求的宏观调控体制。在银行体制方面，建立了以中央银行为主体、商业银行与多种金融机构并存的二级银行体制。通过立法，明确了中央银行的独立地位，实行利率市场化。在财税体制方面，通过改革使国家财政向社会共同财政转

---

① 《阿巴尔金经济学文集》，第90页。

化，缩小财政范围。财政职能转变的重点是两个：一是财政作为政府行为不再直接干预企业的生产经营活动，主要是解决市场不能满足的一些社会公共需要；二是由于在市场经济条件下，国家调控宏观经济的方式由以直接行政方法为主转向间接经济方法为主，因此，要强化财政对宏观经济的调控作用。通过实行分税制，在联邦预算中建立转移支付项目。联邦、联邦主体和地方三级税收体制基本上已经建立。在外汇管理方面，由一开始实行的货币自由化转向实行有管理的浮动汇率制度。

第三，确立了社会保障体制改革的方向：一是逐步放弃国家包揽一切的做法，实现社会保障的资金来源多元化；二是在处理社会公平与效率的关系问题上，重点由过去的注重公平而忽视效率转向公平与效率兼顾。

第四，在完善经济法规方面也取得了一定的进展，制定了大量的经济法规。

但应看到，叶利钦时期形成的市场经济框架，是极不成熟的。由于俄罗斯市场是在苏联高度集中的计划经济体制崩溃过程中产生的，国家调节市场的能力很差，加上在市场形成过程中，充满着政治斗争，因此在市场经济运行中出现无序、混乱、经济犯罪和影子经济。

叶利钦时期的经济体制转型，并没有使俄罗斯摆脱经济困境，而是给人民生活带来了很大困难，为此，叶利钦在辞职讲话中，"恳请大家原谅"。他说："我苦思该采取何种举措来确保国人生活得安逸，哪怕是改善一些。在总统任期内，我再没有比这更重要的施政目标了。"

1992~1999年的8年中，俄罗斯经济除了1997年和1999年分别增长0.9%和5.4%外，其他6年都是负增长，1992年GDP下降14.5%，1993年下降8.7%，1994年下降 12.7%，1995 年下降 4.1%，1996 年下降 3.6%，1998 年下降 4.6%。

很明显，俄罗斯经济转型，从制度建设来看，取得了一定进展，但从经济发展来看，改革是不成功的。

4. 普京时期使混乱无序的市场转向有序

2000 年 5 月普京任总统。为了解决在叶利钦时期存在的一系列严重的社会经济问题，普京在建立强有力的国家政权、整顿权力机构秩序的同时，继续实行市场经济政策。他强调的战略是，通过政治上建立强有力的国家政权体系与加强中央权力，保证俄罗斯实现市场经济的改革。1999 年 11 月普京明确地说："我相信，只有市场经济能让我们实现目标。政府必须把市场经济改革一直进行下去，直至市场经济能够全面运作时为止。"① 2000 年 1 月 18 日，普京在新一届杜马的讲话中表示，俄罗斯将广泛实施以市场为导向的经济，他敦促国家杜马批准久拖未决的土地私有化方案。同时，普京强调，这种市场经济不是像叶利钦时期那样的野蛮的资本主义市场经济，而是文明的、建立在法律与平等竞争基础上的市场经济，这也是一种符合市场经济一般原则要求的"自由经济"。普京认为，在保持强有力的中央政权控制下推行"自由经济"，对推动市场经济改革与经济发展可取得最佳效果。

普京在 2000 年的总统国情咨文中说："我们极为重要的任务是学会利用国家工具保证各种自由：个人自由、经营自由、发展公民社会机构的自由。""我们的战略方针

---

① 转引自陆南泉《苏联经济体制改革史论——从列宁到普京》，人民出版社，2007，第 757 页。

是：减少行政干预，增加经营自由——生产、买卖和投资的自由。"2000年7月他在与《消息报》记者谈话时又强调："应该保护经济自由"。2001年7月他在一次记者招待会上讲："我们明白俄罗斯的努力方向是什么，即追求经济的自由化，杜绝国家对经济的没有根据的干预。我要说明一点：只是杜绝没有根据的干预，不是完全取消国家的调节职能，而是要杜绝没有根据的干预。"他还接着说，在经济领域，始终不渝地反对经济官僚化，而主张经济自由化。在2001年10月的一次讲话中指出："我们主张经济制度的自由化"。①

普京为了实现其"自由经济"的改革方针，针对叶利钦时期存在的问题，特别强调以下几点。

第一，加强国家对经济的调控。这一点，普京在其《千年之交的俄罗斯》一文中指出："俄罗斯必须在经济和社会领域建立完整的国家调控体系。这并不是说要重新实行指令性计划和管理体系，让无所不包的国家从上至下为每个企业制定出工作细则，而是让俄罗斯国家成为国家经济和社会力量的有效协调员，使它们的利益保持平衡，确立社会发展最佳目标和合理参数，为达到这一目的创造条件和建立各种机制。"他还强调："在确定国家调控体系的规模和机制时，我们应遵循这样一个原则：'需要国家调控的地方，就要有国家调控；需要自由的地方，就要有自由'。"②

第二，在经济转型的方法上，今后"只能采用渐进的、逐步的和审慎的方法实施"，切忌20世纪90年代机械搬用西方国家经验的错误做法，强调俄罗斯必须寻觅符合本国国情的改革之路。

---

① 《普京文集》，第81、86、102、373、382、446页。
② 《普京文集》，第13页。

第三，重视社会政策。普京强调说："对俄罗斯来说，任何会造成人民生活条件恶化的改革与措施基本上已无立足之地。"因为，俄罗斯国内出现了十分普遍的贫困现象。1998年初世界人均年收入大约为5000美元，而俄罗斯只有2200美元，1998年全球金融危机之后，这一指标更低了。普京还指出：俄罗斯人民生活水平大幅度下降，是个尖锐的社会问题，政府应制定新的收入政策，新政策的目的是在增加居民实际收入的基础上，确保居民的富裕程度稳步提高。多年来，普京十分重视职工工资与退休人员养老金的提高。

第四，反对重新国有化。

第五，要有经济发展战略。过去没有切实可行的长期的经济发展战略，对此，普京强调，为了使俄罗斯有信心走出危机，走向振兴之路，增强国内凝聚力，需要制定经济发展战略。

在普京执政8年期间，俄罗斯各领域中的消极因素日益得到抑制，政治秩序混乱、无序状态有了根本性的好转，加上多年来经济发展保持了良好的态势，人民生活水平有较大改善，8年间俄罗斯国内生产总值增长了70%，年均增长率为6.9%，居民实际收入增加了1倍。

在总结普京执政期间经济转型特点时，笔者不赞成简单地归结为"可控的市场"（有人指这是普京构建了可调控的市场经济模式）。如果说得简单一点，"可控的市场"亦是针对失去国家调控的无序的与混乱的市场经济而言的。可调控的市场经济这个概念，在20世纪90年代末苏联围绕如何向市场经济过渡时就争论过，当时就有人不赞成用这个概念，因为任何市场经济都是可以也应该得到调控的。笔者认为，"可控的市场"是普京根据俄罗斯的具体情况所推行的在特殊历史时期的一种特殊政策。把"可控的市场"视为一种经济体制模式，或视为俄罗斯社会的发展道路，是不妥的。

5. 梅普组合与普梅组合时期俄罗斯转型的主要任务是实现国家现代化

2008年5月7日，梅德韦杰夫任总统；5月8日，普京被俄国家杜马批准为政府总理。这样，"梅普政权"正式形成。2012年3月俄总统大选后，梅普换位，形成"普梅政权"。不论是梅普组合还是普梅组合时期，俄罗斯转型的主要任务都是实现国家现代化，在当今与今后相当一个时期，俄罗斯经济现代化面临的主要问题是，要着力解决由资源型向创新型转变。有关这方面的内容在本书"转型与国家现代化"部分已做了论述，在此不再重复。

十 俄罗斯国企改革的主要途径与评价

建立现代市场经济的一个前提条件是产权多元化,因为单一的国家所有权排斥产权多元化,企业不可能成为独立的商品生产者,也不可能形成平等的市场竞争。因此,所有由传统计划经济体制向市场经济体制转型的国家,不论其转型方式与最后达到的目标模式有何不同,都无例外会涉及所有制的改革。可以说,所有制的改革是经济转轨的核心问题,而国有企业改革又是所有制转型的关键。这也决定了所有转型国家都把国有企业改革置于十分重要的地位。

1. 有关所有制的一个理论误区

长期以来,不论在苏联东欧国家还是在中国,一直存在一个历史性的理论误区,即认为国有制是全民所有制,是社会主义公有制,是社会主义经济的高级形式,并把这个理论说成马克思主义重要理论。实际上,这并不是马克思主义理论,而是由斯大林执政后一步一步确立的理论,或者说是苏联化了的社会主义所有制理论。而马克思认为:取代资本主义的新的社会主义生产方式将是实现劳动者与生产资料所有权的统一，它是"联合起来的社会个人所有制"，是建立在协作和共同占有生产资料基础上的个人所有制。这也是马克思所说的："在协作和对土地及靠劳动本身生产的生产资料的共同占有的基础上，重新建立个人所有制。"① 马克思在《1861~1863年经济手稿》中，把这种所有制称为"非孤立的单个人的所有制"，也就是"联合起来的社会个人的所有制"。② 这些都说明，社会主义所有制形式的一个重要特征是：劳动者在联合占有的生产资料中享有一定的所有权。进一步说，这种所有制具有以下两方面的内涵：一是劳动者集体共同占有和使用生产资料，任何个人均无权分割生产资料；二是在用于集体劳动的生产资料中，每个劳动者都享有一定的生产资料所有权。这就是"在自由联合的劳动条件下"实现劳动者与生产资料所有权相统一的具体形式。

上述理论误区，必然导致另一误区：既然国家所有制是高级形式，或者像由斯大林亲自审定的、1954年出版的苏联《政治经济学》教科书中所说的，国有企业是社会主义生产关系"最成熟、最彻底的"，③ 那么，任何对这种所有制形式的改革必然意味着是一种倒退。而实际上，无论是国家所有制，还是全民所有制，都没有解决劳动者与生产资料的结合问题，而且存在严重的异化。前东德最后一任总理汉斯·莫德罗谈及苏联社会主义的所有制问题时指出："苏联过去在工业生产中没有私有制，而农业中的集体所有制实际上也不存在，一切都属于国家，也就是说不属于任何人。国家把所有人都置于

---

① 《马克思恩格斯全集》第23卷，人民出版社，1972，第832页。
② 《马克思恩格斯全集》第48卷，人民出版社，1985，第22页。
③．〔苏〕《政治经济学》（教科书），人民出版社，1955，第428页。

自己的保护之下，指望他们感恩戴德，忠诚地为它工作。"在这种所有制条件下，"国家的行政官僚机构管理企业，苏联的企业在经济上和法律上彼此孤立，互不往来，既没有市场，生产者和消费者之间也缺乏有机的联系。企业无主，没有所有者，因而也就没有所有者的概念。所以，企业的经理们和管理者对企业毫无责任心"。接着，莫德罗得出了一个重要结论："社会主义崩溃和苏联解体的原因，是没有深入研究经济中的所有制问题。"①

这就说明，要把所有制变成真正社会主义的经济性质，其方向应是马克思所说的劳动者与生产资料所有权统一的"联合起来的社会个人的所有制"。

2. 俄罗斯国企改革的迫切性

俄罗斯在转轨起步阶段实施的是激进的"休克疗法"，目的是在短时期内形成市场经济体制模式。但与此同时，必须尽快实现国企的改革，形成多种所有制结构，使企业成为真正的独立的商品生产者。

苏联时期建立了以国家所有制为主体的、单一的公有制结构。斯大林执政期间，在国家所有制是全民所有制经济、是社会主义经济的高级形式这一理论指导下，在超高速工业化与农业全盘集体化过程中，加速了生产资料所有制的改造。到完成第二个五年计划时，苏联已从多种经济成分变成了单一的生产资料公有制经济（见表10-1）。

---

① 〔德〕汉斯·莫德罗：《我眼中的改革》，第23、138页。

表10-1 社会主义经济在整个国民经济中所占比重

单位：%

	1924年	1928年	1937年
生产性固定资产*			
包括牲畜	35.0	35.1	99.0
不包括牲畜	58.9	65.7	99.6
国民收入*	35.0	44.0	99.1
工业产值	76.3	82.4	99.8
农业产值*	1.5	3.3	98.5
零售商品周转额（包括公共饮食品）	47.3	76.4	100.0

*包括集体农庄庄员、工人和职员的个人副业。

资料来源：苏联部长会议中央统计局编《苏联国民经济六十年》，陆南泉等译，三联书店，1979，第5页。

在后来的经济发展过程中，虽然经历多次经济体制改革，但单一的公有制结构不仅未能改变，而且国家所有制进一步发展。苏联剧变前的1990年，在固定资产所有制结构中，国有制的比重为92%，各部门的所有制结构详见表10-2。

表10-2 1990年苏联固定资产所有制结构

部门	总计（亿卢布）	其中(%)			
		国家所有制	合作社	集体经济	其他
固定资产	18287	92	1	5	2
工 业	6149	99	1		
建 筑	974	99	1		
农 业	2977.8	66		30	4
运 输	2437	100			
通 信	190	96		4	
批发贸易	116	100			
零售贸易	419	80	14	1	5
住 宅	3401	83	4	1	12
服务业	852	98		2	

资料来源：参见张森主编《俄罗斯经济转轨与中国经济改革》，当代世界出版社，2003，第34页。

从表 10-2 可以看出，在苏联剧变前，国有制经济在各部门中占绝对优势。

在一定的历史条件下，国有经济对苏联经济的发展起过积极的作用。首先，十月革命后，无产阶级必须通过生产资料的改造，建立必要的国有企业，以保证社会主义经济基础的建立；其次，通过国有企业的建立，国家直接控制这些企业及财政资源，发展新的经济部门与建设一些具有全国意义的重大经济项目；第三，保证经济较快发展；第四，国家直接控制大量的国有企业，比较容易适应战备的需要。

但是，苏联这种全盘国有化的所有制结构，与传统的计划经济体制一样，随着经济的发展，其局限性日益明显，它使企业成为政府的一个附属单位，企业的经济运行全靠上级行政指令，物资由国家统一调拨，国家对企业在财政上实行统收统支，价格由国家统一规定。这样排斥了市场的存在，也就不可能发挥市场有效配置资源的作用。

这里可以看到，全盘国有化的所有制结构是传统计划经济体制的基础，而传统计划经济体制又在体制上保证了国有经济的巩固与不断强化。这也说明国有企业是与传统计划经济体制相适应的，互为条件的。所以，当俄罗斯向市场经济转型时，也要改变企业的所有制关系。

这里还应指出的是，在政治上高度集权、政企不分的条件下，在理论上把国有制视为全民所有制，而实际上在苏联所谓的全民所有制是虚拟的，并随着官僚特权阶层的形成与发展，国企的管理权、分配权操控在这些人手里，生产者并没有感到自己是企业的主人。换言之，官僚特权阶层借助特权、权力，实际上占有以全民所有制形式出现的生产资料与产品。可见，不改革一统天下的国有制，既不可能建立现代市场经济，也不可能铲除官僚特权阶层实际占有生产资料的经济基础。

3. 私有化的理论、含义与目标

（1）以西方产权理论为指导的私有化

俄罗斯对国有企业的改革，其主要途径是私有化。它在20世纪90年代推行的私有化，并不是一个孤立的现象。自20世纪80年代初以来，私有化作为一种经济思潮已波及全世界。之所以出现这种情况，一方面由于以市场经济运行为主要研究内容的西方经济学日趋成熟，对如何处理市场与政府的关系有了广泛的认同；另一方面，历史证明市场经济要优于传统的计划经济。俄罗斯私有化的构想是以西方产权理论为基础设计的。西方产权理论的著作与代表人物不少，但主要以科斯定理为代表，其基本观点是：市场经济本质上是一种以私人占有权为主要基础来实现产权交易与重组的机制；私人产权是最有效率的产权，私有产权制度是最具效率的产权制度形式；私有产权才能保证给个人行动提供最大的激励与必要的成本约束。很明显，科斯产权理论最重要倾向是产权的私有制，或者说其制度偏好是私有制。上述西方产权理论，符合20世纪90年代初刚上台的俄罗斯民主派对国有制企业改革的思路。当时以盖达尔为首的俄罗斯政府，对国有企业改革政策的制定，是建立在国家应不管经济和国家所有制绝对没有效率这个总的思想基础上的。盖达尔一再主张，要最大限度地限制国家对经济的调节作用，国家应最大限度地离开市场经济。1994年盖达尔还撰文强调："要尽最大可能减少国家对经济的管理。"[①]

在上述理论与指导思想的基础上，俄罗斯政府制定了

---

① 〔俄〕《消息报》1994年2月10日。

私有化纲要。

（2）私有化的含义与目标

关于私有化的含义，一直有不同的理解。一些经济学家认为，私有化是一种产权在不同主体之间交易而不受国家垄断的制度安排；另一些学者则认为，只有把财产分给自然人个人时，才算是实现了真正的私有，即才能称为私有化。实际上，对私有化一直存在两种理解，即狭义理解的私有化是指所有权的转化；而广义理解的私有化不只包括所有权的转化，还应包括经营权的转化与经营方式的改变。

弄清俄罗斯私有化的概念，是个重要的问题。1992年俄罗斯公布的用于指导私有化的法律文件《俄罗斯联邦和地方企业私有化法》规定："国营企业和地方企业私有化，是指公民、股份公司（合伙公司）把向国家和地方人民代表苏维埃购置的下列资产变为私有：企业、车间、生产部门、工段和从这些企业划分为独立企业的其他部分；现有企业和撤销企业（根据有权以所有者的名义作出这种决定的机构的决议）的设备、厂房、设施、许可证、专利和其他物质的与非物质的资产；国家和地方人民代表苏维埃在股份公司（合伙公司）资本中的份额（股份、股票）；在其他股份公司（合伙公司），以及合资企业、商业银行、联合企业、康采恩、联合会和其他企业联合公司资本中属于私有化企业的份额（股金、股票）。"俄罗斯在推行了一个时期私有化政策之后，在总结过去私有化的经验教训上，着手调整私有化政策，1997年7月21日通过了新的私有化法，即《俄罗斯联邦国家资产私有化和市政资产私有化原则法》。该法第1条规定的私有化概念是："对于本联邦法律的目标来说，国有资产和市政资产的私有化，应理解为把属于俄罗斯联邦、俄罗斯联邦主体或市政机构所有的财产（私有化对象）有偿转让，变为自然人和法人所有制。"新旧私有化法都把私有化的概念归结为"把国有资产与市政资产有偿转让给自然人和法人所有"。但在旧的私有化法中有关"变为私有"的提法在新私有化法中取消了。1999年俄罗斯国家统计委员会对国家与地方所有的财产私有化再次界定为："把俄罗斯联邦、各联邦主体和地方机构的财产有偿让渡给自然人和法人所有。"这些变化进一步明确了俄罗斯私有化既包括把国有资产转让为私人所有，也包括把它转为法人（股份公司、集体企业）所有。在中东欧国家，私有化也分为狭义与广义两种，前者是指通过出售把国有企业的全部或部分资产转为私人所有，后者既包括将国有企业的资产转为私人所有、非国有成分的法人所有，也包括将国有资产的所有权与经营权分离等。这些都说明，在俄罗斯等经济转轨国家，私有化实际上是指国有经济的非国有化过程，所有非国有化的形式（包括个体、合作、股份等）都属于私有化的范畴。从俄罗斯的实际情况及有关文件看，俄罗斯有时单独用私有化一词，有时单独用非国有化一词，有时把这两词并列使用。所以私有化是一个内容很广泛的概念，不能只定义为把国有资产转为私人所有。

　　以上是从法律文件来界定私有化的含义。笔者在20世纪90年代中期对苏东国家私有化问题进行过专门的考察，与不少学者和一些负责推行私有化的政府机构进行了交流，他们推行私有化的政策与理论可归纳为以下几点：第一，所有制改革的基本出发点是取消国家的直接经济职能，把权力交给企业。第二，改革所有制的理论，是建立在国家所有制绝对没有效率这个总的想法基础上的。第三，私有化是市场化的必由之路。一些学者指出：私有化为市场经济创造条件。过去东欧国家几十年经济改革的特点是，在国家所有制基础上寻找计划与市场的正确结合点，但在公有制或国家所有制起决定性作用的条件下，市场就难以发挥作用。第四，把小型企业，特别是商业、服务行业、饮食业，通过转让、出售等途径变为私有。第五，实行私有化的形式是多种多样的，但不论何种所有制形式，都必须实行自由经营，即使企业作为独立的商品生产者出现在市场。各种所有制一律平等，公平竞争。第六，不再人为地规定以哪种所有制形式为主，哪种所有制对经济发展有利就发展哪种所有制，即不坚持以国有经济为主体。

俄罗斯通过私有化要达到的目标：一是要使所有制结构符合市场经济的要求，使企业不再受政府的直接控制；二是包括一系列的经济目标，如使国家卸掉亏损国营企业的包袱，减少财政补贴，回收资金以弥补财政赤字；三是提高企业经营效益，为整个经济注入活力。最终要达到的目标是，建立起以私有制经济为基础的市场经济。《俄罗斯私有化纲要》对其要达到的目标做了以下规定：第一，形成一个广泛的私有化阶层；第二，提高企业的生产效率；第三，用私有化的收入，对居民进行社会保护和发展公共性基础设施；第四，促进国家财政稳定；第五，创造竞争环境，打破经济中的垄断；第六，吸引外国投资；第七，为扩大私有化创造条件，并建立组织机构。

4. 私有化的方式与进程

（1）私有化的基本方式

经济转轨国家私有化的一个特点是，都采取了先易后难的做法，即都从小企业私有化开始，然后再逐步对大中型国家企业推行私有化。所以，俄罗斯的私有化也是分为小私有化与大私有化两种基本方式。

小私有化是指对小型工商企业、饮食业、服务业及一些小型的建筑企业实行私有化。对小企业的标准，各国都有规定，俄罗斯规定的标准是：到1992年1月1日，固定资产净值不超过100万卢布，工作人员不超过200人。小私有化一般采取三种办法进行：公开拍卖、租赁和出售。① 俄罗斯在1993年的小私有化中，采取赎买租赁财产办法的占42.8%，商业投标占44%，拍卖占9.2%，股份制占3.9%。

俄罗斯的小私有化进展较顺利，速度也较快，从1992年开始到1993年底，小私有化基本完成，实现了小私有化的企业已达6万家，占商业、服务业企业的70%，占轻工、食品和建材企业的54%~56%，建筑企业的43%，运输企业的45%。到1994年，俄罗斯零售商品流转额中非国有成分已占85%。

大私有化是指大中型国有企业的私有化。这比小私有化复杂得多，进展也较慢，出现的问题也较多。俄罗斯确定的大企业标准是：截至1992年1月1日，固定资产超过5000万卢布或工作人员人数超过1000人。它采取的步骤是，先将大型国有企业改造为股份公司或集团，即首先改变其所有权。之后，使股份公司的股票进入资本市场，具体办法为无偿分发和出售转让。

（2）大私有化的发展阶段

俄罗斯大私有化的第一阶段，从1992年7月开始到1994年6月，② 经历了两年。这一阶段私有化的方式是，通过发放私有化证券，无偿转让国有资产，通常称为证券

---

① 在东欧一些国家还采用退赔的方式，这系指依法将国有化时期被没收的财产归还原主。俄罗斯没有实行这一做法。
② 主管俄罗斯私有化的重要人物之一阿尔弗雷德·科赫认为，1994年初，俄罗斯已完成了证券私有化。

私有化阶段。证券发放的具体做法是：俄罗斯政府从1992年10月1日起，向每个公民无偿发放私有化证券，所以是一次大规模的群众性私有化运动，也叫作大众私有化。按照规定，每个公民不分民族、性别、年龄、收入水平、社会地位，从刚出生的婴儿到年迈的老者，均可获得面值为1万卢布的私有化证券。按当时黑市汇率计算，一张私有化证券相当于150美元。俄罗斯公民得到了14605.5万张私有化证券。每个持有者使用私有化证券的方法有4种：第一，以自己的证券内部认购本企业的股票（在认购过程中共吸收了2600万张证券）；第二，参与证券拍卖；第三，购买证券投资基金会的股票（此类投资基金会有640个，共收集了6000多万张私有化证券）；第四，出售证券（总共有1/4左右的证券被卖掉）。在私有化过程中，发给公民的证券，有95%～96%得到了利用。

在股票上市前，俄罗斯对股份制的企业职工，规定用三种优惠的方案向本企业职工出售股票。企业职工根据全体会议作出的决定，从三种方案中选择一种。这三种方案之间的主要区别在于赋予企业职工的种种优惠不同。第一种方案：企业职工可以一次性无偿获得企业法定资本25%的优先股（无投票权）。第二种方案：企业职工有权按国有资产委员会规定的价格，购买占企业法定资本51%的普通股票（有投票权），即使职工的股票达到控股额，以体现企业归职工控制的要求。第三种方案：企业职工可购买企业40%的股份（有投票权）。从第一阶段私有化的发展情况看，大部分企业选择了第二种方案（约占70%），选择第一种方案的约占20%，而选择第三种方案的仅为2%。

俄罗斯在1996年6月底之前，为何采用无偿的证券私有化或大众私有化，其主要原因有四个：一是为了加速私有化的进程。二是俄罗斯缺乏资金。当时俄罗斯存有的资金属于国家,并且数额有限,如果把资产卖给外国人,对叶利钦来说意味着政治上的自杀,而企业、居民个人普遍没有资金,在此情况下,尽管俄罗斯政府亦考虑到,无偿私有化并不是最佳方案,但实际上又不得不实行这一方案。三是无偿的证券私有化,在当时的条件来看,也较为公平。在广大公民中发放人人有份的证券,比用货币购买股票平均得多。因为,在推行证券私有化时,不只居民货币持有量很少,而且仅有的货币亦集中在5%的居民手中。所以,当时无偿的证券私有化要比货币私有化具有明显的优势,居民容易接受。四是政治需要。对此,被称为俄罗斯私有化之父的丘拜斯毫不隐讳,他说:"俄罗斯实行的整个私有化是一种享有优惠政策的私有化。对我们来说,重要的是要获得各种政治力量和社会力量的支持,获得企业经理们、工人们、地方当权派和广大人民的支持。我们需要把上述这些人都变成自己的同盟者。正是这种状况在很大程度上决定了我们对私有化战略的选择。"不得不采用优惠的办法,"把很不错的一块财产给予企业的经理们和职工们。"他还说:考虑到当时执政当局在政治上还不够强大,刚刚组织起来的政府组织能力很弱等情况,"我们得出这样一个结论:要'正确地'按照经典标准推行私有化,使它自始至终绝对符合国家的利益,这是不可能的。为了使私有化得以进行,它必须在政治上是可以被大家接受的,在实践上是可行的"。[①]

俄罗斯私有化的第二阶段,从1994年7月1日开始到1996年底。这一阶段称为货币(或称现金)私有化。第二阶段的私有化与第一阶段的证券私有化相比根本性的

---

① 〔俄〕阿纳托利·丘拜斯主编《俄罗斯式的私有化》,第35页。

区别在于：前者是无偿转让国有资产，而后者主要是按市场价格出售国有资产。此外，两者区别还在于：证券私有化通过国有资产平均分配来形成广泛的私有化阶层，而货币私有化重点是解决投资与改造两者的结合；货币私有化与证券私有化相比，私有化范围大大扩大，除了30％的企业禁止私有化外，其他企业均可私有化；货币私有化与证券私有化相比，对企业职工与领导人的优惠大大减少。货币私有化要实现的战略任务是：第一，形成控股的投资者，以期提高他们对长期投资的兴趣；第二，为推行私有化改革的企业进行结构变革提供必要的现金；第三，增加国家预算收入。

俄罗斯在推行货币私有化阶段，搞了"抵押拍卖"。在抵押拍卖过程中，出现了不少问题。被抵押拍卖的一般是俄罗斯带有战略性的骨干企业，又是"肥肉"，因此争夺很激烈。而这些竞拍项目往往需要上亿美元的资金，所以有力量参与拍卖的亦只能是几个大财团。抵押拍卖的结果是，一些大型的具有重要经济意义的企业落到财团手里特别是金融集团手里。另外，由于抵押拍卖过程中缺乏透明度，使这一私有化方式变成"内部人之间的分配"。这也是引起俄罗斯人对抵押拍卖激烈争论与强烈不满的原因。

到1996年，俄罗斯以转让国有资产为主要内容的大规模的产权私有化已基本结束。私有化企业在俄罗斯企业总数中的比重与其产值占GDP的比重均约为70％。但正如前面已指出的，由于私有化是个广义的概念，因此，俄罗斯统计上使用的"私有化企业"内容很杂，它不只包括真正意义的私有化企业与个体经济，还包括租赁企业、承包企业、股份制企业以及各种形式的合营、合伙与合作制企业。据有关材料估计，1996年真正的私有经济大约只占俄罗斯GDP的25％。私营部门、混合所有制和集体所有制部门的就业人数占俄罗斯就业总人数的63%。另外，针对前两个阶段私有化过程出现的问题，俄罗斯需要总结与整顿，因此，宣布"今后不再搞大规模的拍卖"。时任俄罗斯总理的切尔诺梅尔金提出，从1997年起俄罗斯经济体制转轨进入一个新阶段，即结构改革阶段，其主要任务是恢复经济增长，提高经济效益。在此背景下，1996年下半年，俄罗斯政府制定了《1997～2000年俄罗斯政府中期纲要构想：结构改革与经济增长》。根据该纲要构想，从1997年起，俄罗斯私有化将从大规模私有化转向有选择地对个别国有企业的私有化，即进入私有化的第三阶段——"个案私有化"。在这一阶段，进行股份制改造的企业名单，要由俄联邦政府根据国有资产管理委员会的提议并在制定的私有化计划中获得批准，还需呈交国家杜马。之后，才逐个地对企业制定私有化方案。2010年11月27日，普京总理签署政府令，批准了《2011～2013年及2015年前联邦资产私有化计划》。

从2009年起俄罗斯开始酝酿推行第二轮私有化。这一轮私有化期限从2010年至2015年。启动新一轮私有化的原因有：一是受2008年世界金融危机的影响，国际市场石油价格大幅度下滑，使俄政府财政收入减少，同时又要为挽救实体经济投入大量资金，这样就导致2009年出现财政赤字，为此，俄力图通过私有化增加财政收入，以缓解财政困难。二是与普京任期不同阶段的不同政策有关，在第一任期内，普京明确反对重新国有化，要用法律来规范和保护私有产权，通过规范的私有化程序，达到提高生产效率和增加预算收入的双重目标。另外他实行坚决打击寡头的政策，不让其干预政治。从2002年开始，俄罗斯国有资产部每年都提出新的私有化计划和企业目录。这一时期的私有化基本是按照个案私有化的方式进行的。

但在普京第二任期,强化了大型国有企业联合,特别是加强了国家对战略性行业的控制,并同时确定涉及国防、石油、天然气、运输、电力、外贸、银行、渔业、钢铁制造业等领域的 1063 家大中型企业为国有战略企业,规定政府无权对这些战略企业实行私有化。实行上述政策后,俄罗斯在 2004~2007 年间,国有股在资本市场中的占比从 24% 上升到 40%,2009 年达到 50%。1997~2009 年,国有经济比重从 30% 反弹至 67%,银行业、加工业、石油天然气行业中国有股份占比分别达到 60%、50% 和 45%。这期间,私有化基本处于停滞状态,每年的私有化计划实际都完不成任务,实际上普京实行了一段时间的国有化政策。但问题是国有经济效率低下,成为阻碍经济发展的一个重要因素,加上组建的超大型国企又是垄断程度高的企业,这又影响市场经济的发展。由于这些因素,在梅德韦杰夫上台后,私有化问题在俄罗斯再次引起关注。2010 年 11 月 27 日,俄罗斯政府批准了《2011~2013 年联邦资产私有化预测计划和私有化基本方针》。根据该规划,俄罗斯拟于 2011~2013 年对包括 10 家超大型国有公司、117 家联邦单一制国企、854 家股份公司、10 家有限责任公司和 73 处不动产在内的国有资产实施私有化,范围涵盖金融、石油、电力、粮食、运输、农业、化工、石化等行业,预计收益达 1 万亿卢布,约合 350 亿美元。10 家超大型国有公司股权出售比例分别为:俄罗斯石油公司拟出售 25% 减 1 股,俄罗斯水电公司 7.97% 减 1 股,俄罗斯联合船舶公司 50% 减 1 股,联邦电网公司 4.11% 减 1 股,外贸银行 35% 减 1 股,储蓄银行 7.58% 减 1 股,俄罗斯农业银行 25% 减 1 股,联合粮食公司 100%,俄罗斯铁路公司 25% 减 1 股,俄罗斯农业租赁公司 50% 减 1 股。俄罗斯在公布私有化计划后又陆续出台了具体实施办法。

表 10-3　2011~2015 年俄罗斯大型国有企业股份出售计划

企业名称	私有化前国有成分占比	股份出售进度
俄罗斯外贸银行	85.5%	2010 年 10%,2011 年 10%,2012 年 15.5% 减 1 股
现代商船公司	100%	2011 年 25%,2012~2013 年 25% 减 1 股,2014~2015 年国有股份降低到控股权以下的水平
联合粮食公司	100%	2012 年前 100%
俄罗斯水电公司	57.97%	2011~2013 年 7.97% 减 1 股
统一能源系统联邦电网公司	79.11%	2011~2013 年 4.11% 减 1 股
俄罗斯储蓄银行	央行持股 57.58%	2011~2013 年出售央行股份 7.58% 减 1 股
俄罗斯石油公司	俄罗斯石油天然气公司持股 75.1%	2015 年前 25% 减 1 股
俄罗斯农业租赁公司	99.9%	2013~2015 年,保持国有成分控股权 (50% 加 1 股)
俄罗斯农业银行	100%	2015 年前 25%
俄罗斯铁路公司	100%	2013 年后 25% 减 1 股

资料来源: http://www.economy.gov.ru/minec/activity/sections/investmentpolicy/doc20101123_08。

这一轮私有化计划落实情况是: 2011 年, 实施私有化的企业有 319 家, 私有化收益为 1210 亿卢布, 其中出售外贸银行 10% 股份的收益就达到 957 亿卢布。2012 年 9 月 17 日, 俄罗斯储蓄银行的私有化正式启动, 出售的股权占储蓄银行股权的 7.58%, 约为 17.13 亿普通股, 按照每股 93 卢布的价格, 私有化总收入为 1593 亿卢布。2012 年 1~11 月, 国有资产私有化收益为 2230 亿卢布, 与计划中的 3000 亿卢布尚有差距。10 家超大国企的计划中, 除了出售外贸银行 10% 的股份和储蓄银行 7.58% 的股份, 其他公司的私有化计划均未落实。

应该说，普京第二任期在国家调控经济政策方面出现了偏差，这也是梅普之间的一个分歧。2009年9月10日，梅德韦杰夫在俄罗斯报纸网发表长篇文章说，当今俄罗斯仍是"效率低下的经济、半苏联式的社会领域、脆弱的民主……"他坚决主张扩大私有化，多次批评政府职能部门私有化计划执行不力，并提出废除政府副总理及部长在其主管领域内的大型国企董事会和金融董事会或监事会任职的做法。

5. 私有化的评价

经济转轨国家的私有化，在不同国家的业绩与问题存有差别，但有些问题是相同的。从总的情况看，中东欧国家私有化的效果要比以俄罗斯为代表的独联体国家好。下面集中对俄罗斯私有化的主要业绩与问题进行分析。

（1）私有化的主要业绩

第一，由于俄罗斯以较快速度实现了私有化，从而打破了国家对不动产与生产设备所有权的垄断，形成了私营、个体、集体、合资、股份制与国有经济多种经济成分并存和经营多元化的新格局，为多元市场经济奠定了基础。

第二，在俄罗斯政府看来，较为顺利地实现了私有化的政治目标：一是铲除了社会主义计划经济体制的经济基础，从而使经济转轨朝向市场经济体制模式变得不可逆转；二是培育与形成了一个私有者阶层，成为新社会制度的社会基础和政治保证。

第三，私有化企业中经营决策的自由度增大与开发新产品的积极性提高。这样，使企业生产经营活动有可能更符合市场的要求。根据俄罗斯学者1994年对426名企业经理所进行的调查材料来看,经理们认为企业私有化后主要的积极变化也表现在以上两个方面。在这426名企业经理中,认为决策自由度有改善的占61%,有利于刺激企业开发新产品的占52%。① 私有化企业的经理普遍认识到,与国有企业相比,他们只能更多地利用市场方式去解决面临的各种问题,只能通过开发新产品、提高竞争力、吸引外资、寻找新的销售市场等途径求生存和求发展。

第四,小私有化都取得较为明显的效果:一是由于商业、服务业、小型工交企业转换了所有制形式,提高了适应市场经济的能力,从而得到较快发展。1994年在俄罗斯零售商品流转总额中,非国有成分已占80%以上。二是活跃了消费市场与促进了流通领域发展。三是对调整苏联时期长期存在的不合理的经济结构起到了积极作用,特别是在促进第三产业的发展方面的作用更大,如俄罗斯,1991年服务业产值占GDP的24%,而到1994年已上升为50%。

(2)私有化的主要问题

第一,由于俄罗斯的私有化首先考虑的是政治目的,是在私有化之父丘拜斯经济转轨下述主导思想下进行的,即尽快摧垮社会主义经济的基础。丘拜斯明确地说:"我们需要解决的是一个问题:凡是有助于使国家脱离共产主义,有助于在国内消除共产主义意识形态和共产主义制度的基础的东西,就应该能做多少,就做多少。"② 因此,俄罗斯私有化在指导思想与方法等方面,都存在严重失误。例如,一是改革国营企业,采取的是强制的方法,人为地确定在每个时期要把国有经济成分占整个国民经济中

---

① 参见〔俄〕Π. R. 科萨尔斯等《俄罗斯:转型时期的经济与社会》,第81页。
② 〔俄〕阿纳托利·丘拜斯主编《俄罗斯式的私有化》,第282页。

的比重降到多少，等等。二是为了尽快培植起一个广泛的私有者和企业家阶层，形成一个资产阶级，就实行无偿的证券私有化，力图用相当于当时俄罗斯国有资产总值1/3的证券，让公司购买私有化后企业的股票。但实际上，由于严重的通胀因素，原值可购买一辆小汽车的证券，变成只能购买一箱啤酒，后来甚至只值5美元，只能买一瓶伏特加酒。更为严重的是，广大居民手中持有的私有化证券大部分落入领导人手中，或者落入搞欺诈和投机的公司手中。据一项调查，俄罗斯61%的新企业主曾经被列为党、政府、企业的精英成员。也就是说，私有化为原领导人和投机者大量侵吞国有资产大开方便之门。他们从事投机，大发横财。三是与上述问题有关，在私有化过程中，公司治理实行的是经理人员控股的"内部人控制"的模式。据调查，1994年，私有化的企业中，65%股权为内部人所掌握，13%仍在国家手中，而外部人与法人总共只控股21%。这样，企业内部人主要是经理人员的利益得到了充分的体现。四是与上述因素相联系，在改造国有企业过程中，没有考虑如何保护国有企业已经形成的潜力，并使其继续发挥作用，而是在条件不具备的情况下，匆匆把国营企业推向市场。在改革国有企业的同时，并没有去研究和解决如何改变国有企业的经营管理机制问题。这些因素是导致俄罗斯在转轨初期产生严重经济危机的重要原因。

第二，国有资产大量流失。这是经济转轨国家普遍存在的一个严重问题。主要原因有二：一是向居民无偿发放私有化证券以及向职工按优惠价格转让股权，造成国有资产的直接流失。二是资产评估的价值低于实际价值。例如，俄罗斯国有资产是按1992年1月1日会计报表上的账面价值出售与转让的，并没有充分考虑到通胀因素，例如，1992年1月物价上涨了26倍，而大部分企业在私有化时，最高只能以股票面值的1.7倍价格出售。更重要的是出现了资产评估的价值与会计核算中的资产价值的严重脱节。如俄罗斯500家最大的私有化企业按现价至少值2000亿美元，而实际以72亿美元出售。

第三，国有大中型工业企业私有化后，经济效益没有提高或者变化不明显。这是由多种因素决定的：一是私有化的一个重要目标是使企业成为独立的商品生产者，成为市场的主体，以此来促使企业尽快转换经营机制，提高经营效率与竞争能力。但实现这一目标，对长期在计划经济体制条件下从事生产经营活动的国有企业来说，需要有个过程，绝不是某些人所想象的，只要所有制一变，经营机制立即会变，经营效果立即会提高。二是对部分以股份制形式实现私有化，而且又是国家控股的企业来说，企业的产权与责任并不十分清楚，一个重要原因是，这类私有化企业，更多的是考虑国有财产的处理问题，不顾及企业管理机制的改革问题。三是经济转轨国家的大中型国有工业企业，在传统体制下，都忽视设备的更新，生产技术十分落后，急需更新设备与技术，而私有化后的新企业主往往缺乏资金，没有新的投入。"根据全俄社会舆论研究中心的材料，当原班管理人员当领导时，74%的新投资者拒绝为自己拥有的项目投资。"① 这样就难以提高产品质量与生产效益。四是俄罗斯私有化尽管是打着科斯定理的旗号进行的，即国家财产一旦私有化，它最终会落入效率最高的生产者手中，但实际上并不是如此。五是大私有化打破了国家的垄断，但在俄罗斯又出现私人垄断和行业垄断。这在西方国家也出现过类似情况，如英国供排水公司，私

---

① 刘美珣等主编《中国与俄罗斯：两种改革道路》，清华大学出版社，2004，第352页。

有化初期效果较好,后来因存在行业垄断,公司价格上涨幅度大于利润上涨幅度。俄罗斯推行私有化政策后,由7个银行家和商人联合起来控制俄罗斯50%财产的成员之一的鲍里斯·别列佐夫斯基供认,① 这些大财团,控制某个行业是十分容易的事。垄断不打破,就不能通过竞争达到提高效率的目的。六是从客观条件来讲,较为完善的发达的市场经济条件尚未形成。

第四,产生的社会问题甚多。主要有失业人数增加;经济犯罪日益严重;加速了社会的两极分化,如在俄罗斯一方面出现了爆发的"新俄罗斯人",另一方面出现了大量的生活在贫困线以下的广大贫民阶层。这造成社会大多数人的不满,使社会处于紧张状态。

第五,私有化也没有达到大量增加预算收入的目的。普里马科夫指出:"从1992年到1998年,预算从大量的、全面的私有化中仅仅得到相当于国内生产总值1%的收入。其余的全落入人数很少的'寡头'集团腰包。"②

第六,国家经济的"寡头化"。俄罗斯经济转型进程中,出现了金融资本与工业资本的互相融合,可称为金融工业集团。

金融寡头的出现,从大环境来讲,是俄罗斯社会经济转型的产物;从具体条件来讲,是俄罗斯实行的私有化政策与采取的全权委托银行制度,使私有化过程中已握有财权和管理权的大企业与大银行,通过与权力的结合,能更快地集聚资本。

---

① 参见〔美〕《挑战》1997年第5~6月号。
② 〔俄〕叶夫根尼·普里马科夫:《临危受命》,高增训等译,东方出版社,2002,第33、183页。

十一 俄罗斯经济垄断与反垄断措施

经济垄断是指经济集中达到了排除和限制竞争的程度。经济垄断不仅是计划经济的基本特征，也是市场经济中普遍存在的现象，只是产生的原因不同。在计划经济条件下，经济垄断的基础是国家权力，而且这种权力常常表现出强制性。在完全市场经济条件下，垄断是自由竞争的必然结果。在非完全市场经济条件下，既有国家权力保护的国有经济垄断，也有非完全自由竞争产生的私人经济垄断。两种垄断的基础不同，但几乎所有垄断都会削弱和限制竞争，所以对经济的影响都是负面的。在现代市场经济国家，为了社会利益而保留一部分国有经济垄断，但总会有一系列措施把这种垄断对经济的消极影响限制在最小范围。

20世纪90年代初，俄罗斯开始了向社会市场经济的转型，在消除国有经济垄断的同时，又形成了新垄断，目前新垄断与自由竞争并存的格局已基本成型。研究俄罗斯经济垄断及其反垄断措施，对于所有转型国家都有借鉴意义。

1. 俄罗斯经济垄断的形成

俄罗斯有 70 年计划经济发展史，曾把经济垄断做到了极致。20 世纪 90 年代初俄罗斯开始建立市场经济体制。目前俄罗斯经济垄断既有计划经济时期的印记，也有在非常条件下自由竞争产生的新垄断。

20 世纪初，俄国经济有一个鲜明的特点，就是不论重工业还是轻工业，其集中和垄断程度都高于其他欧洲工业国家。造成这种现象的原因是，俄国有大量廉价劳动力资源，外资大量涌入，以及沙皇专制制度对大企业采取特殊保护政策，如官方大批订货、关税保护、运费优惠、优惠贷款等。

列宁时期，垄断是重要的经济组织形式，发挥过重要的历史作用。在当时特定历史条件下，辛迪加和托拉斯确实是最直接有效的生产组织形式，特别是为巩固新政权发挥了十分重要的作用。列宁曾提出过这样一个著名的公式："苏维埃政府＋普鲁士的铁路秩序＋美国的技术和托拉斯组织＋美国的国民教育等等＋＋＝总和＝社会主义。"① 通过市场关系走向社会主义，这是列宁的新经济政策的真髓。但列宁的新经济政策思想并没有上升为全党的指导思想。② 苏共领导人教条式理解列宁的思想，在社会主义经济建设中不顾经济和生产发展规律，一味强调集中和垄断，使苏联的经济建设逐步走入了死胡同。

苏联工业集中和垄断的根源是国家垄断。根深蒂固的国家垄断思想，断送了新经济政策。垄断的生产企业快速

---

① 《列宁全集》第 34 卷，人民出版社，1985，第 520 页。
② 陆南泉等主编《苏联兴亡史论（修订版）》，人民出版社，2004，第 378、244 页。

扩张，使发展多种所有制形式的努力无果而终。苏维埃国家实际垄断着全国的社会化生产。

斯大林时期加大了经济垄断的程度。斯大林认为，社会主义不允许任何生产资料私有制的存在，它只能采取公有制形式，即全民所有制（国家所有制）和集体农庄所有制。社会主义国家是全民财产的唯一所有者，它集中管理国民经济，并且管理职能随着社会主义的发展应不断加强。

1926年12月，斯大林提出社会主义经济应当是最统一最集中的经济。这一经济的特点是：（1）高度集权的国家经济管理体制。在这种体制下，国家管理经济的形式是实行高度的中央集权制，即在中央、地方和企业之间的权力配置关系方面，把权力高度集中于按专业划分的中央经济管理部门。在这种体制下，经济主体不是独立的商品生产者（企业），而是代表国家的政府。国家占有绝大部分生产资料，控制着几乎所有生产要素。国家直接管理经济，组织和调节全国的产品生产、分配和流通。全社会像一个大工厂一样组织生产和分配。（2）实行指令性计划经济。在这种体制下，社会资源的配置不是依靠市场调节，而是依靠政府有关生产和分配的决策。企业要按政府制定和批准的计划组织生产、分配和流通，计划具有法律效力。排斥除农村集市贸易以外的任何市场调节。市场调节被认为是资本主义的特征，为社会主义经济所不容。斯大林认为，指令性是社会主义计划与资本主义国家的计划的根本区别。（3）以行政手段作为经济管理的主要方法。与指令性计划经济相联系，行政手段成了管理经济的主要方法。国家通过发布命令、决议和采取行政手段，指导企业生产，并组织全国经济工作。生产任务、分配方案、流通方式、企业经理的选择、职工的安排，全部通过行政手段调节。"在这种体制下,企业实行的所谓经济核算制实质上成了单纯的计算手段,成了对指令性计划执行情况的监督工具、行政管理方法的一种补充。"① 斯大林时期建立起的高度集中的、实行指令性计划的经济体制,使得整个苏联经济就像是托拉斯+辛迪加的混合体。苏联高度集中的指令性计划经济,是国家垄断的最高形式。

在斯大林去世后的数十年里,苏联进行过一系列改革试验,试图在经济中引进竞争因素。但由于苏联根本不存在市场经济,也没有真正意义上的竞争主体,所以本质上说只是"社会主义劳动竞赛"。这些改革试验没有也不可能改变苏联经济的垄断特性。垄断伴随着高度集中的计划经济一直延续到了20世纪90年代初。

俄罗斯市场经济是在20世纪90年代大规模私有化的基础上建立起来的。新的垄断则是在消除和限制国家垄断的过程中建立和发展起来的。在私有化和市场经济发展过程中,企业数量大量增加。由于出现大量小企业,国有企业占企业总数的比例明显降低,由1996年的23.2%降到2009年的8.2%,但国有企业就业人数在所有就业人数中所占比例仍然高达30%。这一所有制结构,是俄罗斯经济特点之一。而且这一特点影响着市场竞争,影响着反垄断政策的效果。

20世纪90年代中期以来,俄罗斯经济集中和垄断的特点是,国有企业在经济中仍占较高比例,大型企业在经济中所占比重仍然过高以及存在生产高度集中和垄断的现象。

以大公司工业增加值占GDP的比重为例。工业增加值是工业企业在报告期内以货币形式表现的生产活动最终

---

① 陆南泉等主编《苏联兴亡史论(修订版)》,第468页。

成果，是全部生产活动总成果扣除在生产过程中消耗或转移的物质产品和劳务价值后的余额。增加值是国民经济核算的一项基础指标。各部门增加值之和既是国内生产总值，也反映生产单位或部门对国内生产总值的贡献。根据2008年第一季度俄罗斯统计署向反垄断署提供的数据，从前十大公司销售额占GDP的比例看，俄罗斯远高于美国和巴西，仅次于德国。俄罗斯前十大公司资产市值占GDP的比例则高出上述其他国家1~3倍。尤其是前十大公司纯利润占GDP比例，俄罗斯是其他国家的2~5倍。横向比较表明，俄罗斯的大企业不仅规模大，而且集中程度高。

目前，俄罗斯经济垄断有以下特点：一是国家垄断。国家公司是俄罗斯国家垄断的新形式，也是最高形式，有苏联时期经济垄断的印记。2003年12月俄罗斯建立了第一家国家公司——储蓄保险公司。2007年在时任总统普京的支持下，通过分别制定专项联邦法律，先后建立了外经银行（开发银行）、俄罗斯纳米技术公司、[①]促进住宅公共事业改革基金、奥林匹克建设公司、俄罗斯技术公司和俄罗斯原子能公司。2009年7月建立了第八家国家公司——俄罗斯公路公司。国家公司有特殊法律地位，既不同于国有独资公司，也不同于国有控股公司。国家集团公司属于非商业性公司。每个国家集团公司由专项联邦法律决定建立，职能由专项联邦法律规定，这使国家集团公司与一般国有公司有不同的法律地位。俄罗斯国家公司集中了相应行业的优质核心资产，可以获得联邦财政支持，是俄罗斯国家垄断新的高级形式，这对发展竞争市场会产生消极影响。

---

① 2011年3月改制为股份制公司。

二是自然垄断。自然垄断是指在某一产品市场上，生产技术特性决定了由独个厂家提供产品时才会最有效，而且产品具有不可替代性。这里的生产技术特性是，只有在大规模生产条件下才能最大限度降低生产成本。这个市场叫自然垄断市场，产品叫自然垄断产品，生产厂家叫自然垄断企业。按照俄罗斯联邦《自然垄断法》，属于自然垄断行业的是，原油和成品油的干线管道运输、天然气管道运输、铁路运输、港口和空运港服务、公共电力和公共邮政服务、电力送配服务、电力调度服务、热力送配服务、内河基础设施服务。俄罗斯自然垄断企业最初建立时就是垂直一体化的结构。2008年俄罗斯三家最大的自然垄断公司分别是天然气工业公司、俄罗斯统一电力公司和俄罗斯铁路公司，主体都是从苏联时期继承下来的。天然气工业公司的天然气产量占全国80%以上，拥有天然气管道垄断经营权和天然气出口垄断经营权。国家持有51%天然气工业公司股份。俄罗斯统一电力公司拥有全国超过70%的发电能力，负责全国电力输送。国家持有52%统一电力公司的股份。俄罗斯铁路公司则拥有全国铁路运输线和绝大部分其他基础设施，属于国有独资企业。三大自然垄断公司的存在，表明俄罗斯经济中存在相当部分的非市场部门。上述三家公司，从经营内容划分，属于自然垄断，从经营主体的所有权结构划分，属于国家垄断经营。俄罗斯其他大型自然垄断企业还有原油管理运输公司、成品油管道运输公司等。

三是行政壁垒。行政壁垒属于非经济性进入壁垒，指行业政策法规构成的阻止新企业进入的策略行为。合理的行政调节可保证资源有效配置和必要的市场秩序，但不适当的行政壁垒会阻碍行业内合理竞争。行政壁垒具有强制性特点，如行业进入批准和许可制度。"制定行业卫生和安全标准，尽管不以限制竞争为目的，但可以成为进入市场的实质性壁垒。"2007年俄罗斯涉及行政壁垒的反垄断案就有2250起，占全部反垄断案的52.8%。政府机构违反反垄断法的行为主要表现在：无理阻碍市场主体的经营活动，对在俄境内的商品流动实行限制；混淆政府机构和经营主体的职能，以及把国家政府机构的权力和职能交与经营主体，其中包括国家的监督权力和职能。

2. 俄罗斯的反垄断措施

现代经济活动离不开国家调节。国家调节是现代经济发展的必要条件，影响着社会经济发展方向，决定着国家经济的竞争力，也决定着居民的生活水平。经济全球化加剧了国家间经济竞争，也对国家经济调节提出了更高的要求。各国国情不同，国家调节政策也有差异。反垄断是国家调节经济的重要方面，是经济健康、公平、有序和竞争发展的重要保障。反垄断与保护竞争是不可分割的两个方面，一般可统称反垄断调节。俄罗斯依据《反垄断法》，实行了一系列较有效的反垄断措施。

（1）对经济集中的监督与调节

"经济集中"即市场集中。市场集中包括生产集中、销售市场集中、服务市场集中、金融市场集中等。对经济集中实行监督和调节，是为了影响市场结构，防止出现过度经济集中和不合理的垄断，防止出现恶性竞争和企业有过强的市场支配地位。按照国内外经济现状及发展趋势，对经济集中实行必要监督，可以避免出现新的一体化垄断企业，同时又不阻碍企业正常的一体化进程。

企业资产交易是资本和生产集中的普遍方式，资本和生产集中则是经济集中的基本体现。俄罗斯经济集中的主要原因是，不断建立大型金融工业集团，以及私有化过程中大量国有资产被出售。为了抑制资本和生产过度集中并形成垄断，防止大型资产交易危害市场竞争，以及防止出现对竞争的危害大于交易后得到的利益，俄罗斯规定对企业资产交易实行监督和调节。

俄罗斯对经济集中的事先监督，主要体现在对企业资产交易的事先监督。通过资产交易的报批制度，由反垄断机构做出事先审议。审议过程中，反垄断机构依据对市场竞争状况的分析，根据国家和市场发展的需要进行监督和调节。反垄断机构市场分析的主要内容，是企业资产交易后的市场份额变化程度。市场份额的大小体现了企业对市场的支配能力。所以，企业市场份额变化是对报批报备事项进行审核的标准之一。

对经济集中的监督和调节不是简单地反对任何形式的经济集中。在对资产交易的报批报备事项进行审议时，除了市场份额变化因素外，还要遵循的标准是：第一，经济集中是否促进商品生产和销售，或者是否有利于促进技术和经济进步。第二，集中产生的经济效应是否有利于全社会，或只是有利于少数企业建立市场优势，而对其他竞争者造成损害。第三，经济集中是否是必需的，是否没有其他选择。第四，经济集中是否是进入国际市场所必需的，是否有利于提高俄罗斯经济的国际竞争力。

在 2001~2003 年，俄罗斯反垄断机构平均每年审议约 2 万件。从分类看，57.5% 是申报人通过资产交易获得两个或更多企业的管理权，居第二位的是股份交易，占 21.6%，居第三位的是建立新企业，占 14.9%。

（2）对垄断企业的监督和管理

俄罗斯把占市场份额超过 35% 的企业、占有市场支配地位的企业和自然垄断企业泛称垄断企业。自经济转型以来，俄罗斯对垄断企业的监督和管理制度已经比较成熟。主要内容是：

第一，垄断企业登记制度。对垄断企业实行登记制度，尽管具有较强的行政因素，但这种制度容易制定，也容易实行，对于经济转型国家是必要的。

反垄断机构把一个企业作为垄断企业登记的依据是：根据市场竞争分析报告；根据对资产交易报批报备事项审议过程中所做的市场分析报告；根据对企业申请做垄断企业登记的审议过程中所做的市场分析报告；法院对一个企业是否做垄断企业登记的裁决。

垄断企业登记册是有关企业的数据库，属于国家信息资源。由联邦反垄断署制定垄断企业登记格式，联邦反垄断署和地方反垄断分署负责登记和管理。登记和管理工作的内容包括把相应企业登记入册或从垄断企业名录中剔除，或修改登记信息。联邦反垄断署有权改变地方反垄断分署关于对企业进行登记或从垄断企业名录中剔除企业的决定。

第二，认定企业市场支配地位。市场支配地位是指经营者在相关市场内具有能够控制商品价格、数量或其他交易条件，或者能够阻碍、影响其他经营者进入相关市场能力的市场地位。认定企业市场支配地位是制定具体反垄断和保护竞争措施的前提。俄罗斯认定生产和销售企业市场支配地位的标准主要是（金融企业除外）：3个及以内企业所占市场份额合计超过50%，或5个及以内企业所占市场份额合计超过70%；在超过一年以上时间内，若干企业合计的市场份额没有变化或只有微小变化，同时新竞争者很难进入该市场；多个企业所销售或采购的商品没有可替代品（含生活和生产用品），该商品属性决定了价格上涨不会导致需求下降，且只有关联人（企业）能够获得该商品价格、销售或采购信息。俄罗斯还相应规定了对非银行金融机构和银行的市场支配地位的认定标准。

第三，发现和制止不正当竞争。不正当竞争是指经营者违反法律规定，损害其他经营者的合法权益，扰乱市场经济秩序，违反市场经济规则的竞争行为。这里的经营者可以是从事商品生产或销售，以及从事营利性服务的法人、经济组织和个人。为建立市场经济秩序，保障市场经济健康发展，鼓励和保护公平竞争，保护经营者和消费者的合法权益，必须发现和制止不正当竞争。俄罗斯在这方面主要有以下做法。

一是发现和制止垄断高价或垄断低价。俄罗斯市场存在国家调节价格和市场调节价格。按照相关规定，如果占有市场支配地位的企业的产品不属于国家价格调节范畴，企业可按市场价格销售。非消费类产品由企业自主制定批发价或出厂价，或根据市场供求变化采用协议价格。国家价格调节的主要是与民生和国家经济安全密切相关的产品。

二是发现和制止减少供应并导致价格上涨的行为。2009年12月初，俄罗斯联邦反垄断署从媒体获知，部分石油公司可能要通过减少内销增加出口的做法，阻止国内市场成品油价格下跌。12月24日，俄罗斯联邦反垄断署向数家石油公司同时发出行政警示函，指出成品油生产企业减少内销的结果是国内市场价格上涨，会事实上违反反垄断法；并提示，根据《反垄断法》第10条第1部分第2款的规定，石油企业的做法可能被作为违反反垄断法立案调查，并对责任人依法追究责任。警示函有效抑制了石油公司不合理调价行为。

三是发现和制止强迫客户接受合同条件的行为。《反垄断法》第 10 条规定，占市场支配地位的企业不得强迫客户接受不利的合同，不得强迫客户接受与合同标的无关的内容，并因此损害客户权利，或使其被迫处于在法律上不利的状态。这种行为属于滥用市场支配地位。

四是制止对同一商品制定不同价格的行为。《反垄断法》第 10 条规定，占市场支配地位的企业，无正当经济和技术及其他理由，不得对同一种商品制定不同的价格。此外，发现和制止不正当竞争的措施还包括，制止金融机构过高或过低的服务价格，制止企业规定歧视性购销条件的行为，制止企业设置市场进入壁垒的行为，制止违反国家定价制度的行为，发现和制止限制竞争协议及协同行为，以及发现和制止卡特尔行为。

（3）对自然垄断的监督与调节

俄罗斯《自然垄断法》是对自然垄断实行国家调节和监督的法律基础。国家调节自然垄断的目的，是实现自然垄断企业与消费者之间的利益平衡，保障消费者能够获得自然垄断的商品和服务，促进和提高自然垄断企业的经营效益。

俄罗斯对自然垄断实行监督和调节的主要方法是：通过规定价格或制定限价的方法，调节自然垄断企业的生产和服务。规定必须予以保障的特别消费者。为了保障宪法规定的公民权利和利益，保障国家安全，保护自然和文化遗产，在不能充分满足对自然垄断产品和服务的消费需求时，规定对部分居民实行必须保障制度，或规定最低保障程度。规定使用自然垄断基础设施和服务的原则，如规定原油开采企业出口原油时，可获得开采量与管道最大运输能力的比例相同的管道运输使用权。制定实行国家价格调控的商品和服务清单。俄罗斯联邦政府负责制定这一清单，并制定国家价格调控方法，其中包括定价方法和国家价格调控原则。规定自然垄断企业必须承担以下义务，即在具备生产能力的条件下，自然垄断企业无权拒绝与消费者签署提供自然垄断商品和服务的合同；向国家自然垄断监督管理机构定期提交企业经营报告；向国家自然垄断监督管理机构报告固定资产投资方案；必须生产和提供受自然垄断法调节的商品和服务，并开放相应商品和服务市场，不得设置市场进入壁垒；经营收入和支出分列核算。

（4）对国家机构限制竞争行为的监督与调节

发现和制止国家机构限制竞争，是俄罗斯反垄断实践中的难点。来自行政机构和立法机构的地方保护主义，是俄罗斯市场经济中形形色色的"权力壁垒"。"权力壁垒"直接危害市场竞争，扭曲市场经济秩序，违背国家、社会、企业和个人利益均衡原则。发现和制止国家机构限制竞争的行为是俄罗斯反垄断政策的重要内容之一。

对国家机构限制竞争行为的监督与调节的主要内容是，禁止国家机构制定限制市场竞争的法规，禁止国家机构在出让国有资产使用权时，限制竞争的行为，制定对政府向企业和个人提供国家特惠的限制性规定，对国家机构选择金融服务机构的限制性规定。

（5）对外国投资的反垄断监督与调节

俄罗斯对外国投资的反垄断监督与调节，主要是指对外国投资俄罗斯战略企业的审批制度。2008年4月，俄罗斯制定了联邦法律《对外国投资对俄罗斯国防和国家安全有战略意义的企业的管理办法》，也称2008年第57号联邦法律，规定战略企业是指在俄境内注册、从事至少一项对国防和国家安全有战略意义的经济活动的企业，并详细规定了属于对国防和国家安全有战略意义的42项经济活动。

根据保护国家经济安全的需要以及反垄断的要求，俄罗斯制定了外国投资控制俄战略企业的认定标准，以及对外国投资俄战略企业的审批制度。按照法律规定，外国投资俄战略企业，"须与俄联邦政府专门机构事先磋商并获同意"。获得批准的外国投资者，可在批准决议的规定期限内进行投资，有权直接或间接获得战略企业一定比例的表决权。联邦反垄断署负责初审外国投资者的投资申请，通过初审的投资申请要由联邦政府监督外国投资委员会最后终审，而这一委员会的主席由联邦政府总理担任。

3. 经济转型与反垄断调节

俄罗斯从转型初期就开始建立反垄断制度。目前经济中垄断与竞争并存的格局，反映了俄罗斯社会市场经济模式、经济结构和地域辽阔的特点。在经济发展的特定阶段，国家在涉及国计民生的重要领域实行垄断是必要的。俄罗斯在转型过程中，保留并保护天然气工业的国家垄断，同时按计划拆分统一电力公司，把市场机制引入国内电力市场；保留了自然垄断，同时对自然垄断又有着相当严格的限制规定。经过 2008 年开始的国际金融危机的考验，俄罗斯经济已经具备一定竞争力和抗风险能力，也证明了俄罗斯政府具有较强的经济自信。在克服危机影响的过程中，国家调节，包括反垄断调节起着重要积极作用。俄罗斯反垄断调节给我们的重要启示是，经济转型国家需要加强反垄断调节。

经济转型国家是指近几十年来约 30 余个从计划经济向市场经济转变的国家，主要是苏联解体后出现的 15 个国家、部分中东欧国家以及中国。为在较短时间里建立市场经济主体，私有化是转型国家的普遍选择。由于各国国情不同，私有化方式、进程和程度也有所不同，转型中社会矛盾和经济矛盾的形式和程度也不同,但在转型过程中,既保持经济增长,又保持社会稳定是这些国家共同的艰巨任务。俄罗斯的经验和教训表明,转型过程中,反垄断调节对于保持社会稳定、支持经济增长和保障国家安全有着特别重要的意义。

(1) 反垄断调节有利于社会稳定

社会公平是社会稳定的基础。这里的社会公平是指市场经济条件下的社会公平。由于转型国家实行国有资产私有化以及鼓励发展私营经济,生产关系以激进或渐进的方式发生了重要变化。以公有制为基础的生产关系,被以多种所有制为基础的生产关系所取代。尽管以公有制为基础、多种所有制形式共存仍是一种国家主张,但不以人的意志为转移,当私有制把资产变成了资本时,以公有制为基础的社会公平受到了破坏,资本成了影响社会关系最重要的因素。

反垄断调节是国家调节不可缺少的有效手段之一。反垄断调节对象是市场主体的经济行为,调节方向和效果都与人有着直接或间接的关系,从而也影响着社会公平。试想,在存在垄断和不正当竞争的市场中,当一个人的劳动成果或劳动收入被他人以不正当竞争手段据为己有,而他自己无能为力的时候,他会认为市场和社会是不公平的。社会成员对市场不满极易成为社会不稳定的潜在因素。这里的不正当竞争手段,可以是企业恶意并购,可以是以虚假广告进行的欺骗行为,可以是销售有毒有害商品,也可以是垄断产品和服务形成的垄断高价。如果不正当竞争经常和严重损害消费者利益,说明市场经济秩序不公平,市场经济无规则、无秩序,或只有纸的规则,没有实际秩序。

反垄断调节是维护市场经济秩序的最重要手段。俄罗斯的做法是,在经济转型的准备阶段就进行反垄断立法。

进入21世纪以来，俄罗斯加强了对市场经济的反垄断调节，特别是在保护消费者利益方面有很强的调节力度，有力地保障了俄罗斯连续8年的社会稳定和经济增长。俄罗斯的做法表明，一个国家的反垄断政策有着不可替代的社会功能。

（2）反垄断调节有利于经济可持续增长

反垄断政策的另一个重要方面就是保护和发展竞争，发现和制止各种形式的垄断对竞争的阻碍。竞争是市场经济的本质特征，不尊重竞争原则的经济不是真正的市场经济。反垄断政策既监督和调节竞争发展到一定程度后的经济集中和垄断，也保护、鼓励和发展竞争。这就像一个硬币的两面。只有制止恶性垄断行为，保护和发展公平竞争，才能使经济更有活力，促进提高企业效益，才能实现可持续增长。

俄罗斯在反垄断立法和实践中，一直把禁止国家权力机构限制竞争的行为作为重点。在俄罗斯，政府限制竞争主要表现为，滥用优惠措施，人为设置壁垒，在提供国家服务时的歧视性做法，过多的不合理检查，通过行政资源对企业经营活动施加影响或直接干预。《俄罗斯发展竞争的纲要》指出，在市场经济中，某些企业"利用国家权力机关的力量参与竞争，这已成了他们参与市场竞争的不可分割的一部分"。[①] 纲要认为，国家管理机构资源分配机制不透明，是新企业进入市场的严重壁垒。国家权力机关的行为限制了大多数企业参与竞争的积极性，也明显增加了社会和经济运行成本。

包括俄罗斯在内的一些转型国家，市场经济仍不成

---

① Программа развития конкуренции в Российской Федерации – http://www.businesssuchet.ru/pravo/DocumShow_DocumID_153607.html.

熟，市场机制仍不完善，限制竞争的现象仍很严重。例如，企业联合限价、限产、分割销售市场，有些行业通过企业联合已经发展到少数企业垄断市场的局面。特别是计划经济体制时的政企不分状况仍然存在。"国家经济生活中仍存在着严重的行政性限制竞争现象。"①

从计划经济到市场经济转轨过程中，如果没有充分的市场竞争，很有可能导致产生政府主导的经济增长模式。这一模式的主要特征是，政府在投资、融资、土地等资源配置方面掌握过多的权力，几乎所有企业都不得不与政府搞好关系。政府是最主要的投资主体，以GDP增长指标为经济发展的最高目标，不重视资源与环境承受能力。由于缺少对政府投资行为的约束和监督制度，这一增长方式中蕴藏着产生经济低效和腐败的因素。在政府主导的投资行为中，没有合理的竞争机制，大资本从政府投资行为中获得了最大份额的利益，而大量劳动者只是得到了继续提供劳动力的机会，继续为经济增长做贡献。劳动者只是不断再生的生产要素，成了经济增长的手段，而不是生产的目的。

在市场经济中，国家权力与资本结合并成了影响经济发展的重要因素时，就形成了权贵市场经济。权贵市场经济是社会经济转型过程中的一种特殊现象，其本质是反竞争的，因而也是反市场的。在权贵市场经济条件下，经济增长肯定是不可持续的。

（3）反垄断调节有利于保障国家经济安全

经济安全是非传统安全的主要内容。经济安全主要包括一个国家的金融安全、产业安全、环境安全、粮食安

---

① 王晓晔：《反垄断法在构建和谐社会中的作用》，《学习时报》2006年11月20日。

全、资源安全。针对不同的经济安全内容有不同的保障措施。经济安全是一个社会和经济可持续发展的内在要求。

俄罗斯反垄断做法表明，经济安全对于转型国家有着特别重要的意义。在经济全球化条件下，转型国家的经济受到来自外部的威胁。"转型国家在其制度变迁过程中，还要应对经济全球化对国家经济主权和经济安全带来的挑战，特别是要处理好经济主权与经济安全的关系。这是转型国家有别于其他国家的特殊性的一面。"①

转型国家经济受到的主要外部威胁是，国际资本对转型国家金融体系的侵蚀，对国家核心产业和流通领域的控制。俄罗斯在保障国家经济安全方面的一个重要做法是，规定42项经济活动对国家安全有重要意义，对从事这些经济活动，并对俄罗斯类似的企业形成控制的外国资本实行监督的制度。在这些经济活动中，包括从事自然垄断性质的经营性服务，以及联邦级矿产地的开采。

俄罗斯对外国投资其战略企业的审批和监督制度相当烦琐，但也相当有效。对外国投资进行安全审查是各国普遍的做法，也都有各自的法律基础。这是在世界贸易组织规则范围内，各国保护经济安全的权利。在这方面，俄罗斯的做法值得借鉴。

---

① 郭连城、李卿燕：《经济全球化与转轨国家经济安全相关性》，《世界经济》2005年第11期。

十二 转型与国家现代化

不论是十月革命前的俄国,还是十月革命后的苏联,都一直为实现国家现代化而努力,以达到立足于世界先进行列的目标。可以说,追求现代化贯穿俄国发展的整个历史进程,在现代化的各个阶段都取得了一定的进展。以下主要从国家转型视角研究俄罗斯经济现代化问题。

1. 简要的历史回顾

18世纪初期由彼得大帝开始的现代化运动,可视为俄国现代化的起点或者说是源头。他所推动的改革涉及的领域极为广泛,这对促进经济的发展,军工实力的增强,为俄国资本主义的发展创造了条件。与此同时,彼得的改革也削弱了贵族的权力,强化了中央集权体制。作为彼得大帝现代化改革继续的亚历山大二世的改革,是以1861年废除农奴制为标志的现代化运动。这是一次深刻的经济制度的变革,促进了社会经济的发展,解放了农奴,为俄国资本主义工业发展提供了劳动力。20世纪初斯托雷平的农业改革,主要目的是使农民成为自由、独立的生产者，鼓励农民独立经营。这次改革的积极作用表现在：促使农村公社瓦解，促进了农村商品经济的发展，农村出现多种经营方式，农业生产机械化有了较快进步，这些都推动了俄国农业由传统向现代化转型。俄国各个时期现代化的共同特点是：以农业向工业化转变为中心任务；一直带有赶超性质，即赶超欧洲；都是以自上而下方式推行的；每次改革都遇到强大的保守势力的阻挠；现代化往往具有军事目的，并对外推行扩张政策。

在苏联时期，如果从经济现代化角度来考察，那么以下三个问题值得研究。

一是斯大林时期的工业化。十月革命后的最初时期，列宁提出并开始实施一些经济改革的设想与政策，后来因国外武装干涉与国内战争被迫停了下来，转入军事共产主义时期。战争结束后，列宁在总结军事共产主义经验教训基础上，决定实行新经济政策（1921~1928年）。由于实行了新经济政策，到20年代中期，苏联基本上完成经济的恢复工作，1925年农业产量基本上达到了战前水平，但并没有改变经济严重落后的状况，仍然是俄国遗留下来的技术经济结构。首先，表现在苏联还是一个以手工劳动为主的落后的农业国。1926年，农村人口占总人数的82.1%，农业产值超过工业产值，占国民生产总值的56.6%。其次，1925年工业总产值已达到战前的73%，但要看到，代表工业主体的机器制造业、冶金、燃料、航空、电力和建筑材料等部门都很不发达。实际上，到1925年苏联还没有汽车、拖拉机和航空工业这些最重要的部门。第三，工业的设备基本上是旧式的，而且多半是磨损严重的机器与机床。苏联国内又不能生产现代化的设备，因此，很多机器设备要靠进口解决。1927年机器设备进口额比1924年增加1.3倍，其中金属加工设备增加3.9倍,动力设备增加5倍。这严重影响了苏联经济的独立性。第四,由于运输业遭到严重破坏,使其大大落后于国民经济发展的需要。随着经济的恢复,斯大林认为,应该把更多的注意力放在工业化问题上。1929年斯大林宣布,必须结束新经济政策,否则就难以实行工业化政策。从实际情况看,苏联工业化作为一个运动的全面开展始于1928年,即第一个五年计划的初始之年。苏联工业化是用了三个五年计划完成的。

苏联工业化是完全按照斯大林的思想进行的,其基本政策或者说主要特点是:重工业化、超高速以及主要用通过剥夺农民的办法实现的高积累来保证工业化的资金来源。在苏联特定的历史条件下,斯大林推行的工业化政策,取得了不少成就,主要表现在以下几个方面:工业实力大大提高,按斯大林的说法,到"三五"计划提前结束的1940年时,苏联已由一个落后的农业国变成强大的工业国;基本上建立起部门齐全的工业体系,工业独立性大大增强;带动了经济落后地区工业的发展。

但随着人们对苏联模式研究的不断深入,对斯大林采取的工业化道路的认识也发生了很大变化。官方与学术界对斯大林时期的工业化道路持简单地完全肯定的观点已不多见,而更多的是既肯定其成绩也明确指出其存在的严重问题。人们越来越清楚地看到,战前苏联工业化在取得重大成就的同时,也包含着深刻的矛盾与积累着大量尖锐的问题。苏联著名学者麦德维杰夫在1974年指出:"应该直截了当地说,我国20年代末至30年代初,工业发展过程中所付出的代价,如果有一个更明智的计划和领导,就不会这么大,在这方面斯大林的领导所起的作用并不是无足轻重的。如果把我们的人民为了工业化而付出的巨大努力和牺牲同工业化初步结果比较的话,那么应该承认,如果没有斯大林的话，我们的成就可能会大得多。"斯大林作为一个唯意志论者和空想家，在许多情况下，他的领导"不是引向胜利，相反，在我国制造了多余的困难"。麦德维杰夫对斯大林在工业化中所起作用的评价，是较为客观的，值得我们思考。斯大林时期苏联工业化存在的主要问题是：通过"贡税"榨取农民的政策，导致农业破产，影响整个国民经济的正常发展；片面优先发展重工业，导致国民经济结构严重畸形；粗放型的工业化政策，造成资源的极大浪费；工业化运动对形成高度集权的斯大林模式有着十分重要的作用。

从经济现代化角度分析，斯大林的工业化对苏联由农业国过渡到工业国起了决定性的作用。但经济管理体制向集中化与行政化方面发展，越来越排斥市场的作用，严重阻碍了经济管理现代化的进程。

二是勃列日涅夫时期提出转变经济增长方式。这一时期苏联经济改革停滞，政治体制倒退，使苏联逐步走向衰败。但要指出的是，勃列日涅夫看到苏联出现的经济增长速度下降的趋势，开始认识到必须改变粗放的经济增长方式和低效的经济。苏联在20世纪70年代以前（第二次世界大战期间除外），经济一直以较高速度增长，这是靠不断地大量投入新的人力、物力和财力实现的，走的是粗放发展道路，是一种消耗型经济。苏联自20世纪30年代消灭失业后到80年代末，每年平均增加的就业人口为200万人。基建投资不仅增长幅度大，而且增长速度快，一般要占国民收入的30%左右，约占国家预算支出的50%。基建投资增长速度大多数年份快于国民收入增长速度，如1961~1987年，国民收入年均增长率为5.4%，而基建投资为5.6%。1950年苏联的基建投资只及美国的30%，到1971年已与美国相等，1974年超过美国。苏联生产每单位产品的物资消耗很大，如在 70 年代末，生产每单位国民收入用钢量比美国多 90%，耗电量多 20%，耗石油量多 100%，水泥用量多 80%，投资多 50%。这种粗放的经济增长方式难以为继。主要表现在：

第一，从 60 年代中期开始，苏联国民经济的许多部门已感到劳动力不足。据计算，70 年代有劳动能力人口的年增长率为 18%，到 80 年代下降到 3.8%。1961～1965 年，靠农庄庄员补充劳动力的人数为 310 万人，1971～1975 年降到 150 万人，1976～1980 年又降到 80 万人。退休人员激增，从 1950 年的 85 万人增加到 1970 年的 1900 万人，使劳动资源问题更加突出。

第二，由于长期实行粗放的经济发展方式，使原材料、燃料动力资源消耗量大量增加，出现供需之间的不平衡。苏联虽资源丰富，但地区分布极不平衡。进入 70 年代，集中工业生产能力 80% 的西部地区资源"已近于耗尽"，要靠东部地区供应，从而使运输距离大大拉长。1966～1977 年，燃料运输的平均距离从 734 公里拉长到 1152 公里，生产费用日益提高。另外，随着原料、燃料基地东移，开采条件恶化，开采成本大大提高，如 1980～1985 年，开采每吨石油的费用增加 80%～100%。廉价原料与燃料的时代已一去不复返。再者，苏联每年要出口大量原料与燃料以换取外汇。这些因素，使得苏联用大量投入资源来发展经济的道路走不通了。

第三，资金日益紧张。60 年代中期之后，基建投资增长速度明显下降。20 世纪 50 年代基建投资年均增长率为 13.3%，60 年代降为 7.1%，70 年代降到 5.3%。

另外，由于长期实行粗放的经济增长方式，使经济效益日益下降，如 1960 年每卢布生产基金生产的国民收入为 72 戈比，1970 年降为 55 戈比，下降了 28%。社会劳动生产率从 1961~1965 年年均增长率 6.1% 下降到 1971~1975 年的 4.8%。70 年代初，苏联已有大量产品产量占世界第一和第二位，但质次，报废率高。如钢的产量很大（1970 年为 1.16 亿吨），但仍需进口各种钢材。拖拉机每年的报废率有时甚至高于新增产量。苏联认识到，在不少产品数量超过美国之后，要想争取优势，必须通过科技进步，由过去的数量赶超转向质量赶超。而达到这一目标的主要途径是改变经济增长方式，实行集约化方针。

1971 年苏共二十四大正式提出经济向集约化为主的发展道路过渡，决定改变经济增长方式，但并没有取得成效，集约化因素在扩大再生产中的比重不仅没有提高，反而日趋下降。

其根本原因是经济体制问题。勃列日涅夫时期经济体制改革的停滞，导致经济增长方式难以转变，这可以从科技进步与经济集约化发展相互关系上看出。苏联长期把加速科技进步视为推行集约化方针最重要的措施，明确指出：加速科技进步、提高劳动生产率与实现经济集约化发展两者之间的密切关系，是"极严格的，勿庸置疑的"，在这个问题上不可能有其他"可供选择的方案"。苏联拥有巨大的科技潜力，80 年代末科技人员为 150 万人，相当于世界科技人员总数的 1/4；每年新技术发明占世界新技术发明总数的 1/3，仅次于日本，居世界第二位。但巨大的科技能力，难以在经济转向集约化发展过程中发挥作用。长期以来，只有 1/4 的科技成果在经济中得到应用，一项新技术从研究到应用的周期长达 10~12 年。形成上述情况的主要原因是传统经济体制对科技进步的阻碍作用，苏联学者认为，传统经济体制在科技进步道路上制造着一种独特的"反促进因素"。一些俄罗斯学者在总结科技进步与体制改革关系时明确指出："要加速科技进步而不在经济上进行根本的改革,简直是不可思议的。"另外,还应指出,在勃列日涅夫时期,科技进步缓慢与"左"的封闭的思想有关。当时,苏联对60年代末开始的世界上新的一轮科技革命的信号"置之不理,直到70年代初甚至还不准使用'科学技术革命'这个概念,不仅想方设法从官方文件中勾掉,而且还从报刊书籍中删掉"。①

三是戈尔巴乔夫的加速战略。长期以来,由于苏联片面发展重工业,特别是军事工业,从而形成了国民经济结构的比例严重失调,是一种畸形的经济。20世纪80年代中期,从社会总产值的部门结构来看,农、轻、重三者的比例关系大致为2:2:6。重工业过重,轻工业过轻,农业长期落后的状况,成了影响经济正常发展、改善市场供应、提高人民生活水平的一个重要因素。

十分明显,在这种条件下,戈尔巴乔夫在推行根本性的经济体制改革时,必须同时下大决心和采取重大战略性措施来调整不合理的经济结构,即在改变旧的经济体制模式的同时,应及时改变发展战略,使后者与前者相适应,并为前者创造有利的条件。但是,戈尔巴乔夫在执政后不久召开的苏共中央四月全会(1985年)上,在分析如何克服经济困难时,提出了加速战略的思想。1986年2月,苏共二十七大召开,正式提出并通过加速战略的方针。实现加速战略一个重要途径是加速科技进步。戈尔巴乔夫在加速科技进步的大会上说:"加速科技进步问题的迫切性还在于,科技革命的新阶段已经到来。""应当骑上科技进步的快马,其他出路是根本没有的",因为"粗放的

---

① 〔俄〕格·阿·阿尔巴托夫:《苏联政治内幕:知情者的见证》,第216、217页。

发展方法基本上已经耗尽潜力了"。在戈尔巴乔夫执政的最初几年，在加速科技进步方面采取的主要政策有：加速新兴工业的发展；优先发展机器制造业；调整产业结构；调整投资结构；改革科研与生产一体化的组织形式；加强对科研人员的物质刺激。要加速科技进步，除了采取以上一些具体措施外，最根本的一条还是要改革经济管理体制。戈尔巴乔夫曾指出：科技进步在叩体制的大门，加速科技进步就必定要求深刻改革计划和管理体制以及整个经济体制，苏联科技进步的进程，在很大程度上取决于经济体制改革的进展。

2. 俄罗斯提出经济现代化的背景

叶利钦执政时期冲垮了传统的高度集中的计划经济体制模式，建立了市场经济体制框架，应该说这是使俄罗斯经济迈向现代化的重要一步。但这一时期并没有提出国家现代化的设想。2009 年 11 月，俄罗斯总统梅德韦杰夫提出的国情咨文报告，正式提出俄罗斯将以实现现代化作为国家未来 10 年的任务与目标。他提出的现代化是"需要全方位的现代化"的概念。梅德韦杰夫说："我们将建立智慧型经济以替代原始的原料经济，这种经济将制造独一无二的知识、新的产品和技术，以及有用的人才。我们将创造一个有智慧的、自由的和负责的人们组成的社会，以取代领袖思考决定一切的宗法式社会。"但其中经济现代化是个极其重要的内容。

（1）经济现代化的迫切性

俄罗斯经济转型已过 20 年。在这期间，俄罗斯经济现代化的迫切性突出表现在：经济体制的变革，未能和转变经济增长方式、经济发展模式与调整经济结构结合起来。

20多年来俄罗斯粗放经济增长方式并未发生实质性变化。时任总统的梅德韦杰夫在《前进，俄罗斯！》① 一文中指出："我们大部分企业的能源有效利用率和劳动生产率低得可耻。这还不是很糟糕。最糟糕的是，企业经理、工程师和官员们对这些问题漠不关心。""低效的经济，半苏联式的社会环境……所有这些对于向俄罗斯这样的国家来说，都是很大的问题。"2010年1月13日，俄罗斯联邦工商会会长叶夫根尼·普里马科夫在一次会上讲："俄罗斯每生产1吨钢，要比比利时、法国、意大利多消耗两倍的电力，每生产1吨化肥要比阿拉伯国家多耗费5倍的电力。"俄罗斯自前苏联时期起就在各项社会经济指标上与世界先进国家有差距，如今这一差距正越来越大。俄罗斯的能源效率是日本的1/18，各经济领域的劳动生产率是先进国家的1/20~1/4。农业生产率则比遍地石头且缺少阳光的芬兰还要低一半。效率如此之低，导致俄罗斯一方面濒临由外而来的脆弱边缘，另一方面又濒临国内社会不满爆发的边缘。②

　　至于经济发展模式，俄罗斯独立以来一直在努力从资源出口型向以高新技术、人力资本为基础的创新型经济发展模式转变，但并未取得多大进展，梅德韦杰夫在《前进，俄罗斯！》中指出："20年激烈的改革也没有让我们的国家从熟悉的原料依赖中摆脱出来。""简单依靠原料出口来换取成品的习惯导致了经济长期的落后。"他还提出了一个严肃的问题："我们应不应该把初级的原材料经济……带到我们的未来？"目前，俄罗斯能源等原材料出口占出口总额的80%左右，高科技产品出口不仅数量少，

---

① Медведев Д，Россия，вперёд！ – http：//xn-d1abbgf6aiiy.xn p1ai/.
② 〔俄〕伊·弗·拉季科夫：《俄罗斯社会怀疑心态对现代化进程的阻碍》，《当代世界与社会主义》2012年第2期。

而且逐年下降。2004年俄高新技术产品出口，占世界中的比重为0.13%，这一比例比菲律宾少67%，比泰国少78%，比墨西哥少90%，比马来西亚和中国少92%，比韩国少94%。

正是由于上述原因，俄罗斯强调必须把经济现代化视为主要目标。2010年8月31日《中国改革》杂志采访俄罗斯第一副总理舒瓦洛夫，他谈到经济现代化问题时说：对当今的俄罗斯来说"现代化意味着一切"，"以现代化告别过去"。

（2）由资源型向创新型转变

不论是普京还是梅德韦杰夫，都一再强调俄罗斯现代化是其社会经济发展的总目标。而实现这一目标，必须使俄罗斯经济从当前的资源型向创新型转变。普京在2008年2月8日提出的《关于俄罗斯到2020年的发展战略》中明确指出：

第一，经济实行创新型发展。这是俄罗斯"唯一的选择"，"创新发展的速度必须从根本上超过我们今天所有的速度"。①

第二，增加人力资本投入。"要过渡到创新发展道路上去，首先就要大规模地对人的资本进行投资。""俄罗斯的未来、我们的成就都取决于人的教育和身体素质，取决于人对自我完善的追求，取决于人发挥自己的素养和才能。""因此，发展国家教育体系就成了进行全球竞争的一个要素，也是最重要的生活价值之一。"为此，俄罗斯计划用于教育与医疗卫生的预算支出，占GDP的比重分别由2006年的4.6%、3%增加到2020年的5.5%～6%、6.5%～7%。同时，要为科研活动创造良好的环境。另外

---

① 《普京文集》，第677页。

要着力解决住房问题,提高医疗卫生水平。

第三,积极发展高新技术,因为它是"知识经济"的领航员。俄罗斯今后重点发展的高新技术主要是:航空航天领域、造船业和能源动力领域,还要发展信息、医疗和其他高新技术领域。

第四,调整经济结构。尽管最近几年俄罗斯取得了一些成绩,但经济并未摆脱惯性地依赖于能源原料的发展版本。自经济转型20年来,俄罗斯对能源和矿石的依赖程度呈提高的趋势。1999年,据俄罗斯统计局的数据,能源和矿产品占俄出口总量的44.9%,价值约326亿美元;到2011年,这两个数字分别为69.2%和3572亿美元。这种状况将不可避免地导致俄罗斯不断依赖于商品和技术的进口,使俄罗斯充当世界经济原料附庸国的角色,落后于世界主导经济体,把俄罗斯从世界领头人的行列中挤出去。

普京在2009年的政府工作报告中谈道:"后危机时代的经济发展应当首先与技术更新联系起来。因此,新阶段的税收改革将致力于支持创新。"梅德韦杰夫任总统期间,更加强调俄罗斯经济由资源型向创新型转变的迫切性。他指出:"再经过数十年,俄罗斯应该成为一个富强的国家,她的富强靠的不是原料,而是智力资源,靠的是用独特的知识创造的'聪明的'经济,靠的是最新技术和创新产品的出口。"

第五,要为实现现代化调整外交政策。俄罗斯外交要突出寻求能为本国提供相应技术发展和为国产高科技产品走向地区和国际市场做出更大贡献的国家。首先要与主要国际伙伴德法意等欧盟国家和美国建立专门的现代化同盟。俄罗斯正在努力创建世界范围的"现代化联盟"。

3. 经济现代化过程中遇到的问题

应该说，这次俄罗斯提出的现代化是一项战略性的政治决策。但实现上述战略性转变将是一个缓慢的过程。俄罗斯现代发展研究所所长伊戈尔·尤尔根斯指出：俄罗斯"现代化、摒弃原料经济向创新型经济发展的过程过于缓慢"。① 之所以缓慢，是由多种原因造成的。

第一，俄罗斯企业缺乏创新的积极性。目前只有10%的企业有创新积极性，只有5%的企业属于创新型企业，只有5%的产品属于创新型产品。产生上述问题的原因是，俄罗斯现在的经济"还没有创新需求。倘若企业家投资原材料贸易可获得50%的年利润，而创新收益仅有2%～3%，起初甚至会赔钱，你会选择哪个？"② 据有关材料显示，当今俄罗斯在世界主要国家中的创新能力排名第35位，科技集群环境排到第41位，与大学联系程度排到第45位，创新政策指数排到第58位，公司积极性和战略指数排到第63位。由于创新能力差，加上设备陈旧，俄罗斯的产品在国际市场上缺乏竞争能力。

第二，与上述因素相关，俄罗斯在实行由资源型向创新型转变过程中，面临着难以解决的矛盾：一方面反复强调要从出口原料为主导的发展经济模式过渡到创新导向型经济发展模式；另一方面，发展能源等原材料部门对俄罗斯有着极大的诱惑力与现实需要。在俄罗斯国家预算中几乎90%依赖能源等原材料产品，燃料能源行业的产值占全国 GDP 的30%以上，占上缴税收的50%与外汇收入的65%。而俄罗斯高新

---

① 《俄罗斯报》2010年4月14日。
② 《俄罗斯报》2010年4月14日。

技术产品的出口占全世界同类产品出口的0.2%都不到。

第三,设备陈旧,经济粗放型发展,竞争力差,这些是老问题又是需要较长时间才能解决的问题。在向创新型经济转变的情况下,俄罗斯更感到解决这些问题的迫切性。不少学者认为,俄罗斯自2000年以来,虽然经济一直在快速增长,但令人担忧的是,经济仍是"粗糙化"即初级的经济,工艺技术发展缓慢。俄罗斯科学院经济研究所第一副所长索罗金指出:"俄罗斯主要工业设施严重老化,到目前至少落后发达国家20年,生产出的产品在国际上不具有竞争力。机器制造业投资比重为2%~3%。同发达国家相比明显存在技术差距。作为原料出口国对原料产业先进设备供应国的依赖令人担忧。"早在2003~2004年就已有60%~80%的生产设备老化。

第四,投资不足。为了优化经济结构,需要大量增加在国际市场上有竞争能力的经济部门和高新技术部门的投资。梅德韦杰夫总统成立了俄罗斯经济现代化和技术发展委员会,并确定了国家经济现代化与技术革新的优先方向,这涉及医疗、信息、航天、电信、节能等领域。发展这些领域都要求有大量的投资。如何解决投资不足的问题,俄罗斯学者认为有三种选择:优化预算支出;让以石油、天然气企业为代表的国家自然资源垄断企业,增加对科技创新的投入;调整税收政策,减轻高新产业区的税负。

第五,俄罗斯科学院副院长涅基佩洛夫认为,在金融危机发生前,俄罗斯犯了"非常严重的错误",即没有利用国家已有资源加速推进现代化进程。

第六,目前在俄罗斯国内,人们对现代化与建立创新型经济持有不同看法。有人认为,在目前的俄罗斯社会经济条件下无法建立创新型经济,当前的主要任务应该是消除腐败与提高国家管理效率。据"俄罗斯现代化改造和创新道路上的障碍"的调查报告得出的结论说：俄罗斯创新道路上面临的主要制约因素是官僚主义、不完善的法律环境和缺乏对投资商的保护，以及项目融资的困难。因此，有人提出俄罗斯实现现代化的关键在社会领域，即确保法律公平，严厉打击腐败与维护社会正义。有鉴于此，2010年7月27日梅德韦杰夫在经济现代化委员会上也指出，向现代化过渡不只是向创新经济过渡，而且还要解决贪污腐败、减少行政干预、发展良性竞争的问题，否则任何技术现代化与创新经济都是不可能的。2010年9月，在俄罗斯雅罗斯拉夫尔国际政治论坛上，梅德韦杰夫谈到这一问题时指出："民主仍然是俄罗斯这个国家、这个庞大经济和政治系统的必要条件。"

第七，俄罗斯在创建与欧盟等西方国家现代化联盟方面，也难以取得大的实效。俄罗斯的意图是在经济现代化方面广泛吸收欧盟的技术知识，但欧盟以前与现在都不急于与俄罗斯分享技术。欧盟提出的条件是，俄罗斯应该更新经济与专利法律制度，改善投资环境，克服贪污腐败，保护人权。布鲁塞尔制定了一整套计划来应对俄提出的现代化伙伴关系的设想，中心内容是建议俄罗斯建立法制国家，然后再搞自己的经济现代化。

第八，小企业发展缓慢。目前，在美国等西方发达国家，中小企业对GDP的贡献率可达50%，美国近50年来GDP的增长靠科技创新，主力是企业，特别是中小企业。2009年，俄罗斯小企业对GDP的贡献率不超过15%，且呈逐年递减趋势。因此，可以看出，俄罗斯中小企业在未来的经济现代化进程中，作用仍然十分有限。

创新型经济发展缓慢，经济发展摆脱不了能源等原材料部门，这必然使俄罗斯经济难以在短期内实现现代化与保证稳定和可持续发展。

十三　俄罗斯社会保障制度改革

经济学界把建立适应市场经济所需的社会保障体制，视为经济转型继宏观经济稳定化、经济活动自由化与国有资产私有化这三大支柱之外的第四大支柱。

1. 养老保障制度改革

苏联在传统的计划经济体制条件下建立的养老保障制度，在保障广大居民必要的生活条件与保持社会稳定等方面，都起过良好的作用，但存在的问题亦很明显，突出表现在一切由国家统一包揽。这种办法，一方面超越了国家经济与财政能力；另一方面使得社会成员在思想与理念上，忽视了在建立养老保障制度方面应尽的责任与义务，而完全躺在国家身上。另外，俄罗斯推行的激进转型政策，在价格自由化、国有企业私有化等方面的改革都是快速进行的，这在客观上亦要求加速养老保障制度改革，否则，就会制约经济体制转型的进程。对俄罗斯来讲，养老保障制度改革的迫切性还在于人口危机与老龄化严重。1989~2002 年俄人口减少了 180 万人，2002~2010 年又减少 230 万人。据俄罗斯国家统计局测算，2031 年俄罗斯将出现极为严重的人口危机,届时俄罗斯劳动年龄人口为7650万人(指16~59岁的男性与16~54岁的女性),老年人口为4007万人,两者之间的比例由2010年的2.8∶1,下降到2031年的1.9∶1。

俄罗斯养老保障制度改革是朝以下方向进行的:一是逐步放弃国家包揽一切的做法,实现社会保障的资金来源多元化;二是在处理社会公平与效率的相互关系问题上,重点由过去的公平而忽视效率转向效率兼顾公平;三是不断提高养老金水平。

1997年前,俄罗斯在这一领域改革的主要内容有:第一,除了实行自愿投保养老外,所有公民与企业事业单位均必须参加强制性养老保险,其基金来源与国家预算脱钩,建立专门的俄联邦预算外自治养老基金,基金来自联邦与各联邦主体预算拨款、投保单位和个人三方面。雇主按工资总额31.6%缴纳,雇员按工资收入5%缴纳,企业与职工的缴纳一般要占该基金总额的90%以上。强制性养老保险基金,是预算外基金的重要部分,单独进行管理。养老保险基金绝大部分(占94%)用于发放养老金、残疾金、对丧失赡养者与暂时丧失劳动能力的人的社会救助;5%用作流动资金;1%用于养老基金会的经费支出。第二,领取养老金的条件与苏联时期一样,男年满60岁工龄不少于25年,女年满55岁工龄不少于20年。由于通胀率高且变动大,原来那种长期不变的计算发放养老金的办法就难以适应变化了的情况,往往不能抑制由于通胀所引起的养老金实际水平的下降,从而使养老金领取者最低生活水平得不到保证。因此,从1992年起养老金实行指数化。指数化主要根据以下因素计算:市场价格的变动、在职职工的平均工资数额和养老金领取者原有工资与优抚金水平。1997年9月,俄罗斯通过了《关于计算和增加养老金的程序法》，规定从 1998 年 2 月 1 日起，养老金的计算不再以价格的增长为依据，而以全国月平均工资的提高水平为根据，同时规定采用个体系数来完善养老金。

20多年来，俄罗斯养老保障制度在不断调整与完善。1997年，俄罗斯参照世界银行提出的"三支柱"模式，对养老金保障制度进行了重大改革，实行"三支柱"养老保障制度。第一支柱是社会养老保险，它仅限于为无力缴纳养老保险费的特困人群提供帮助，由政府财政出资；第二支柱为强制养老保险，这是"三支柱"中最重要的部分，其资金来源为企业和职工的缴费和基金收益，2001年通过开征统一社会税实现。该税是把原来的养老基金、社会保险基金、强制医疗保险基金合并为一。统一社会税按工资总额的 35.6% 征收，其中的 78.7% 用于养老基金，11.2% 用于社会保险基金，10.1% 用于强制医疗保险基金。由于养老保险分为三部分，相应的纳税也分为三部分。其中，用于养老基金部分的 50% 作为退休金基础部分的保险费缴入联邦财政部门，通过联邦财政预算的方式予以发放，另外 50% 作为退休金保险和积累部分的保险费。开征统一社会税后就取代了此前实行的向国家预算外基金缴纳保险费的制度。第三支柱为补充养老保险，是一种自愿养老保险，由雇主自愿建立，所有职工均可自愿参加，采用基金制的个人账户管理方式，使职工在得到基本生活保障之外可自行通过购买补充养老保险灵活调整退休后的收入。俄罗斯自愿养老保险的人数很少，只有 1% 的劳动年龄居民参加了这种保险。原因在于：一是总的来说，大多数居民收入水平较低，无力承担额外的保险支出；二是养老保险基金投资收益率往往低于其他投资的回报率；三是在俄的非国有金融机构信誉差，难以得到广大居民的信任。

普京执政后，先后出台了一系列有关养老保险改革的法律，主要是围绕落实与完善"三支柱"型养老保险制度采取的政策与措施，主要内容有：一是落实"第一支柱"社会养老保险。这是国家提供给不能享受退休人员养老金的老年人、残疾人和丧失赡养人的社会群体的养老金。有权享受社会养老金的人群包括一、二、三级残疾人员，残疾儿童，失去单亲或双亲的未满18周岁的未成年人。此外还有年满65周岁的男士、年满60周岁的女士，不能享受退休金的人员，在到达法定退休年龄5年后可以享受社会养老金。二是强化"第二支柱"强制性养老保险。根据有关法律，劳动退休金由基本养老金、养老保险金和养老储蓄金三部分构成。基本养老金是其中硬性规定的固定数额，根据年龄、身体是否残疾、是否有受抚养人和赡养人以及受抚养人和赡养人的数量等确定，从俄联邦财政预算资金中支出。基本养老金缴费由企业和国家共同承担，企业每月将职工工资总额的14%上缴（统一社会税中职工工资总额28%的一半），政府用这笔钱和部分财政拨款给退休人员发放基本养老金。三是采取优惠政策扩大"第三支柱"即补充养老保险的人群。

俄罗斯在养老保障制度方面虽进行了多次改革，但仍与国际标准存在较大差距，另外，在人口持续老龄化趋势压力下国家负担日益加重，使养老保障体系赤字运行，靠财政补贴难以维系。针对上述情况，俄罗斯决定从2010年1月1日起，对养老保障制度进行新的改革，其实质是向保险原则过渡，即公民所享受的养老金权利和养老金额度直接取决于每个人向国家养老基金的保险缴费。其目的是使养老金收入由依靠税收收入向依靠保险收入转变，同时把养老基金的保险缴费率，从2010年前的20%提高到

26%，以使养老金保持收支平衡，并从2010年起取消统一社会税，重新开征包括养老保险在内的社会保险费。

总的来说，俄罗斯在经济转型过程中重视养老保障制度的改革，并不断提高养老金水平，2000~2007年养老金增加了1.5倍。2012年全俄月均养老金为9800卢布（按1卢布折合0.1989人民币计算为1949元），该年平均养老金与平均工资的比率为35.5%。

但同时要指出的是，俄罗斯养老保障制度尚存在不少问题，最为突出的是：第一，尽管政府采取诸如提高养老保险费率等政策来减轻国家负担，但国家财政仍面临巨大压力。2007年俄罗斯联邦政府用于养老保障的转移支付占GDP的1.5%，而到2010年提高到5.2%。这是指俄罗斯联邦政府用于养老保障的转移支付，而俄全部养老金支出约占GDP的9%。俄从2005开始出现养老基金赤字，数额为870亿卢布，据预测，到2050年养老基金赤字将占GDP的1.25%。俄准备通过提高退休年龄等措施来缓解赤字，计划到2015年男性公民退休年龄由60岁提高到65岁，女性公民由55岁提高到60岁。第二，在相当一个时期内，一方面养老基金占GDP的比重日益提高，另一方面平均退休金占平均工资的比率不高，结果使国家财政压力增大，同时又往往使退休人员因养老金低而对政府不满。为此，俄政府承诺退休金从2015年起将至少提高45%。第三，由于俄人口老化与不断减少，每100名劳动年龄人口要负担的老年人将从2010年的36人上升到2031年的53人，抚养负担率将有较大提高。这不仅对如何发展俄养老保障制度是个重大问题，亦是俄经济与社会发展面临的一大挑战。

俄养老保障制度今后改革的总趋势是：以建立长期稳定的养老保障机制，使当代及后代老年公民都能获得充足的养老金并过上体面的生活为目标；通过拓宽养老金融资渠道，发展非国有养老保险，提高养老储蓄管理水平等措施，逐步缩小养老基金赤字；继续提高劳动退休金的平均发放水平，在 2016～2020 年，使其达到最低生活保障水平的 2.5～3 倍（2011 年全俄平均最低生活标准为 6369 卢布，有劳动能力者为 6878 卢布，退休人员为 5032 卢布，儿童为 6157 卢布），创造条件，使退休人员的平均退休金占平均工资的比率不低于 40%。

2. 医疗保险制度改革

医疗保险制度是苏联时期整个社会保障制度的重要组成部分。它对广大居民的生、老、病、死、残起着保障作用，因此，它与每个社会成员都有密切的关系。1912 年 1 月，在布拉格召开的俄国社会民主工党第六次全国代表大会上，列宁谈及社会保障问题时提出以下思想："最好的工人保险形式是工人的国家保险，它是根据下列原则建立的：（1）在工人丧失劳动力的一切情况（伤残、疾病、年老、残废；还有女工的怀孕和生育；供养人死亡后所遗寡妇和孤儿的抚恤）下，或在他们因失业而失去工资的情况下，国家保险都应该给工人以保障。（2）保险应包括一切雇佣劳动者及其家属。（3）对一切被保险人都应按照偿付全部工资的原则给予补偿，同时一切保险费应由企业主和国家负担；各种保险应由统一的保险组织办理；这种组织应按区域和按被保险人完全自行管理的原则建立。"十月革命胜利后苏维埃政府着手建立医疗保险制度，并把包括医疗保险制度在内的社会保险制度写入了宪法，如 1977 年 10 月 7 日通过的《苏维埃社会主义共和国联盟宪法》规定："这个社会的生活准则是大家关心每个人的福利和每个人关心大家的福利。"第35条规定："采取措施保护妇女的劳动和健康"，"对母亲和儿童给予法律保护"；第42条规定：苏联公民"有享受保健的权利"；第43条规定：苏联公民"在年老、患病、全部或部分丧失劳动能力以及失去赡养者的情况下，有享受物质保证的权利"；等等。1965年苏联把社会保障与社会保险范围发展到了集体农庄，这样就在苏联实现了全民免费医疗。这里有必要对苏联免费医疗的具体含义做一说明：各类医疗服务是免费的，但药费由患者自付，只对住院者、战场负伤者、未满周岁的婴儿、癌症患者、精神病者、急救处理者等免收药费。另外，对在门诊治疗的结核病、糖尿病患者的药品与价格较高的抗生素亦实行免费。就是说，除上述患者外，其他在门诊就诊者要按医生开出的处方去药房自费购买药品。凭医生处方购买的药品，价格十分低廉，甚至有1/3的药品价格低于其成本价。

在苏联时期医疗卫生经费主要来自国家预算与企业、社会团体及集体农庄的资金，而以国家预算拨款为主要来源。苏联每年编制的国家预算支出项目中列有社会文化措施支出一栏，其中就包括医疗卫生经费。苏联解体前的1990年该项支出为1700亿卢布，加上其他资金来源共计为1951亿卢布，占当年国民收入总额的19.6%。

各医疗机构由苏联卫生部统一领导，医疗卫生事业的各项政策措施由国家实施。

应该说，苏联时期的医疗制度在保障广大居民获得医疗服务方面，还是有成效的，医疗卫生事业亦取得相当进步，苏联解体前的1990年全苏拥有各科医生127.92万人，每万名居民拥有医生数为44.2人（十月革命前的1913年这两个数字分别为2.81万人与1.8人）；1990年病床总数为383.21万张，每万名居民拥有病床数为132.6张

(1913年这两个数字分别为20.8万张与1张)。可以说，苏联所拥有的医生总人数和病床总数在国际上均在前列。

苏联时期的医疗制度主要存在以下弊端。首先，由于医疗服务不是采用社会保险形式，资金来源主要靠国家财政拨款，随着享受免费医疗人员的增加，对医疗条件的要求不断提高，使国家财政负担难以承受。其次，由于经费不足，导致医疗设备长期落后、药品短缺、医疗服务水平低下，实际上广大居民看病难问题一直没有得到很好解决。第三，由于医疗机构由国家实行集中统一的行政管理方式，资金主要依赖国家，使医疗保险不可能社会化，更谈不上市场化，医疗机构之间缺乏竞争，年复一年一年地维持现状。第四，苏联虽实行全民免费医疗，但各阶层居民在享受该权利时有极大的差别，各级官员在医疗方面享有种种特权，有专门的医院，那里医疗设备先进，配有高水平的医务人员，而普通百姓只能接受一般医院低水平的医疗服务，并往往受排长队之苦。

苏联解体时，面临十分严峻的经济形势，1991年，苏联国家预算赤字比计划数字增加了5倍，占GDP的20%，国家财政已完全失控。在这种情况下再要靠财政拨款来维持广大居民的卫生医疗已不可能。另外，苏联解体后叶利钦实行了"休克疗法"，激进式向市场经济转型，原来的医疗制度与整个经济体制的市场化已不相适应。这些都要求新的俄罗斯政府改革医疗制度。改革的基本目标是建立与市场化相适应的现代强制医疗保险制度。为此实施的主要政策，一是由国家财政拨款制度转为社会保险制度；二是由国家财政负担的免费医疗制度转为由国家与居民共同负担的医疗制度。

1991年6月28日俄罗斯通过了联邦公民医疗保险法。该文件为俄罗斯医疗制度改革奠定了法律基础，亦反映了俄医疗制度改革的主要与内容。该保险法规定：（1）所有俄罗斯境内的常住居民均须参与强制医疗保险，保险费由国家及企业共同承担。有工作的居民，由其所在单位按工资收入的一定比例缴纳强制医疗保险，没有工作的居民由国家预算支付强制医疗保险。（2）强制和自愿医疗保险缴费是俄罗斯医疗保障体系的主要资金来源。（3）在强制医疗保险范围内由政府提供免费医疗服务，其数量和条件依据联邦政府和各级地方政府批准的强制医疗保险基本纲要执行。（4）改变医疗保险给付标准，国家为居民提供的医疗保障拨款不再以个人工资为标准，而改按其缴纳的医疗保险费用，实行多缴多付、少缴少得的原则。（5）除强制医疗保险外，设立自愿医疗保险，保费由企业和个人共同负担，在居民享受免费之外的医疗服务时，由非国有保险公司承担其费用。1993年4月和1996年俄又分别通过了《关于建立联邦和地方强制医疗保险基金的规定》和《俄罗斯联邦公民强制医疗保险法》，目的是为了推进强制医疗保障制度的建立。为此，俄根据上述法律文件，进一步采取一些具体改革医疗保障制度，主要有：第一，建立强制医疗保险基金。强制医疗保险基金分为联邦强制医疗保险基金和地区强制医疗保险基金。其主要任务是：（1）保证《俄罗斯联邦公民医疗保险法》的实施；（2）保证联邦主体强制医疗保险体系的财务稳定性；（3）保证俄罗斯法律规定的公民在强制医疗保险体系中的权利；（4）参与强制医疗保险领域国家财政政策的制定和实施；（5）制定和实施配套措施，以保证强制医疗保险体系的财务稳定性，为拉平各地区的医疗服务水平和质量创造条件。强制医疗保险基金的主要资金来源有：（1）雇主缴纳的强制医疗保险费，费率为工资基金总额的3.6%，其中5.6%纳入联邦强制医疗保险基金；94.4%纳入地区强制医疗保险基金；（2）用于完成国家级强制医疗保险计划的联邦预算拨款；（3）法人和自然人的自愿缴款；（4）基金闲置资金的经营所得，基金所得免征所得税。在上述资金来源中，最主要的为保险缴费，占强制医疗保险基金总收入的90％以上。① 第二，成立医疗保险公司。该公司是不受政府卫生医疗部门管理的独立经营主体，可承包各类医疗保险业务。企业和国家管理机关作为投保人同保险公司签订合同，被保险人在保险公司指定的医疗服务机构就医，保险公司为被保险人支付医疗费用。医疗保险公司可代表受保人的利益对医疗机构所提供的医疗服务质量进行检查和监督，必要时对医疗单位提出索赔和罚款制裁。

在叶利钦执政期间，形成了新的医疗保险制度框架，但由于这一时期出现了严重的经济转型危机，市场混乱，各种法律难以执行，因此有关医疗制度改革的法规与政策并没有得到很好落实。特别要指出的是，由于资金短缺，国家对卫生医疗的拨款大大减少，使不少人求医遭遇困难。1998年金融危机后，俄联邦医疗拨款在该项支出总额中的比重由1997年的43％降至1998年的37％，这使得医疗总费用的2/3由普通居民来抵补了。

普京执政后，十分关注俄罗斯的卫生医疗事业。第一，他在2005年提出，医疗是国家优先发展计划四大领域之一（其他三项为教育、住宅和农业），并亲自担任为此而专门成立的国家优先发展计划委员会的主席。"健康"国家优秀发展计划当年开始实施，是年的支出就高达787亿卢布，占当年对医疗卫生事业投入的9.1％。普京提出实施"健康"国家优先发展计划的另一个重要目

---

① 引自童伟等著《2012年俄罗斯财经研究报告》，经济科学出版社，2012，第237页。

的是提高俄罗斯人的寿命。1994年俄人平均寿命降至57岁，1999年提高到60岁，2012年为68岁。尽管人平均寿命在提高，但在世界上处于低水平，这是俄罗斯亟待解决的问题。普京在2008年提出，到2020年要让俄罗斯人的平均寿命提高到75岁。因此，提高卫生医疗服务水平是一项十分迫切的任务。第二，继续对医疗制度实行改革，重点是扩大资金来源，使医疗保险基金有可靠的保证。为此，采取的措施有：一是2002年开征统一社会税，把其中一部分纳入强制医疗保险基金。统一社会税把原来的三种国家预算外基金——退休基金、社会保险基金、强制医疗保险基金合在一起，缴费的主体是各种所有制形式的企业、组织、机构，此外还包括从事个体劳动和私人经营活动的公民。二是提取部分社会保险基金，用于对医疗卫生事业拨款。2005年、2006年来自社会保险基金的资金占俄罗斯医疗卫生事业总投入的比重分别达到1.8%和2.6%。

为了使医疗保险制度与市场化及现代化相适应，2010年11月29日俄通过了关于部分修订强制医疗保险法，开始了对俄医疗制度的进一步改革。其主要内容有三：（1）给予被保险人以自主选择医疗保险公司的权利。以前，被保险人无选择医疗保险公司的权利。新的医疗保险法规定，自2011年起，可由被保险人自主选择医疗保险公司。（2）扩大强制医疗保险给付范围。原有的强制医疗保险体系对医疗机构的保险给付范围仅包括薪金、工资、支出成本、药品和食物等5个方面。自2013年起，医疗机构除用于基本建设、维修和购买10万卢布以上设备的支出外，其他所有支出全部由强制医疗保险体系承担。（3）取消私人医疗机构进入强制医疗保险体系的限制。这次改革，使俄罗斯强制医疗保险更便于广大居民就医。

经过多年努力，到 2011 年底，俄罗斯境内共计有 1 个联邦强制医疗保险基金，84 个地区强制医疗保险基金，107 个有法人地位的医疗保险公司和 246 个下属分支机构，8200 余个合同医疗机构。参加强制医疗保险的居民有 1.423 亿人，其中 5880 万人为有工作的居民，8350 万人为无工作居民。①

目前，俄罗斯卫生医疗体系存在的主要问题有：一是资金不足，强制性医疗保险体系至 2012 年初资金缺口约为 1000 亿卢布。二是医疗服务水平低，工作效率不高，造成这一情况，除医疗设备较落后外，与医务人员收入低有关，2007 年西方国家医生的收入是社会平均工资的 2～3 倍，而俄罗斯医生收入仅是社会平均工资的 65%，这必然影响医务人员提高业务水平的积极性。俄这几年来一直在着力提高医务人员的收入水平。普京提出，到 2018 年医务人员的工资，要达到本地区年平均工资的 200%。② 三是药品不足。患者服用的进口药和非处方药所占比重较高，2009 年上半年，按价值量计算，进口药品和国产药品的比例是 76∶24，处方药与非处方药的比例是 52∶48。俄药品市场价格高，又缺少应有的价格调控，而且完全没有国家补贴，这大大加重了患者负担。四是医疗领域的腐败十分严重，"红包"现象极为普遍。普京在 2008 年 2 月 8 日发表的《关于俄罗斯到 2020 年的发展战略》的讲话中说："无论到哪个机构……到医疗点、到妇科大夫那里……都要带着贿赂去，简直是太可怕了！"

由于存在上述问题，在俄罗斯特别是像莫斯科那样的

---

① 参见童伟等《2012 年俄罗斯财经研究报告》，第 237 页。
② 普京：《俄罗斯的社会政策：建设公正社会》，《共青团真理报》2012 年 2 月 13 日。

大城市，出现了不少私人医院，一些收入较高的患者去私人诊所就医。据有关报道，私人诊所看一次感冒的诊疗费用为1500卢布，住院治疗每天的开销要4500卢布，但其先进的医疗水平和温馨周到的护理还是受到不少高收入者的青睐。

3. 住房制度改革

住房是广大老百姓极为关切的问题，亦是不容易解决的十分复杂的问题。

十月革命前的俄国，居民居住条件很差，1913年城镇人均住房面积为6.3平方米。革命胜利后的1920年代，由于战争的破坏与城市人口的大量增加，到1926年人均住房面积降至5.8平方米，有近30%的工人家庭人均还不到3平方米。经过1930年代苏联工业化时期的发展，到1940年居民人均住房面积亦只有6.4平方米。在第二次世界大战中，苏联25%的城市居民住房遭到破坏，经过战后几年的住房建设，到1950年城市人均住房面积才提高到7平方米。1953年赫鲁晓夫上台后，在解决居民住房方面面临巨大压力，当时大多数居民居住条件十分恶劣，1956年笔者去莫斯科留学时住的学生宿舍里，还住有大学副校长与教授，一对离婚的夫妻还同住在一间学生宿舍里。赫鲁晓夫下决心要在10~12年内解决住房问题。从1957年开始，苏联政府决定每年建造200万平方米的居民住宅，目标是为每个家庭提供独户住房，人均9平方米。住房设计较简单，为装配式预制结构五层楼房，后来被称为"赫鲁晓夫筒子楼"。尽管这一时期所建住房带有简易经济房性质，但对缓和住房紧张起了很大作用，到1965年居民人均住房面积为10平方米，约有30%的家庭住进了单元式住房。到勃列日涅夫时期，继续加强住房建造，后经过各届政府的努力，在苏联解体前的1991年，苏联人均住房面积为16.5平方米。

苏联时期居民住房一直处于十分紧张的状态，改善进展缓慢，尽管在客观上有战争破坏与俄国留下的住房条件的影响，但从根本上来说是由苏联的住房制度造成的。与传统的计划经济体制相适应，苏联的住房制度具有福利性质，它的主要特点是，由国家大包大揽，即靠国家解决住房问题，大多数公民的住房主要由国家负责建造和无偿分配，实行低租金与高补贴政策。这种住房制度具体反映在：第一，住房建造主要靠国家，尽管苏联亦有鼓励合作社建房与私人建房的政策，但始终没有改变以国家建房为主的状况，1986~1990年，国家所建住房的面积占总面积的68.9%，合作社占6.4%，私人占17.3%。第二，国家所建住房由国家按统一规定标准无偿提供公民使用，只象征性收取一点租金。根据1928年的有关规定，每平方米住房面积月租金为13.2戈比，后来新建的设备比较完善的住房租金为每平方米16.5戈比，水、电、煤气与暖气供应等收费亦很低，并且长期不变。因此，居民用于住房的开支占其家庭收入很小一部分，1990年占职工家庭收入的2.5%，占集体农庄庄员家庭收入的1.7%。第三，住房的维修靠国家补贴。

苏联上述住房制度的弊端十分明显，一是国家承担沉重的财政负担。长期以来，国家用于国民经济的基建投资中，住房建设投资占15%~18%，仅次于工业、农业投资。二是极低的房租无法弥补住房折旧与保养维修费用，相差2/3，这要靠国家财政大量补贴解决。据莫斯科市的材料，向居民收取的房租、水电费、暖气费与天然气费，只能弥补实际费用的1%~2%，甚至连维持收费单位的经费开支都不够。三是助长了人们对国家的依赖心理，削弱了多渠道建房的积极性。四是在分配住房的过程中，由于苏联是官本位制度，很难按统一规定分配住房，领导人往往利用权力多占住房。总之，苏联的住房制度，难以从根本上解决住房问题，反而使矛盾越来越尖锐。据俄国家建委负责人1993年年底发表谈话说，俄仍有1700万人的住房面积低于5平方米，约有1100万户几家合住一套住宅，约有200万户住旧房危房，约有950万户在排队等房，全俄缺4000万套住房，排队等房的队伍越来越长，平均等房期限长达20年之久。①

在上述情况下，俄罗斯在经济体制转型过程中，必须对住房制度进行根本性改革。改革的政策，一是实行公有住房私有化，即以无偿方式把房产权交给居民；二是改变原来主要靠国家建房并无偿提供居民使用的住房制度，即国家不再分配住房，实行多渠道筹资建房，并鼓励公民个人建房与购房；三是提高房租，使其接近住房实际价值，以克服原来的低房租的平均主义；四是尽快建立与发展房地产市场，使其与国企大规模私有化和整个经济向市场经济体制转型相适应。

俄罗斯住房私有化是根据自愿、无偿与一次性三原则进行的。自愿原则就是公民根据自己的意愿参与住房私有化，使公有住房归己所有。无偿原则即所有公民均可按规定的标准无偿获得已住房屋的所有权。无偿转为公民所有的住房按俄罗斯人均住房面积确定，不得少于每人18平方米，特殊条件下，可按住房性能再向每户提供9平方米，超标部分以一次性或分期付款方式解决。一次性原则即公民可按私有化方式一次性获得归己

---

① 见俄《文学报》1993年12月29日。

所有的住房。

在推行住房私有化的同时，俄采取各种政策措施鼓励公民建房与买房，如提供建房买房信贷。俄规定，银行可通过缔结信贷和抵押合同向法人与公民提供三种信贷：用于获得建房用地的短期或长期贷款；用于建设住房的短期贷款；用于购买住房的长期贷款。俄还通过发放住房券以吸引居民手中资金投资建房。住房券是具有保值作用的有价证券，持有者可用来分期购买住房。另外，俄对以自有资金和专项贷款建房、买房的公民，其在住宅专项储蓄账户的存款免征个人所得税。

俄罗斯还逐步提高居民住房公用事业的缴费比例，从2005年起完全由居民负担，如该项费用在居民家庭总收入中的比例超过20%的，国家可给予相应补贴。这一措施既有利于减轻地方财政压力，又可以使住房公用设施的维修得到资金保证。

住房制度的改革，使私人住房量大大增加，到2001年私人住房占存量住房的63%，公房占37%，而改革前的1989年67%的住房为公房，33%为私房。这对逐步形成住房一、二级市场亦也有重要意义。住房制度改革促进了住房建设的发展，1992年俄住房总面积为24.92亿平方米，2011年增加到32.72亿平方米。人均住房面积也从1992年的16.8平方米，提高到2011年的22.8平方米。

目前俄罗斯住房方面存在的主要问题是，住房私有化后，可提供无偿分配或以优惠价出售的房源大大减少，从而使无房户增加。产生这一问题还与房价大幅度上涨有密切的关系。随着住房私有化改造的进行，俄罗斯房地产走上市场，房价也随之上涨。到2008年金融危机前，俄罗斯房价年增长70%，2012年房价比2011年上涨9.9%。

根据俄罗斯报纸公布的各主要城市2011年10月房价排行榜，其中前十名的城市名单如下：莫斯科5902美元/平方米（套内面积）、圣彼得堡2895美元/平方米、叶卡捷琳堡1985美元/平方米、哈巴罗夫斯克1872美元/平方米、卡卢加1845美元/平方米、顿河畔罗斯托夫1767美元/平方米、新西伯利亚1738美元/平方米、秋明1637美元/平方米、克拉斯诺达尔1597美元/平方米、雅罗斯拉夫尔1579美元/平方米。莫斯科市黄金地段的高档住房，每平方米近1万美元，有的甚至高达5万美元。而2011年1～5月莫斯科市人均月工资为1465美元，其中金融领域从业人员月工资为3500美元，建筑领域从业人员月工资为1000美元。2011年，全俄月均最低生活费的标准为6369卢布，约213美元。随着房价上涨，租房也很贵，根据俄罗斯联邦"房产世界"协会2011年10月20日公布的对24个主要城市租房价格的调查，莫斯科市一居室的平均月房租为1000美元，两居室为1723美元，三居室为3502美元。圣彼得堡一居室为644美元，两居室为925美元，两居室为2103美元。莫斯科州的一居室为639美元，两居室为827美元。2012年2月13日普京在《共青团真理报》发表的总统竞选文章《构建公正——俄罗斯的社会政策》中指出：目前俄只有1/4的公民有能力建设或购买新住房。俄政府将通过多种途径解决民众住房问题。他认为，随着各种措施的实施，2020年前可以让60%的家庭获得新住房，2030前可以彻底解决住房问题。在俄住房制度改革过程中，另一个问题是，房地产行业存在垄断，市场存在价格操控。俄罗斯联邦总检察长柴卡声明说："鉴于联手操控价格的做法可能存在，总检察长已经委托联邦反垄断局组织一项调查，以判断房地产开发商在为房产定价时是否遵守反垄断法的规定。"关于这一问题，普京在 2004 年的总统国情咨文中就强调指出，为了使房地产市场规范化，必须打破建筑市场的垄断，俄公民不应当为建筑业由于行政障碍造成的代价付钱，也不应为建筑商的超额利润付钱。

十四　转型过程中的俄罗斯经济与发展前景

在20多年的转型过程中，俄罗斯经济发展经历了十分曲折与艰难的过程，其原因极为复杂，它既有历史因素，又与经济转型与发展政策有关，国际经济环境变化亦有重要影响。

1. 产生严重经济转型危机的原因

叶利钦时期经济体制转型过程中，出现了严重的经济危机。1992~1999年的8年中，俄罗斯经济除了1997年和1999年分别增长0.9%和5.4%外，其他6年都是负增长，GDP累计下降40%。

有人把产生严重经济转型危机的原因归咎于"休克疗法"，认为"俄罗斯经济形势和经济转型出现的问题，原因不在别处，而在'休克疗法'本身"。"休克疗法""把国民经济搞休克了，把国家搞休克了，把人民搞休克了。"有人还说，"休克疗法"，是"醒不过来的噩梦"。笔者不同意把俄出现严重的经济转型危机仅仅归结为"休克疗法"。我认为，叶利钦时期俄罗斯出现严重的经济转型危机是各种因素作用的结果，因此，必须历史地、全面地分析，切忌简单化。普京在《千年之交的俄罗斯》一文中，在回答这个问题时写道："目前我国经济和社会所遇到的困境，在很大程度上是由于继承了苏联式的经济所付出的代价。要知道，在改革开始之前我们没有其他经济。我们不得不在完全不同的基础上，而且有着笨重和畸形结构的体制中实施市场机制。这不能不对改革进程产生影响。""我们不得不为苏联经济体制所固有的过分依赖原料工业和国防工业而损害日用消费品生产的发展付出代价；我们不得不为轻视现代经济的关键部门付出代价，如信息、电子和通信；我们不得不为不允许产品生产者的竞争付出代价，这妨碍了科学技术的进步，使俄罗斯经济在国际市场丧失竞争力；我们不得不为限制甚至压制企业和个人的创造性和进取精神付出代价。今天我们在饱尝这几十年的苦果，既有物质上的，也有精神上的苦果。""苏维埃政权没有使国家繁荣，社会昌盛，人民自由。用意识形态化的方式搞经济导致我国远远地落后于发达国家。无论承认这一点有多么痛苦，但是我们将近70年都在一条死胡同里发展，这条道路偏离了人类文明的康庄大道。"普京还同时写道："毫无疑问，改革中的某些缺点不是不可避免的。它们是我们自己的失误和错误以及经验不足造成的。"① 普京讲的是符合实情的。笔者认为，应从以下几个方面去研究俄经济转型危机如此严重、时间如此之长的原因。

（1）与苏联时期留下的危机因素有关

俄罗斯是苏联的继承国。俄罗斯经济继承了苏联经济，两者有着十分密切的联系。导致俄罗斯经济转型危机的因素中，不少是苏联时期留下来的，也就是说，苏

---

① 《普京文集》，第4～5页。

联时期的旧体制、不合理的经济结构与落后的经济增长方式等惯性作用在短期内不可能消除。俄罗斯在转型过程中新旧体制的摩擦、矛盾与冲突比任何一个从计划经济体制向市场经济体制过渡的国家都要尖锐和严重。这是因为苏联历次改革未取得成功,经济问题越积越多,潜在的危机因素越来越增加。到了20世纪70年代,苏联经济发展已处于停滞状态。苏联经济的负增长在1990年已出现,到1991年GDP下降13%,而实行"休克疗法"的第一年(1992年),GDP下降幅度是14.5%,下降幅度比1991年仅增加1.5个百分点;长期以来,粗放型的经济增长方式得不到改变,严重制约了经济的发展;80%的工业与军工有关,这部分工业向市场经济转型要比民用工业困难得多,因为军工产品的买主是单一的,即政府,在这种情况下,市场机制难以发挥作用,政府订货一减少,军工企业便陷入困境,从而对整个工业企业产生重大影响。这里,我们不妨列举一些资料具体分析一下这个问题。普里马科夫指出,苏联解体前军工领域各部门创造的产值占国内生产总值的70%。① 如此庞大、占GDP比重如此高的军工企业,在俄罗斯经济转轨起始阶段由于受上面指出的因素影响,在1992~1993年,武器生产几乎下降了5/6,军工企业生产总规模下降6/7。② 这是俄罗斯在经济转型初期经济增长率下降的重要原因之一。1991年经互会解散,也对俄罗斯经济的发展带来严重的消极影响。据有关材料分析,在经互会解散的1991年,苏联GDP下降的50%以上是与经互会方面的经济联系遭到破坏造成的。这里还要考虑到

---

① 〔俄〕叶夫根尼·普里马科夫:《临危受命》,第62页。
② 刘美珣等主编《中国与俄罗斯:两种改革道路》,第350页。

苏联解体后，原各共和国之间地区合作和部门分工的破裂对经济产生的严重影响。

另外，还应指出的是，叶利钦执政期间国际市场石油等能源产品价格一直处于低位状态，这对能源出口大国的俄罗斯来说，不可能不对其经济产生严重影响。

（2）经济转型过程中出现的矛盾与失误

在这方面有两类问题：一类是俄罗斯实行快速向市场经济转型而采取的措施本身所含有的内在矛盾，[①] 它对经济发展带来的困难；一类是转轨过程中出现的政策失误。

其内在矛盾有：一是快速地向市场经济过渡的目标是要稳定经济，但为此而采取的措施，往往与目标相矛盾。这表现在：第一，俄罗斯在转轨起步阶段，其经济处于严重危机状态，原来的经济结构严重畸形，市场供求关系极不平衡。这种情况下，客观上要求政府加强对经济的干预，有时还需要采取一定的行政手段。但快速地、大范围地放开价格，实行经济自由化，一般会使政府的间接调控和行政干预的作用大大减弱，甚至根本不起作用，这样，不仅达不到稳定经济的目标，反而使经济更加混乱和动荡不定。第二，稳定经济与紧缩财政和信贷政策之间有矛盾。俄罗斯在转轨的前几年，经济危机与财政危机一直并存。从客观上讲，要遏制生产下降，稳定经济，就要求增加投资，放松银根。而解决财政赤字问题和控制通胀，又必须压缩支出，减少国家投资和紧缩信贷，这与稳定经济、促进生产的发展又相矛盾。第三，大幅度减少财政赤

---

① 关于"内在矛盾"的观点，笔者早在1993年2月撰写的一份调研报告中就已提出。同年3月在厦门大学一次学术研讨会上，在向会议提交的题为《前苏联与东欧各国向市场经济过渡若干问题分析》论文中，又详细地做了分析。该论文收录在陆南泉、阎以誉编著《俄罗斯·东欧·中亚经济转轨的抉择》，中国社会出版社，1994。

字，除了压支出还要增收，而增收的主要办法是增加对企业的课税，其结果是增加了企业的负担，刺激生产发展的机制就难以形成。

二是原苏联与东欧各国经济的一个重要特点是垄断程度高，在经济转型过程中，出现了由国家垄断价格变成某部门、某地区甚至某个大企业垄断价格的现象。这样，难以形成市场竞争环境。

三是在向市场经济过渡的起步阶段，实施的放开价格等宏观经济改革措施与使企业成为独立的商品生产者的微观经济改革措施，发挥作用的条件与时间是不同的。例如，放开价格等措施在极短时间内即可实现，而私有化则是一个较长时间的过程，企业机制的转轨难以在短期内实现，因此，企业不可能在短期内就能适应市场经济的要求。

四是打破对外经济关系垄断制，向国际市场全面开放，是向市场经济过渡的重要外部条件。但这会使企业面临激烈的竞争，而俄罗斯的企业难以承受住竞争的压力。在这种情况下，加速对外开放的宏观改革措施与促进企业发展的微观改革措施难以协调。

政策失误有：一是放弃了国家对经济的调控。这在俄罗斯转型前几年表现得尤为突出。当时盖达尔主张，应该采取措施，以最快的速度在俄罗斯形成自我调节和自我组织的市场经济，国家应最大限度地离开市场经济。到1994年2月10日，盖达尔在《消息报》发表文章还强调："要尽最大可能减少国家对经济的管理"。十分明显，当时俄罗斯的经济转轨在新自由主义影响下，强调国家放弃对经济的干预，仅强调市场的作用，没有摆正政府与市场的关系。1994年3月，俄罗斯就国家对经济的作用问题对专家进行了调查，受调查的专家中，认为"国家对经济的调节力度过于软弱"的占57%。① 普里马科夫批评说："现代自由主义作为一种经济思想，过去和现在都在宣扬在国家最少干预管理对象活动的条件下实行自由竞争。"他认为，要在俄罗斯实现公民社会，政治多元化，继续市场改革，把俄罗斯经济作为世界经济的有机部分发展，"首先必须加强国家对经济的作用，但完全不意味着，也不可能意味着收缩市场过程。与此相反，我们认为国家应当促进转入文明的市场。没有国家认真干预，混乱的运动本身不会也不能出现这一市场。"② 阿巴尔金指出，在市场经济形成过程中，应加强国家的调节作用，国内外多数学者持这一观点，他转引美国约瑟夫·斯蒂格利兹等三名获得诺贝尔经济学奖的学者的观点说："他们认为，绝对自由的、自发的市场发展会导致经济中的失衡现象。尖锐的、不可调节的冲突会造成不稳定现象并出现社会危机和动荡。为了防止这些弊端，按照他们的意见，必须有规律地增加国家的调节作用。"③

二是过度的、无区别的紧缩政策恶化了宏观经济环境，危及企业的生存。俄罗斯在实行经济自由化特别是价格自由化过程中，为了抑制通胀，实行了紧缩的财政货币政策，结果造成投资大幅下降，1995年俄罗斯投资总额仅为1990年的25%。另外，货币供应量和信贷投放量的过度紧缩，使企业由于缺乏必要的资金而难以进行正常生产经营活动。实践证明，过度的紧缩政策既没有达到稳定经济的目标，也没有达到平衡财政的目标。还需要指出的是，过度紧缩政策，导致三角债大量增加，并出现经济货

---

① 〔俄〕П. Я. 科萨尔斯等：《俄罗斯：转型时期的经济与社会》，第64页。
② 〔俄〕叶夫根尼·普里马科夫：《临危受命》，第21、36、37页。
③ 《阿巴尔金经济学文集》，第294页。

币化大幅度下降与严重的支付危机。俄罗斯很多经济问题都与三角债有关。过度紧缩使货币量大大减少。经济转轨之初的 1992 年 1 月，货币量占 1991 年 GDP 的 66.4%，大体与世界各国实际水平相符。到 1998 年 6 月 1 日货币量仅占 1997 年 GDP 的 13.7%。① 累积的债务率不断增加，1993 年占 GDP 的 9.6%，而到 1998 年高达 49%。②

三是软性预算控制措施与软弱无力的行政控制手段，是俄罗斯长期解决不了财政问题的重要原因。在 IMF 出版的《金融与发展》季刊 1999 年 6 月号上，盖达尔写了一篇文章，总结俄罗斯危机给转轨国家带来的教训。他认为俄罗斯改革中最重要的一个失误是："软性预算控制措施与软性或不存在的行政管理限制灾难性地融合在一起。"过去，在计划经济体制条件下，软性预算措施是与硬性的行政管理措施共存的。由于每个企业都是某个庞大的统治集团的一部分，因此国家牢牢控制着经理的任用，还要确保这些经理完成赋予他们的任务，企业经理人员完全处于集权化的政治控制体系中，他们必须循规蹈矩。虽也有掠取企业财富的犯罪行为，但受到限制。而当这种集权化的计划经济体制崩溃之后，对企业经理人员的行政控制也就瓦解了。其结果是，每年的税收计划往往只能完成 50% 左右，而大量的财政支出压不下来，财政危机不断加深。1998 年俄罗斯的"8·17"金融危机是一个典型例子。从这一年上半年预算执行情况看，俄罗斯有一半以上的预算支出没有资金来源。与此同时，还债的压力越来越大，并已完全丧失了偿还债务的能力，到了 8 月，俄罗斯政府与央行不得不宣布调整卢布汇率与重组债务。

---

① 〔俄〕叶夫根尼·普里马科夫：《临危受命》，第 47 页。
② 《阿巴尔金经济学文集》，第 242 页。

四是国企改革中的失误,对俄罗斯经济发展起着不可低估的负面作用。俄罗斯改革所有制结构,是实行市场经济必不可少的一步。它在这方面的错误,不在于搞不搞私有化,而在于私有化的战略目标与方式等方面出现了严重失误。有关这方面的问题在本书"俄罗斯国企改革的主要途径与问题"一节中已做了论述。

五是对西方国家的经济援助期望过高。俄在转轨初期,原设想只要沿着西方国家认同的改革方向发展,与社会主义决裂,就可获得西方国家的大量资金。实践证明,西方国家的经济援助不仅数量有限并附有苛刻的政治条件,援助的目的是为西方国家自身的安全利益服务的,即要使俄罗斯长期处于弱而不乱状态。几年之后,俄罗斯对此才有较为清醒的认识。

六是分配领域中的失误。市场经济要求效率优先、兼顾公平,在俄经济转轨过程中的相当一个时期未能实现这个原则。转轨一开始,由于盖达尔坚持实行自由市场经济模式,因此,在社会与分配领域,他坚持的政策是:国家只负责保护社会上最贫困的那部分居民。这样,在废除苏联原有的社会保障体制的同时,并未采取有效的社会公正政策来遏制各阶层收入差距的不断扩大。据俄罗斯统计资料,10%的富有阶层的收入与10%的最低收入阶层的收入差距在1991年为4.5倍,1992年为8倍,1993年为11倍,1993年与1994年上升到14倍左右,1999年的第二季度升至14.7倍。90年代中期,俄社会中10%的高收入阶层占居民总收入的26%,而占人口总数10%的贫困阶层的收入占总收入的2.3%。① 这种分配政策,使得大量

---

① 转引自张树华《过渡时期的俄罗斯社会》,新华出版社,2001,第111~112页。

社会问题得不到解决,大多数居民与政府处于对立状态。这是社会不稳定、改革得不到支持、市场经济秩序迟迟建立不起来的一个重要原因。

(3) 政治因素对经济衰退的作用

很长一个时期,俄罗斯政局不稳,阻碍了经济转型和经济正常运行。向市场经济过渡要求有一个稳定的社会政治环境,法制建设也必须要跟上。俄罗斯在向市场经济转轨的开始阶段,经济过渡与政治过渡之间存在严重的脱节和不协调。1993年10月,叶利钦炮打"白宫"以及政府的不断更迭,不仅反映出政治体制的不成熟、不稳定及不定型,还反映出各职能机构之间缺乏协调机制,失控现象十分严重。在这样的条件下,俄罗斯难以形成一个能贯彻执行的经济纲领,从而也就导致经济运行处于混乱、无序的状态。这种复杂的动荡不定的政局,一场接一场的政治风波,使得俄罗斯经济变得更加脆弱,更加扑朔迷离。

(4) 转轨理论准备不足

在苏联时期,经济理论在意识形态的重压下,对市场经济理论主要是批判,对现代市场经济理论根本不熟悉,因此,在俄罗斯快速向市场经济转轨时,出现了不顾具体条件,把西方市场经济理论盲目运用到经济改革中的情况。正如俄罗斯科学院经济学部在对10年经济转轨进行反思时指出的:"不能把改革失败的全部过失归咎于俄罗斯当今的改革派。不管情愿与否,必须承认,改革失败的重要原因之一在经济学对于改革的总体理论准备不足。"

2. 普京时期的经济增长

(1) 第一任期的主要经济成就

普京执政的第一任期,在经济领域取得的主要进展表现在：第一，从经济发展来讲，使俄罗斯经济从严重的危机状态摆脱出来，走向复苏，进入了经济增长期。GDP累计增长近30%。由于经济摆脱了危机并出现连续增长，使俄罗斯过去丧失的经济潜力已弥补了40%，但还没有达到1989年的水平。2003年俄罗斯GDP总量（按卢布汇率计算）为4315亿美元。

第二，人民生活水平有了明显提高。1999年职工月均工资为64美元，养老金仅为16美元，并且经常不能按时发给。而到2003年这两项指标分别增加到180美元和60美元。这4年居民的实际收入增长了50%。生活在贫困线以下的居民从1999年占总人口的29.1%下降到2003年的22.5%。失业率从1999年的12.66%下降到2003年的8.4%。

第三，一些重要的宏观经济指标有所改善。在普京的第一任期内，偿还外债500多亿美元，而并未引起财政紧张。连续几年出现预算盈余，2003年预算盈余占GDP的2.5%。通胀率得到控制，2003年未超过12%。1998年金融危机后，几乎枯竭的外汇储备，到2003年达到了历史最高水平，为790亿美元，仅2003年一年就增加300亿美元。

这一时期普京实行了"自由经济"政策与发展方针。他强调的战略是，通过政治上建立强有力的国家政权体系与加强中央权力，保证俄罗斯实现市场经济的改革。

（2）普京第二任期的经济状况

在普京第二任期，经济继续保持较快的增长速度。2004年GDP增长率为7.2%，2005年为6.4%（GDP为21.67万亿卢布，合7658亿美元，人均GDP超过5300美元）。职工月均名义工资约为320美元，增长25%左右，月均实际工资增长 9.3%。到 2005 年贫困人口下降为 2670 万~2900 万人，约占全国总人口的 1/5。2006 年 GDP 增长 6.9%，按购买力平价计算，GDP 总量已超过 1 万亿美元。2006 年通胀率已降为 1 位数（为 9%）。居民实际可支配收入增长 11.5%，失业率下降为 7.4%。俄罗斯政府外债大量减少。在 2005 年偿还了巴黎俱乐部 150 亿美元之后，2006 年偿还外债 337 亿美元，外债余额占 GDP 的 5%。2007 年 GDP 增长 8.1%，工业增长 6.3%，农业增长 3.35%，固定资产投资增长 21.1%，2008 年 GDP 增长 5.6%，工业增长 2.1%，农业增长 10.8%，固定资产投资增长 9.1%。

总的来说，普京执政期间俄罗斯经济形势明显好转。按照普京 2007 年提出的总统国情咨文的说法，"目前俄罗斯不仅彻底度过了漫长的生产衰退期，而且还进入了世界十大经济体的行列"。普京执政期间经济不断回升的主要原因有：

第 ，普京执政以来，一直把俄罗斯内外政策的着力点放在发展经济上，强调俄罗斯的最主要危险依然是经济方面，最主要的任务是保证经济增长。2006 年 5 月普京发表的总统国情咨文中强调："必须争取高速发展经济，并把这作为绝对优先目标。"普京之所以坚持要求经济的高速增长，其主要考虑因素有：一是实现经济高速增长是俄罗斯对所遇到的国内外各种挑战和威胁的唯一回答。二是普京竞选总统时提出了富民强国纲领，如果经济增长速度上不去，那就无法实现这个纲领。三是经济低速增长，意味着俄罗斯 21 世纪初在经济上难以缩小与发达国家的差距，从而难以使俄罗斯成为强国，而这是普京步入政坛以来最为重要的政治理想。四是在经济力量成为国际斗争中最重要的、决定性力量的当今世界，经济上不去，俄罗斯就很难与它作为多极世界中一极的地位相称。

第二，经济发展的宏观条件有了很大改善，这主要指的是政局较为稳定。这与我们在第一编中指出的普京采取加强中央权力的措施有关。中央权力的加强，不仅有利于克服叶利钦时期政治无序状态，并且也有利于强化国家对宏观经济的调控。

第三，有利的国际市场行情。这主要与能源等原材料产品价格大幅度上涨有关。美国"9·11"事件后，国际市场石油等原材料价格急剧上扬，对俄罗斯经济起了很大作用（见表14-1）。

表14-1　1999~2006年能源及其他原材料产品的国际价格涨幅情况

	1999年	2000年	2001年	2002年	2003年	2004年	2005年	2006年
布伦特牌原油，美元/桶	15.9	28.19	24.84	25.02	28.83	37.4	54.38	65.15
天然气，美元/百万英制热量单位	2.19	4.34	3.98	3.39	5.46	5.99	8.87	12.2
汽油，美元/加仑	0.52	0.89	0.79	0.76	0.89	1.20	1.508	1.81
铜，美元/吨	1540	1864	1614	1593	1786	2808	3606	6851.4
铝，美元/吨	1318	1550	1445	1351	1425	1693	1871	2619.4
镍，美元/吨	5240	8624	5966	6175	9581	13757	14692	22038

资料来源：《2006年俄罗斯经济：趋势与前景》，《过渡经济研究》2006年第28期。

从表14-1中可以看到，原油价格上涨的幅度很大，每桶石油从1999年的15.9美元上涨到2006年的65.15美元。俄罗斯出口结构中，石油等原材料产品占出口总额的80%左右，使得出口对俄罗斯GDP增长有很高的贡献率。例如，2000年俄罗斯出口石油1.45亿吨，比上年增长7.1%，但石油出口收入却比上年增长78.8%，为

253.3亿美元。对此，普京明确指出，2000年的经济增长"在很大程度上是由于良好的国际市场行情造成的"。① 俄罗斯杜马信贷政策委员会主席绍兴指出，2000年俄罗斯经济增长中有70%是外部因素作用的结果，内需的贡献率为30%。而2001年出现了相反的情况，内需的扩大对经济增长的贡献率为70%，而出口贡献率下降为30%。2002年出口对经济增长的贡献率又上升为60%，2003年为75%，2004年为70%。俄罗斯政府认为，这几年来，对经济增长的贡献率外部因素与内部因素各占一半，而经济学界普遍持不同意见。②

第四，内需扩大对经济增长的作用在提高。在看到外部因素对俄罗斯经济增长起着重要作用的同时，亦不能忽视这几年来内需扩大对经济的影响。这表现在：一是投资呈增长趋势。投资增长率2001年为8.7%，2003～2005年一直保持在11%的水平，2006年为13.5%。二是随着居民实际收入迅速提高，消费需求在扩大。普京执政以来，实行工资、居民货币收入、养老金、居民最低生活费与社会费补助5个方面的超前增长（工资增长速度超过GDP增长速度。居民货币收入年均增长率超过GDP年均增长率。养老金、居民最低生活费与社会补助增长率超过职工工资增长率）的政策。由于实行上述政策，自2000年以来，居民的实际收入增加了一倍以上。③ 这使俄罗斯零售商品流转额保持较快的增长率，近几年来，一直为12%的水平。普京上台后，特别重视社会问题，强化经济政策的

---

① 《普京文集》，第80页。
② 据俄罗斯科学院院士阿甘别基扬2004年17日在中国社会科学院俄罗斯东欧中亚研究所的一次报告中提供的材料，1999～2004年，俄罗斯GDP增长率的70%是国际市场能源及其他原材料价格上涨的结果。
③ 参见普京2007年4月向俄罗斯联邦会议发表的国情咨文。

社会化进程。他在2005年与2008年的总统国情咨文中，都强调住房、教育与医疗问题，提出让老百姓看得起病、买得起房与上得起学的基本社会政策。在这一社会政策的影响下，内需扩大对俄罗斯经济增长的作用日益提高。

2008年5月7日梅德韦杰夫正式成为俄罗斯第三任总统，8日普京被俄国家杜马批准为政府总理。这样，"梅普政权"正式形成。

应该说，梅普发展战略目标是一致的，都要实行富民强国战略，加速经济发展，提高人民生活水平，坚持市场化改革方向。梅德韦杰夫一再强调，将沿着普京的路线走下去，要继续执行普京执政时期的政策。

3. 金融危机对俄罗斯经济的影响与前景

2008年，由美国次贷危机引发的全球金融危机，对与世界经济有密切联系的俄罗斯经济产生了巨大的冲击，导致俄罗斯经济形势恶化。根据俄罗斯经济发展部公布的材料，2008年俄罗斯GDP同比增长5.6%（2007年为8.1%），工业产值增长2.1%（2007年为6.3%）。另外，还应看到，金融危机对俄罗斯实体经济产生了严重影响。从2008年10月开始，俄工业生产已处于停滞状态，到第四季度同比下降了8.2%。在一些工业部门，已开始宣布减产。

从2010年开始俄经济回升，2010年与2011年经济增长率均为4.3%，2012年为3.7%。2011年俄经济总量已超过2008年即危机前的水平。

俄罗斯今后一个时期的经济形势取决于以下五个因素。

（1）全球经济发展态势。不论对世界经济哪种估计，但普遍认为，美国及欧洲经济形势仍然严峻，全球经济恢复之路依然漫长。俄罗斯经济在今后一个时期与其他国家一样,将继续受到金融危机的冲击。

(2)俄能源与原材料出口量与国际市场价格的水平,将是影响俄罗斯今后一个时期经济的一个最为直接的重要因素。因上述产品的出口,对俄罗斯经济增长的贡献率一般为40%,有些年份达到70%。普京执政8年仅油气出口带来的收入达万亿美元。今后5年或更长一段时间,俄石油出口每年仍保持在2.6亿吨左右的水平。至于石油价格从目前来看大幅度下降的可能性不大。但应指出的是,石油价格是最难预测的,因此它对俄经济的影响是个不确定因素。

(3)投资环境的改善、吸引外资与防止资金外流问题。普京提出,俄罗斯要实现投资规模性增长,将投资从目前占GDP的20%提高到25%。2012年俄资本外流总额达700亿~750亿美元,影响到国内的投资。

(4)解决一系列社会问题。普京提出,在20年内,创造不少于2500万个工作岗位。他认为首先要为高学历民众提供就业机会,以便增加中产阶级数量。据估计,目前中产阶级占俄居民总数的20%~30%。普京计划通过提高医生、教师、工程师与技工的工资及增加这一群体的人数来扩大中产阶级,使其人数超过总人口数的一半。普京承诺,对重点公共部门的薪酬开支增幅会占到GDP的1.5%,即未来几年在重点公共部门每年增加支出300亿美元,到2018年该项支出将占GDP的4%~5%。他还誓言,要在2020年前解决贫困问题。普京还提出,要采取各种措施解决居民住房问题。目前俄只有1/4的公民有能力建设或购买新房。他承诺,到2020年让60%的家庭获得新房,2030年前彻底解决住房问题。普京认为,以上这些问题的解决,是保证社会稳定和经济发展的重要因素。

应该说，自普京执政以来，由于实行了居民收入增速超过经济增速的政策，因此，俄罗斯的经济增长是让老百姓得到实惠的增长（见表14-2）。

表14-2 2000~2011年俄罗斯GDP、居民实际可支配货币收入和月均工资增速比较

单位：%

年份	国内生产总值	居民实际可支配货币收入	月均工资
2000	10.0	13.4	12
2001	5.1	10.1	8.7
2002	4.7	10.8	11.1
2003	7.3	14.6	15
2004	7.2	11.2	10.4
2005	6.4	12.4	12.6
2006	8.2	13.5	13.3
2007	8.5	12.1	17.2
2008	5.2	2.4	11.5
2009	-7.8	3.0	-3.5
2010	4.3	5.9	5.2
2011	4.3	0.4	2.8

资料来源：根据俄罗斯公布的统计材料编制。

2000~2011年，俄罗斯居民月均实际可支配货币收入持续增长，生活在贫困线以下的人口占全国人口总数的比重不断下降，1992年最高达到4940万，占33.5%，2010年为1790万，占12.6%，2011年为1810万，占12.8%。居民家庭用于食品支出的比重由56.2%剧降至35.8%，居民家庭耐用消费品的拥有量不断增加，每百户家庭小汽车拥有量由1995年的18辆增加到2010年的48辆；电视机由134台增加到164台；录像机由15台增加到49台；音响由2台增加到39台；个人电脑由6台（2000年）增加到63台；电冰箱由116台增加到121台。

俄罗斯人均住房面积比苏联时期有所扩大，从1992年的16.8平方米，上升到2011年的22.8平方米。

（5）加速开发与开放俄东部地区。这里集中了70%~80%的各种重要资源。2012年9月，亚太经合组织（APEC）第20届领导人非正式会议就在俄罗斯远东城市符拉迪沃斯托克召开。俄罗斯这次用了4年的时间，花了210亿美元精心筹备了APEC会议，其目的十分明确：向世人宣示俄远东在亚太地区的存在，不能成为"被遗忘的角落"，为积极与亚太各国合作做好准备，使远东成为俄"走向世界"的前哨，连接亚太地区的重要接口，并以此次APEC会议为契机，使俄远东开发与开放进入一个采取切实行动的新阶段。在会议举行前夕，总统普京撰文指出，俄罗斯无论从历史还是地缘角度看都是亚太地区不可分割的一部分，完全融入亚太，是俄罗斯未来成功开发西伯利亚和远东地区的最重要保证。2012年5月，普京签署命令，在俄政府中设立远东发展部，该部设在紧邻中国的远东城市哈巴罗夫斯克。俄罗斯当前的目标是集中力量，推动俄远东社会、经济实现进一步大发展，最终使远东成为俄在亚太地区具有影响力的中心。通过发展远东，带动俄罗斯东部地区（西伯利亚与远东）的发展，这将成为普京新任期内俄罗斯国家战略构想中的一个重要内容。

对俄罗斯来说，今后经济的发展，能否崛起，成为世界性的经济大国，到2020年能否成为世界五大经济体之一，在相当程度上取决于东部地区的发展。

（6）从长远来说取决于俄罗斯经济现代化的进程，即俄罗斯经济能否从资源型向创新型转变。如果俄罗斯创新型经济发展缓慢，经济发展依靠能源等原材料部门，就难以在短期内实现现代化与保证经济稳定和可持续发展。

至于俄罗斯经济发展前景,从普京 2011 年 9 月在统一俄罗斯党代表大会上的讲演来看,他不满意目前 4%左右的经济增速,他要求今后几年经济的年均增速达到 6%~7%。他在 2012 年 4 月 11 日的政府工作报告中强调,加强经济发展的"重点是提升经济增长速度"。普京在向议会发表 2012 年度总统国情咨文中提出,未来 10 年,俄罗斯的经济年增长率应该达到 5%~6%。普京还认为,提高俄罗斯的投资环境,使国家进入世界银行 Doing Business 排名前 20 位,将使经济能够每年多增长 2%至 2.5%。但据俄罗斯经济发展部的预测,到 2030 年,俄罗斯经济年增长率为 4.1%至 5.4%。该部认为,2013 年俄罗斯经济增幅为 3.6%,略高于 2012 年的 3.5%。而经合组织对俄罗斯经济发展的预测更为悲观,2030 年前的年增幅不超过 3%。至于经济发展政策,普京在总统国情咨文中指出:俄罗斯今后"新的增长模式的核心应该是经济自由、私有权和竞争与现代化的市场经济,而不是国家资本主义"。

有关俄罗斯 2020 年要达到的基本社会经济目标,从普京的竞选纲领来看,到 2020 年俄罗斯经济将进入世界五强之一,按照购买力平价计算的人均 GDP 从目前的 13700 美元增加到 3 万美元,增长 1.2 倍。3 口之家的住房面积不少于 100 平方米。到 2020 年前中产阶级在总的居民结构中最低不少于 60%,也许不能少于 70%(而全世界从目前的 30%上升到 2020 年的 52%)。在 12 年内,俄罗斯经济主要部门的劳动生产率至少要提高 3 倍。人均寿命在 2020 年前提高到 75 岁,死亡率减少 1/3。家庭收入差距要从现在不可接受的 15∶1,降到更为合适的程度,等等。上述目标将分三个阶段实现:2008~2012 年为跨越准备阶段;2013~2017 年为跨越阶段;2018~2020 年为巩固与扩大阶段。

  至于普京未来的政治生命，俄罗斯《专家》周刊2012年3月12日出版的一期文章中说，主要取决于经济能否高速增长，不论是实现国家现代化，兑现提高人民物质生活水平，还是强军，都离不开经济的发展。

第四编

社 会 转 型

十五　社会转型中的俄罗斯政治精英

自 20 世纪 90 年代以来，俄罗斯的政治经济状况发生了巨大变化，俄罗斯政治精英的生成方式、流动渠道以及功能模式也随之发生了相应的变化。考察俄罗斯的政治与社会发展进程离不开对政治精英的研究。在俄罗斯社会转型的过程中，政治精英在俄罗斯政治进程中居于绝对主导地位，他们围绕着俄罗斯国家发展道路的选择和制度设计，相互博弈和互动，对俄罗斯的社会与政治发展产生了十分重要的影响。

1. 社会转型背景下俄罗斯政治精英的形成与主要特点

历史上，俄罗斯就是一个有着浓厚专制传统的国家，在其历史演化与政治发展的进程中，作为国家治理主体的政治精英始终占据着重要的地位。20 世纪 90 年代初苏联的解体以及随之而来的社会大转型，再次为俄罗斯政治精英发挥主导作用提供了一个巨大的政治舞台，而政治精英内部结构的变化，客观上也反映了俄罗斯政治发展的某种特殊性。

概括起来，社会转型时期俄罗斯政治精英内部结构的变化主要经历了以下四个时期。

（1）从1985年戈尔巴乔夫推行政治改革到苏联解体

这是俄罗斯社会从苏维埃体制向新的民主体制的过渡时期。苏联时期，作为社会特殊的挑选政治精英的渠道，根据不同时期的统计，全国大约有近40万人被列入职位名录，几乎占当时苏联人口的0.1%。其中，由苏共中央书记处负责掌管的职位名录有14000~16000人，由苏共中央各部门负责掌管的职位名录最多时达到25万人，而最终有机会升入最高权力层的人数只有800~1800人，其余的人则归入苏共各级基层党组织——党的州委会、边疆区委会、市委会等机构的职位名录。① 被列入职位名录的人不仅在仕途上拥有了不断升迁的"通行证"，而且还享有与之相匹配的社会地位与特权。这一庞大的政治精英集团构成了一群高高在上、占有国家大量财富的权贵阶层，或称具有相同政治利益的"政治阶级"。所有国家政策的制定几乎都出自这一权贵阶层，而真正的劳动阶层并不享有任何直接的政治权利。此外，为实现"政治阶级"内的新陈代谢，苏联还设有专门为权贵阶层输送后备力量的机构，其中最著名的就是共青团组织。

1985年戈尔巴乔夫被推选为苏共中央总书记后，苏联社会庞大官僚体制的惰性使他意识到，社会改革的出路首先在于调整干部队伍。从1985年4月召开的苏共中央全会开始，经过1986年的苏共二十七大，直至1988年苏共第十九次代表大会，在3年时间内，戈尔巴乔夫先后提

---

① Ольга Крыштановская О. Анатомия российской элтиы. М.：Захаров，2005. С. 17.

出了一系列政治体制改革的方针和纲领。为了消除改革的阻力，在当选总书记的一年内，戈尔巴乔夫就更换了 61.6% 的政治局委员，并开始在党内积极寻找和任命自己的支持者。在 1989 年 4 月苏共中央全会上，戈尔巴乔夫撤换了 74 名中央委员和 24 名候补中央委员，将中央委员会的组成人员削减了 22%。①

1988 年 12 月 1 日，苏联最高苏维埃通过了《苏联人民代表大会选举法》，这部苏联历史上第一部有关公开选举国家权力机关代表的法律具有划时代的政治意义。1989 年 3 月，按照新的人民代表选举法，通过差额选举和无记名投票的方式选举出了 2250 名人民代表，其中 88.1% 的代表是首次进入国家最高权力机关。②

戈尔巴乔夫倡导的政治体制改革成为苏联历史性的转折点，它根本改变了苏联的政治体制，从任命制到选举制的过渡也根本改变了苏联社会政治精英的生成方式。一个鲜明的事例就是，当时那些曾经被权贵阶层视为不受欢迎的持不同政见者和"自由思想的代表"——А. 萨哈罗夫、Д. 利哈乔夫、Р. 麦德韦杰夫等人，在这次选举中当选为人民代表，进入国家的最高权力机关。1990 年举行的俄罗斯人民代表选举也使一批的地方政治新人第一次进入国家权力体系，如列宁格勒当选市长索布恰克等。据资料显示，苏联解体后，在叶利钦派往联邦主体的总统代表中，有 30% 的人曾在 1990 年第一次当选俄罗斯人民代表。

（2）从苏联解体到 1999 年叶利钦提前辞去总统职位

---

① Ольга Крыштановская О. Анатомия российской элтиы. М.: Захаров, 2005. С. 226.
② 周尚文、叶书宗、王斯德：《苏联兴亡史》，上海人民出版社，1993，第 690~691 页。

这一时期是"新俄罗斯"形成时期,也是俄罗斯总统集权体制的确立时期。苏联解体后,正当叶利钦准备开始启动俄罗斯的经济转型时,主导俄罗斯发展进程的民主派精英之间在选择国家发展道路问题上出现了严重分歧,甚至造成了内部的分裂,俄罗斯政局再次陷入僵局:一方面以总统为核心的国家执行权力机关逐渐成为最强大的权力部门,另一方面经过反复修改、补充的现行宪法仍保持着"旧的"国家权力体制——苏维埃体制。与此同时,一些原民主派人士及其中间派同盟者,由于在经济改革、对外政策、国内政治等问题上同掌握国家执行权力的民主派产生分歧,也开始与总统和政府疏远,并逐渐与议会中的左派、中派和民族主义势力接近,在议会内外结成反政府同盟。这一时期,最高苏维埃前主席哈斯布拉托夫和前俄罗斯副总统鲁茨科伊扮演了反对派领袖人物的角色。

1993年10月,总统和旧议会之间的政治争斗最终以流血的方式宣布结束,总统一方获得了胜利。在12月12日的全民公决中,叶利钦提出的新宪法草案得到了58.4%参加投票的选民的赞同。在此基础上,俄罗斯确立了以强势总统制为标志的三权分立的民主架构。根据1993年俄罗斯宪法,俄罗斯新的立法机关——联邦会议的下院(国家杜马),其成员全部按照"混合式选举体制"经选举产生。在一定意义上,作为社会各种政治力量活动的场所,议会已经成为当代俄罗斯社会一个主要的"干部实验室",以及俄罗斯政治精英的重要储备库。①

---

① Ольга Крыштановская, Анатомия российской элиты. М.: Захаров, 2005. C. 146.

然而，十月流血事件后，由于激进变革而出现的社会庞大贫困阶层开始倾向左翼反对派或带有民族主义情绪的政党和组织，社会出现了否定叶利钦政权的政策和路线的倾向，同时出现了怀旧情绪。俄共等左翼政党在1993年和1995年杜马选举中连续获胜，也使一些来自旧苏维埃体制党团系统的人员，通过这些政党直接进入了国家立法权力机关，占据了议会中的大量议席。据统计，这类人当时几乎达到了议员总数的40%，① 成了议会中反对叶利钦政权的主要力量。在叶利钦执政的大部分时间里，由于议会长期被俄罗斯共产党等议会反对派所占据，政府和议会之间围绕着各种经济和社会问题展开的争斗此起彼伏。

在执行权力机构内部，除了总统本人，叶利钦时期的政治精英主要分为三类。

第一类是政府官员，包括总理、各部部长及政府部门工作人员。根据联邦宪法和法律，政府总理及其主要成员都由总统按照规定程序直接任免。叶利钦执政后的第一届政府成员（总理 E. 盖达尔、副总理 A. 丘拜斯和 A. 绍兴等），大多是经济学家和知识分子出身，都拥有学术学位，以前主要从事科学研究，平均年龄不到40岁之间。这些人中，除绍兴曾在苏联部长会议中工作过10年，盖达尔曾在《真理报》和《共产党人》杂志社工作过几年外，绝大部分人没有过从政经历。叶利钦任用政治新人担任政府官员的目的，一方面是为完全打破苏联时期旧的官员任用制度，为一批年轻的政治精英提供升迁的机会；另一方面也想通过利用这些政府中的经济专家，推进俄罗斯

---

① Ольга Крыштановская, Анатомия российской элиты. М.: Захаров, 2005. С. 151.

的经济体制改革。

政府组成结构变化快、流动性大是叶利钦执政时期政治精英变化的一个主要特点。如盖达尔领导的第一届政府总共执政了一年时间。盖达尔被解职后，政府中的34名成员中只有2名保留了原职位。政府成员的频繁更替大大减弱了政治精英对总统的个人依附和忠诚度，这也是造成叶利钦执政后期俄罗斯政局不稳的一个重要原因。对此，一些俄罗斯学者将叶利钦时期这种政府成员频繁更替的现象直接比喻为"干部绞肉机"。①

第二类是"总统身边的人"，也称为总统的政治团队，包括总统办公厅主任、总统顾问、总统高级助手以及总统新闻秘书（30人左右）等。新宪法通过后，由于刚刚经历了激烈的权力斗争，叶利钦政府中出现了干部真空，急需忠于自己的政府管理人员帮助他推动经济转型进程。这一时期，在排斥戈尔巴乔夫时期旧官员的同时，叶利钦任命的新官员主要来自三个渠道：一是在1989年苏联人民代表大会期间形成的跨地区议员团的成员；二是1990年俄罗斯人民代表大会期间支持过叶利钦的部分俄罗斯人民代表；三是来自斯维尔德洛夫州的叶利钦的同乡。他们聚集在总统周围，所以这些人常被称为"总统身边的人"。他们负责帮助总统制定一些公共政策，对其他政治集团施加影响。这些人年龄一般在40~50岁之间，与总统本人一样没有参加过任何政党，没有担任过议会议员，但他们大部分是民主改革的支持者，只是他们对改革的理解有些不同。另外，作为叶利钦的助手或高级顾问，他的周围还聚集了一些学者，为叶利钦制定

---

① Ольга Крыштановская, Анатомия российской элиты. М.：Захаров，2005. С. 186.

政策出谋划策，如 1994 年民族问题专家 Ю. 巴图林曾担任过总统的国家民族安全问题顾问，受到过叶利钦的器重。

叶利钦时期，总统办公厅是除政府各部之外最重要的政府部门之一。1996 年 10 月，叶利钦发布了《有关总统办公厅地位的命令》，进一步扩大了总统办公厅的规模，由原来的 13 个部门增加到 26 个部门。该命令明确规定：总统办公厅是保证总统活动的国家机关。在丘拜斯担任总统办公厅主任期间，总统办公厅的作用明显提高，直接参与了很多国家政策的制定，其地位远远超过了其他政府部门。叶利钦在 1999 年 3 月向议会发表的国情咨文中表示，总统办公厅的任务非常艰巨，它必须和政府部门积极配合，监督各部门执行总统决定的情况。有些学者将叶利钦时期的总统办公厅与苏联时期的中央政治局相比，认为它们有很多相似的地方，但实际上二者并不完全一样，总统办公厅只是总统的一个办事机构，并不具有绝对权力。总统办公厅和办公厅主任在多大程度上发挥作用，完全取决于总统的个人意愿。在其执政后期，由于身体原因和政治上的孤立，叶利钦更加依赖和信任自己身边的亲信和"家族内的人"，① 他们也成为这一时期俄罗斯政治中最有影响和权势的政治精英。

第三类是商业精英。这部分人的出现是叶利钦执政后期，俄罗斯政治生活中出现的一种特殊现象。1996 年总统选举期间，叶利钦的社会支持率大大低于他的主要竞争对手、俄共领导人久加诺夫。为保证国家的政治制度不发

---

① 叶利钦执政后期，曾任命自己的小女儿塔季扬娜·季亚琴科担任总统形象顾问，让她直接参与了很多政府决策。

生大的逆转，别列佐夫斯基、波塔宁、穆拉夫连科等俄罗斯金融工业寡头达成协议，联手支持叶利钦竞选。为此，他们投入了大量资金，利用所控制的广播、电视、报刊等大众宣传工具，最终帮助叶利钦竞选连任成功。总统选举后，为兑现承诺，1996年6月，叶利钦先后任命了银行家波塔宁为政府第一副总理，任命企业家别列佐夫斯基为国家安全会议副秘书，为金融工业寡头提供了直接进入国家政权机关的机会。由于权力精英与商业精英的紧密联合，两者之间的相互流通得到了加强，这一时期，代表集团利益的商业寡头对俄罗斯政治的影响越来越大。

叶利钦时期俄罗斯政治精英中的另一个重要组成部分是地方精英。由于俄罗斯联邦结构的复杂性，地方精英除了具有政治精英的一般特点外，更多地还表现出试图摆脱中央控制、独立自主地解决本地区社会经济问题的政治愿望。苏联解体之初，在政治精英的产生方式上实行的是选举和任命同时并行。尤其在地方层面，叶利钦始终不愿放弃任命地方行政长官的权力，直到1994年10月，叶利钦才签署命令，最终批准并颁布了《俄罗斯地方行政长官条例》，宣布在全联邦范围内实行地方行政长官的直接选举。地方行政长官由总统任命变为由当地居民直接选举产生之后，其权力的合法性得到了充分的保障，同时也为他们违背总统和中央政府意愿，形成自己的势力范围自行其是提供了极大的可能性。根据1995年通过的联邦委员会（议会上院）组成法，地方行政长官和地方议会领导人作为地方执行权力机关和立法权力机关的代表被允许直接进入联邦委员会，自动成为上院议员。这项规定更为地方政治精英挑战联邦权力创造了法律条件。

这一时期，苏联时期的一些旧精英在地方政权机构中担任领导人的情况也越来越多，这一方面是因为在1994年之前，部分地方行政长官仍是由总统直接任免的，1991~1992年期间，叶利钦曾任免了大批地方官员，这批官员主要是以前的"苏维埃工作人员"，他们一变而成为民主转型的推动力量，在新政权中重新掌握了权力，实现了"角色"更替；另一方面，由于这些旧精英在地方的影响力较大，且拥有深厚的行政资源，在地方选举中大多能获得当地选民的支持而继续执政。这些地方政治精英以鞑靼斯坦共和国总统沙伊米耶夫最为典型，直到2010年，73岁的他才自愿辞职离任，可谓俄罗斯地方精英中的"常青树"。

（3）从2000年普京担任总统到2008年形成梅普组合

这一时期是普京执政时期，也是俄罗斯总统集权体制进一步巩固和发展时期。由于执政理念发生了根本改变，与叶利钦时期相比，普京时期政治精英的人员构成、升迁模式与组成方式也随之发生了较大变化。具体表现为：

第一，重新恢复了国家对政治精英，尤其是地方精英升迁渠道的控制，加强了国家垂直权力体系的稳定性。2000年7月，国家杜马通过了普京向联邦会议提交的《联邦委员会组成原则修正法案》和《俄罗斯联邦主体国家立法与执行权力机关基本原则的修改与补充法案》，宣布改变联邦委员会组成方式，联邦委员会成员将不再由各联邦主体行政长官和立法机关的领导人兼任，而改由各联邦主体行政机关和立法机关的代表组成，同时赋予联邦中央以解散地方议会或解除地方长官职务的权力；2003年俄罗斯通过了《关于俄罗斯联邦国家机构系统的法律》，恢复了 18～19 世纪俄国的"官员等级表"，并对官员的遴选、待遇、退休后的保障等许多事项进行了规定。2004 年 3 月 9 日，普京发布《关于联邦执行权力机关系统和结构》的 314 号总统令，对俄罗斯联邦执行权力机关进行重大调整，大大缩减了部级单位的数量，变以前政府机构中的多重架构为三级架构；改组政府组成，削减政府成员及行政人员的数量等；2004 年 12 月，杜马通过了一项有关改革联邦主体地方行政长官产生方式的法案，取消了地方行政长官的直选制，改由联邦总统提名候选人、地方议会批准。通过以上法律，普京严格规范了国家的权力体系，改变了叶利钦时期地方精英干预中央政策的局面，整顿了国家公务员队伍，中央权力大大增强。

　　第二，改变了俄罗斯国家最高权力的决策主体。叶利钦时期国家最高权力的决策主体主要来自于政府官员、地方精英和商业精英。普京上台后，在保证不重新审理私有化结果的同时，首先清理了寡头控制的媒体王国，接着又以法律手段打击"不听话"的寡头：2000 年对某些"不听话"的寡头的经济活动进行刑事调查，先后迫使古辛斯基、别列佐夫斯基流亡国外；2003 年 10 月又将试图干政的俄罗斯第一大富豪——尤科斯石油公司总裁霍多尔科夫斯基投入监狱，追究该公司的逃税罪，拍卖该公司资产。普京用强硬手段瓦解了敢于挑战政权的寡头的经济基础，对他们进行经济剥夺，不仅明确宣告寡头干政和寡头政治的终结，而且通过拍卖和提高征税的办法，实现了国家对更多资源的控制。

　　与此同时，从 2001 年起，普京一方面推动议会通过了《俄罗斯政党法》、新的《俄罗斯国家杜马代表选举法》等相关法律，另一方面积极促成议会中亲政府的中派势力团结党、祖国运动和全俄罗斯党组成统一政党——统一俄罗斯党。由于普京的大力扶持，并利用普京在民众中的个人威望，统一俄罗斯党在2003年议会选举中大获全胜，取代了俄共在上届议会选举中的第一大党地位，近10年来俄罗斯议会中也首次出现了起主导作用的政权党。在2007年议会选举中，统一俄罗斯党一举获得2/3以上宪法规定的多数席位，统一俄罗斯党也成为普京政权的主要政治支柱。另外，在俄罗斯83个联邦主体中，统一俄罗斯党已经占据了大部分联邦主体代表权力机关内的多数席位，表明该党已经完全控制了从中央到地方各级政权机关的主导权。正是通过对议会中政权党的掌控，普京在俄罗斯形成了一个单一的政权结构，其核心就是联邦总统。

第三，改变了政治精英队伍的基本构成，在政府中大量启用来自强力部门的人和"彼得堡帮"的亲信，允许"听话"的商业精英进入政府。随着叶利钦离开政坛，普京在其第一任期间开始巩固自己的地位，逐渐排挤叶利钦的家族亲信。到第二任期时，已将叶利钦时期的那些"旧人"，从总统办公厅到政府的职位上全部清除了出去，同时普京大力组建自己的势力。普京执政时期启用的政府官员主要来自强力部门和"彼得堡帮"。据俄罗斯社会科学院提供的研究数字，2003年强力部门成员在俄罗斯最高权力机关所占的比例高达58.3%，有2000多个最具影响力的政府和行业机构的领导人来自前克格勃和特工。[①] 此外，由普京任命的24人组成的联邦安全委员会中的多数成员也是前克格勃成员；在普京第一

---

① Алла Ярошинская: Кто нами правит: высшая политическая элита России от Ельцина до Путина, http://www.rosbalt.ru/2007/11/26/434516.html.

次任命的7个驻联邦区总统代表中,有4个来自前克格勃和军方;在普京第一任期的政府成员中,有4名部长是强力部门成员。大批强力部门和军队中的人进入政府,构成了普京政治团队的一个"强力集团",并形成了普京执政的基础。这种状况除了普京本人具有克格勃的职业背景、对强力部门的人有所偏好外,还与普京上任后制定的稳定国家局势的政策有关。在政府部门中大量任用来自"彼得堡帮"的人,也是普京上任后实行的一项主要干部政策。其主要代表人物有:政府副总理 Д. 梅德韦杰夫、国防部长 С. 伊万诺夫、总统办公厅主任 И. 谢钦、财政部长 А. 库德林等。

另一个引人瞩目的现象是,虽然普京执政初期大力打击干政的金融寡头,剥夺了他们参与政治的权利,但同时又允许那些"听话"的商业精英大批进入政府机构,其速度甚至超过了强力部门的人,代表人物主要为 Р. 阿布拉莫维奇。据统计,在普京执政的前两年进入政治精英圈的商业人士比 1993 年增长了 5 倍;而强力部门人员则相应地从 11.3% 增长到 25.1%,增长了 1 倍多。① 这种情况不仅在联邦层面如此,在地区层面更是如此。由此可以看出,在大力打击一些"不听话"的寡头的同时,商业精英仍是普京时期国家政治精英的一个重要组成部分。

第四,减弱了政治精英的垂直流动,增强了政治精英的水平流动。普京上任后,将一些忠实于自己的地方领导人或卸任的部长、总统办公厅官员等,委任新的部门职务,如让他们担任国家大企业的领导人等,

---

① Зудин А. Властные элиты современной России. Ростов-наДону, 2004.

以此稳定政治精英队伍，使他们可以对国家现行体制和总统个人表现得更为忠诚，政治精英的结构也更趋稳固。

第五，调整了政治精英的内部关系模式。如果说叶利钦时期的精英构成是在"无序的民主"上形成的"节制与平衡"系统，那么普京建立的"垂直权力"则将所有的精英无条件地置于总统的控制之下。为确保自己制定的国家发展战略的延续性，在第二任期结束前，普京在自己的团队中挑选梅德韦杰夫作为接班人，并公开支持其竞选总统职位。2008年3月2日，梅德韦杰夫一举获得70.2%的选票，顺利当选俄罗斯新一届总统。2008年4月15日在统一俄罗斯党第九次代表大会上，普京接受了统一俄罗斯党党员的推举，同意以非党员身份出任该党主席一职。2008年5月8日，梅德韦杰夫提名普京为政府总理，俄罗斯国家最高权力最终完成了在宪法基础上的"王车易位"，在俄罗斯形成了一种新的权力配置，即梅普组合。

（4）从梅普组合到普梅组合

梅普组合期间，尽管普京一再强调总统权力在国家政治生活中的重要性，但由于他在俄罗斯政治生活中的特殊地位，普京在总理职位上拥有了历任政府总理都无法比拟的实际权力，如获得了独立行使任命政府成员、召集政府会议等在内的实际权力；改组了政府组成，设立政府主席团机制，对政府实施全面监督管理，以提高政府工作效率；掌握了部分任免地方行政长官和管理地方事务的实际权力等。

事实上，梅德韦杰夫任总统的四年里，俄罗斯主要的国家内外方针政策都是普京制定的，国家的权力体系依然是围绕着普京在运行。尽管梅德韦杰夫在一些执政理念上提出过自己的主张,如首次提出了"全面现代化"的理念,但并没能在总统职位上表现出更多独立性和政治作为。

2011年9月24日,俄罗斯总统梅德韦杰夫在统一俄罗斯党代表大会上提议,由现任总理普京参加2012年总统大选,普京当即表示:如他当选总统,梅德韦杰夫将出任新一届政府总理。至此,宣告了梅普组合的结束,新的普梅组合即将到来。

针对自己的这一政治选择,普京自我评价道:"重新竞选总统是为了保证俄罗斯的稳定发展。"① 无疑,随着2012年3月普京第三次当选俄罗斯总统,在今后很长一段时期内,普京建立的这种政治体制和政治秩序不会发生大的变化。

2. 政治精英对转型时期俄罗斯政治发展的影响

一些政治学家将社会转型划分为"自下而上的变革""交易型变革""退出型变革""撕裂型变革"和"自上而下的变革"五种模式。无疑,俄罗斯选择的是一种自上而下的变革模式。由于这种社会转型的主导力量来自俄罗斯的上层政治精英,因而他们的政治选择与自身的结构特征,对俄罗斯民主制度的巩固与发展起到了至关重要的作用,这主要表现在:

首先,虽然以叶利钦为首的政治精英在俄罗斯建立了三权分立的民主制度框架,但超级总统制的确立却为执政

---

① 《普京称再任总统是为了俄罗斯的稳定》,转引自财新网,2011年10月18日。http://international.caixin.com/2011-10-18/100315135.html,2012年5月6日访问。

者施展个人权威提供了政治条件，从而促使俄罗斯的政治发展又重新回归到了威权主义。①普京时期，总统集权体制得到了进一步加强。普京执政以来，通过一系列行政和法律手段，有计划、有步骤地打击各种有碍国家稳定和发展的势力，在俄罗斯形成了一种新型权力结构，即普京大权在握，高高在上，其权力已很少甚至基本不受制约；军队、国家安全部门和内务部等强力部门的支持是其权力基础，广大民意的支持是其社会基础；通过联邦政府和政权党，普京政权确保了对官僚系统的控制，这一权力结构的核心就是总统集权。为了回应西方对俄罗斯"民主倒退""民主回潮"的批评，普京政府进行了强烈的反击，强调俄罗斯需要走自己的民主化道路，并提出了所谓的"主权民主"，其实质就是一种以民主形式出现的"强人政治"。

其次，从叶利钦时期到普京时期，俄罗斯精英结构从帮派分立体系转变到垂直权力模式，各种不同的帮派都被纳入了国家的垂直权力体系中。这一结构的主要特点：一是精英队伍中充斥了大量的平庸之辈，精英的流通出现了前所未有的高逆淘汰现象；二是与苏联末期的情况相反，庞大的社会群体不是反对而是竭力进入这个体制。在这种结构下，国家成为"公司国家"，政治问题被当成生意问题来解决，而生意问题则被当作政治问题来看待，腐败是这个结构的"黏合剂"。这种结构所导致的后果是，政治精英把持着俄罗斯国家最高权力的各种"位置"而大捞好处，激烈反对任何体制上的革新；很多年轻人都将进入公务员系统当成自己首选的职业方向；而优秀的人才则大

---

① 民主侵蚀与民主崩溃是民主转型中回归威权主义的两种情况，其区分可参见 Andreas Schedler, "What is Democratic Consolidation?" *Journal of Democracy* 9.2 (1998), pp. 91 – 107。

量流失。①

第三，俄罗斯的精英队伍在普京时期逐渐实现了"稳定"，但是对总统的严格从属并没有消除精英派别之间深刻的分歧和矛盾，而普京时期政治精英的分野和帮派化使得精英的内部关系比叶利钦时期变得更为复杂。现任俄罗斯总理梅德韦杰夫曾表示："精英之间的矛盾已经成为俄罗斯国家安全的威胁。如果我们不能使精英保持团结，俄罗斯作为一个统一国家可能会消失。当精英失去了统一思想并陷于你死我活的大厮杀时，整个帝国就会从地缘政治地图上被抹去。因此，凝聚俄罗斯精英的平台只有一个，即在现有边界范围内保持有效的国家性。"② 团结在普京周围的俄罗斯政治精英虽然表面上维持了和谐的局面，但是内部的明争暗斗在2007～2008年选举之前已经充分显现。2007年12月，普京在离规定提出总统候选人的最后期限只差10余天的时间里，才推出梅德韦杰夫作为自己的接班人，这并非是他匆忙之间的决定，而是因为政治精英内部的复杂性需要他选择决定的最佳公布时间。在推举梅德韦杰夫为总统候选人之前，普京也曾考虑过很多人选，但始终举棋不定，由此俄罗斯政治精英之间关系的复杂程度可见一斑。

---

① 据俄罗斯"社会舆论"调查中心的一项最新调查结果显示，目前公务员在俄罗斯最热门职业排行榜中高居首位，其中42%的受访者认为国家公务员是"最具吸引力的职业"，超过一半的18岁至30岁受访者认为"当公务员比经商好得多"。2011年7月14日，俄罗斯总统梅德韦杰夫在克里姆林宫会见企业家时，针对目前俄罗斯青年人中的公务员热，不无忧虑地指出："青年人热衷于成为公务员，是因为这是一种快速致富的手段。"转引自新华网，2011年7月20日。http://news.xinhuanet.com/world/2011-07/18/c_121679697.htm，2013年1月29日访问。

② Интервью с Д. Медведевым. Сохранить эффективное государство в существующих границах.//Эксперт, № 13 (460), 4 апреля 2005.

第四，为确保国家最高权力结构的稳定，普京在他总统第二任期结束前做出了梅普组合这种奇特的政治设计，这在俄罗斯历史上还尚无先例。这表明，普京执政期间打造的所谓"普京团队"并非铁板一块，政治精英内部仍然需要一个作为平衡器的精英领袖。正因如此，梅普组合自成立之日起就引发了各种猜测，梅普之间的分歧和矛盾也一直被外界跟踪、关注并放大，其中一个最主要的原因就是，普京的"领袖"地位与梅德韦杰夫总统职权之间存在内在矛盾，时时威胁着政治精英队伍的稳定。

2012年3月，俄罗斯总统选举之前，梅德韦杰夫和普京究竟谁将成为下一届总统候选人的问题再次成为俄国内外媒体关注的焦点。早在2011年初，梅德韦杰夫总统就曾几次表示要尽快决定这个问题，但是作为一个"政治运作高手"，普京更想在政治精英之间保持一种"不确定性"，他断然回绝了梅德韦杰夫的这一想法，明确表示："现在距离大选还有将近一年的时间，如果我们现在发出某些不正确的信号，那么无论是总统办公厅，还是政府，一半以上的人员都会放下手头的工作，转而等待某些变化。"① 应该说，普京的担忧不无道理，在总统选举前，俄罗斯政治精英们密切关注着总统候选人的归属，以决定自己未来的投靠方向。

第五，普京执政时期，由于政治精英之间缺乏竞争，俄罗斯政治发展中的"停滞"现象已经成为一个不争的事实。它表现为：政权党一党独大，其他反对派政党逐渐被边缘化，在议会中已经起不到任何作用；政府对经济的

---

① Коротко, но неясно. Владимир Путин ответил на вопрос о третьем сроке. //Газета "Коммерсантъ", № 65 (4606), 14.04.2011.

强力干预几乎窒息了市场经济的活力；腐败已经成为俄罗斯社会和政治生活中的痼疾，正严重地侵蚀着社会的机体，短时间内难以根除。梅德韦杰夫就任总统期间已经认识到了"政治停滞"和腐败给国家造成的损害，为此他也曾提出了一系列改革方案，如提出了一些反腐败措施；推出了政治现代化的概念；提出并促成议会通过了有关降低议会准入门槛、降低政党登记人数下限等法律草案。2011年8月，在纪念"8·19"事件20周年前夕，苏联前总统戈尔巴乔夫在媒体上激烈批评统一俄罗斯党，认为它对国家政权的垄断甚于苏联时期的苏共中央，正在"将国家拖向过去"，"其他所有党派只不过是统治阶层手中的玩偶"。①

第六，无论是叶利钦时期，还是普京时期，政治精英与商业精英既是社会转型最主要的受益者，也是俄罗斯社会中起决定性作用的力量，这两类精英之间的关系一度影响着俄罗斯政局的变化。俄罗斯精英研究者佩列古多夫认为："大商人和国家行政官员相互倚靠，某些地方甚至融为一体，构成了所谓的'统治阶级'，以全社会的名义管理国家事务……而社会却被排挤出了管理功能之外……即使宪法意义上归属国家管理体系的某些公民社会组织，也不可能真正参与实际的政治管理。"② 目前，俄罗斯政治精英与商业精英关系的实质，就是大商业（不论是国有的还是私有的）受控于政治权力，且商业精英已经被纳入了国家的垂直权力体系之中。

按照西方转型学家的观点，一个国家要想巩固已经建

---

① Михаил Горбачев: «Единая Россия» тянет страну в прошлое. http://www.argumenti.ru/politics/2011/08/120430.

② Перегудков С. П. Конвергенция по-российски: «золотая середина» или остановка на полупути? // Полис. 2008. №1.

立的民主制度，必须要具备相互关联的五种社会条件，它们包括：一个自由而有活力的公民社会；相对自主并受人尊重的政治系统；保障公民自由和社团生活的法治体系；可以为新民主政府所利用的完善的国家官僚体系；制度化的经济结构。① 显然，目前这五种社会条件在俄罗斯并没有完全具备。叶利钦时期，由于在民主转型过程中忽视了对官僚系统的民主化改造，政治的帮派化与寡头政治盛行。普京从保持社会稳定出发，对精英队伍进行了部分改造，但也只是延续了俄罗斯传统的政治惯性，并没有真正打破这种精英结构，相反在某种程度上还使它更加固化了。同样是出于社会稳定的需要，梅德韦杰夫上台伊始，提出了"民主发展的俄罗斯模式"，② 但他只是希望通过自上而下的稳步改革，对现有政治体制进行一些小修小补，其结果因缺乏变革动力，并未产生多少实效。

2011年底杜马选举结果公布后，莫斯科等地爆发了持续不断的要求"公平选举"的大规模民众抗议活动，体制外反对派更是趁势提出了"没有普京的俄罗斯"的口号，试图将部分民众的不满情绪引导到与普京权力体系的对抗，普京及其建立的以总统为核心的权力结构的正当性越来越受到反对派的挑战。2012年，普京政府通过修改政党法与选举法，有条件地扩大了民众的政治参与度，将体制外政党正式纳入了政党政治体制的轨道，部分地缓解了社会紧张情绪，也相对分散了议会选举后社会抗议运动给普京政府带来的政治压力。

---

① 〔美〕胡安·J. 林茨、阿尔弗莱德·斯泰潘：《民主转型与巩固的问题：南欧、南美和后共产主义欧洲》，孙龙等译，浙江人民出版社，2008，第7页。

② Институт современного развития: Демократия: развитие российской модели. http://www.riocenter.ru/.

然而，由于目前俄罗斯执政集团的影响力过分强大，力量过于分散的反对派政治力量还很难与之相抗衡。所以，在普京新时期，能否真正实现梅德韦杰夫曾经提出的"发展公民社会"和"政治现代化"的目标，能否真正适应民众"平等政治参与"的社会要求，在未来很长一段时期内，还取决于俄罗斯上层政治精英彼此妥协与良性互动的结果。

十六　俄罗斯转型过程中的公民社会

所谓公民社会或市民社会是指基于共同利益、目的和价值之上的自愿和共同行为。公民社会是处于"公"与"私"之间的"第三部门"。现代社会具有三个基础：市场（私人资本）、国家（国家资本）和社会（社会资本）。卡尔·波兰尼认为，人类历史上社会的形成先于市场和国家权力，社会交换先于市场或者经济交换。因此，"第三部门"最为古老，也是社会的重要基石，是另外两个部门的基础。上述三个部门之间关系的和谐，乃是现代社会所要达到的目标。

公民社会包括为实现社会特定需要，为公众利益而活动的组织，如慈善团体、非政府组织（NGO）、社区组织、专业协会、工会等。从俄罗斯的情况来看，公民社会涵盖的领域较上述定义要宽泛得多。俄罗斯学者从本国情况出发界定的公民社会活动领域包括：维权（维护公民权利，提供法律援助）、环境保护（阻止砍伐森林和公园林区，救助流浪动物）、工会组织、业主委员会以及居民公共自治组织、文化类组织、"体制外"和非议会政党、抗议性质的公民团体、国际大学生组织的俄罗斯分支机构、智库、儿童和青年组织、辩论会和公开辩论组织、非正式的体育社团、政府当局组织的青年会、自愿者组织和慈善组织。就俄罗斯公民社会的组织形式而言，大致包含以下类型：单个热心人（包括维权人士）；传统的非政府组织（提供各种服务，在国家与居民之间充当中介）；协会（由公民或者机构组成的）、社团、工会；"体制外"政党。

显而易见，俄罗斯公民社会的活动领域与组织形式，与俄罗斯特有的政治、经济、社会和政治文化环境有着直接和密切的关联。一般认为，在俄罗斯国家与社会的关系中，国家长久以来居于主导地位，来自公民个人的主动性往往不受欢迎，甚至受到压制。这里一个较为显著的例子，就是2013年3月30日，俄罗斯总统普京签署命令，要求政府在2013年联邦预算中安排23.2亿卢布（约合7471万美元），用以资助本国非营利性机构及非政府组织。而其目的则是防止俄罗斯非政府组织接受境外资助。这个例子凸显俄罗斯公民社会面临的困境和限制，说明俄罗斯国家与公民社会之间依然缺乏信任。事实上，对于俄罗斯非政府组织而言，资金来源只有两个：国家财政资源和居民个人捐款。俄罗斯企业对公民社会活动的资助基本上可以忽略不计。

1. 公民社会的演进历程与现状

与西欧国家相比，俄罗斯公民社会的成长过程要滞后得多。从历史沿革来看，俄罗斯公民社会的演进大致经历了以下几个阶段。

第一个阶段从18世纪中叶持续到1860年，根据俄国上层社会少数人和沙皇的主张，这一阶段出现了产生非国家机构的某些条件,① 如自由经济社、友好学社等，建立了最早的一批从事慈善活动的非商业性组织。

第二个阶段从 1860 年到 19 世纪 70 年代，这是俄国历史上重要的改革时期，为人们开展社会活动提供了活动的舞台。一些新的非政府组织，如地方自治机关，发挥了重要作用。

第三个阶段是 1917 年至 20 世纪 80 年代中期。这是俄罗斯公民社会的沉寂期。

第四个阶段肇始于 20 世纪 80 年代苏联后期。在当局推行改革、公开性，以及赋予公民结社权等大背景之下，人们开始组建独立于国家政权之外的组织：消费者协会、环境保护协会、民族协会、文化协会、慈善基金会、维权组织等。

在戈尔巴乔夫改革时期，许多人为了维护消费者权益组织起来，并很快便赢得广泛支持。因为它们可以安排对商品的品质进行独立鉴定，向政府机构和生产企业就商品质量问题提出建议，或者要求停产某些对消费者以及环境有害的商品。1989 年，苏联消费者协会总会建立，并在一开始就突出自己的独立性。残疾人、老兵和多子女家庭等也组织起来，形成合力来维护自己的权利。这些组织不断扩大，建立自己的内设机构，并争取到各种形式的资助。除了这些具有特定目标的组织之外，也出现了一些旨在促进法治国家建设的非商业性组织。

1996 年 1 月 12 日颁布的《俄罗斯联邦非商业组织法》、2005 年 4 月 4 日颁布的《俄罗斯联邦社会院法》等构成公民社会机构活动的法律基础。

---

① Андронов О. В. Некоммерческие организации как субъект политического взаимодействия государства и гражданского общества в России. Саратов, 2009. － с. 12.

此外，值得注意的是，在俄罗斯公民社会诞生和发展的时间问题上，俄罗斯学者之间并没有共识。譬如，有学者认为，应该将第一次世界大战时期的慈善组织视为俄罗斯公民社会的发端。但另外一些学者认为，俄罗斯公民社会孕育在叶卡捷琳娜二世执政时期。因为女皇深受法国启蒙思想家伏尔泰的影响，服膺有关合理国家制度与公民社会的思想，并试图在俄国付诸实践。只是保守势力太过强大，叶卡捷琳娜二世不得不放弃与此有关的想法。另有一些学者则认为，沙皇亚历山大二世1861年取消农奴制，推行司法和地方自治改革应该算作俄罗斯出现公民社会的起点。

毫无疑问，每个国家公民社会的形成与发展都具有自己的特点。俄罗斯也不例外。

（1）俄罗斯公民社会是"自上而下"建立的。2008年11月，梅德韦杰夫总统在国情咨文中指出："这些年来（'自上而下'）建立的民主机构应该在社会各个阶层扎下根来。为此，第一，需要不断地证明民主制度的能力。第二，将尽可能多的社会和政治职能直接移交给公民及其组织和公民自治。"① 这里恰好指出了俄罗斯公民社会的重要特点，即民主制度和公民社会的建立，是"自上而下"进行的。

（2）人权组织在俄罗斯的影响力有限。20世纪70~80年代的苏联出现了持不同政见者组织（人权组织），但其活动在很大程度上处于半非法状态，且人数极少，不可能争取到广泛的社会支持。有关这些组织的信息，一般也是由境外电台传播。如果说，公民社会的天职是在国家与

---

① Послание Федеральному Собранию Российской Федерации от 5 ноября 2008 года；http：//www.kremlin.ru/appears/2008/11/05/1349_ type63372type63374type6338.

个人之间建立联系，并防止国家损害个人的权利。那么在当时条件下，类似组织不可能被社会公众所接受。值得注意的是，这些人权组织在今天的俄罗斯依然未能赢得广泛的社会支持，依然在一个小圈子里活动。但这些组织的代表在俄罗斯社会院、俄罗斯总统公民社会和人权委员会有自己的代表。

（3）俄罗斯公民社会的高度政治化，内部严重分裂。一般而言，公民社会具有社会和政治两种属性。但俄罗斯部分人士过多强调公民社会的政治属性。

从2000年起，俄罗斯公民社会进入快速发展时期，当时在全国范围内注册登记了50万~60万个各类社会组织。俄罗斯政府为此采取了许多步骤，如举办"公民论坛"，在中央和地方设立社会院，设立总统直属的公民社会与人权委员会，建立一批基金来管理和分配用于扶持公民社会组织发展的财政资金。

2001年的"公民论坛"是俄罗斯公民社会发展历史上的一个具有里程碑意义的事件。当时来自全国各地的5000多名代表在莫斯科克里姆林宫与普京总统、国家杜马主席谢列兹尼奥夫等会面。

2004年，俄罗斯外长拉夫罗夫与民间外交方面的非政府组织代表举行第一次会议，讨论开展民间外交的相关问题。

（4）俄罗斯公民社会的发展不仅是"自上而下"的，而且是"自外而内"的。美国和欧盟对俄罗斯公民社会的发展高度关注，不仅开展学术研究，而且通过各种渠道直接提供各种援助，包括提供资助，吸引俄罗斯非政府组织"解决后苏联俄罗斯的各种具体问题"。

譬如1988年起，金融大鳄索罗斯的"开放社会"机构资助俄罗斯学者，资助大学购买设备接入国际互联网，挑选作者撰写教科书，资助独立新闻媒体。欧盟从1991年起就通过Tacis-ECHO计划以及欧盟民主与人权计划（EIDHR）向俄罗斯非政府组织提供技术和资金。美国国际开发署从1992年起实施所谓民主发展计划。英国慈善基金会（CAF）从1993年起支持俄罗斯的公民社会，向其提供资金、培训和咨询。俄罗斯国内对此有不同的看法。有人认为，外部援助对俄罗斯公民社会的成长是不利的。

（5）总体而言，俄罗斯公民社会的影响力和威信目前还很低。政府机构，尤其是地方政府在大多数情况下不愿意与非政府组织开展合作，认为其具有反对派性质，妨碍官僚机构的正常工作。

（6）俄罗斯公民的参与度不高。人们只是在最近10多年里开始学习通过集体行动来维护自己的权益。这关系到大众社会意识的变化，而社会意识的变化是一个较为长期的过程。

俄罗斯相关社会调查显示，16~34岁的青年人，在全国范围内参加各种社团和非政府组织活动的人数仅为10%，占全国总人口的比例为3%~4%。较为活跃的公民社会活动主要集中在莫斯科、圣彼得堡等一些经济、教育和文化中心城市。

当前俄罗斯公民社会的状况令人担忧。2000年以来，社会成员的态度十分消极。与此同时，较为活跃的少数也呈现"散兵游勇"状态。其中即有人支持执政精英，也有人为俄罗斯的腐败、威权主义等问题呐喊。俄罗斯政权鼓励社会与国家之间开展对话，但要求必须是在它划定的规则和条件——忠诚之下进行。

（7）立法滞后是阻碍俄罗斯公民社会成长的一个主要因素。这里包含两层意思。第一，现有立法对非政府组织的税收、财务报表等方面的要求等同于商业组织。因此，在这方面还需要做大量的工作，对现行法律中不适宜的地方进行调整。第二，从立法层面解决非政府组织的资助方式及渠道问题。主要是为企业资助非政府组织活动在税收抵扣方面做出较为具体的规定，规定政府机构吸纳非政府组织参加实施重要社会项目，在向其移交部分职能的同时附带提供资金保障。

梅德韦杰夫曾经指出，俄罗斯公民社会还很弱小，自组织和自治水平很低，因此现代化战略的目标就是要将俄罗斯数百年来的行政命令管理方法替换成个人主动、公民社会参与政治生活的原则。①

俄罗斯总统普京的看法有所不同。普京认为："我们的社会——我已经谈到了公民社会的成熟，——今天的俄罗斯社会足够成熟，所以不会放任上个世纪30年代、40年代和50年代所发生的事情重演"。②

毫无疑问，当前俄罗斯的公民社会依然十分弱小。国家依然在社会生活中扮演着关键角色。这种情况在很大程度上与俄罗斯人普遍的社会意识状态有关。"许多人对政治冷漠。他们似乎还是像苏联时期的状态一样，生活在父权主义社会里，他们只看着领袖，而他的每一句话都是绝对真理。"③ 问卷调查显示，在回答"人权是谁给的"这个问题时，53.2%的受访者认为是国家，19.5%的人认为

---

① Пабст Адриан. «Третий путь» Дмитрия Медведева. ［Электронный ресурс］:URL:http://www.polit.ru/research/2010/11/05/pabst.html.
② Путин В. В. Интервью агентству «Франс Пресс». ［Электронный ресурс］: URL: http://www.government.ru/docs/10948/.
③ Игрунов В. В. гражданское общество и политические партии // Гражданское общество в России: проблемы самоопределения и развития. М., 2001. – с.41.

是自然，14.8%的人认为是上帝。① 换言之，多数民众认为人权基本上是当局的责任。

2. 公民社会与国家的关系

就公民社会与国家的关系而言，大致可以分为以下几个层面。

第一，在经济层面是产品的生产、交换与消费。这些过程一般由市场机制调节，无须国家直接参与。在这个层面的关系，是产品的生产者与销售者之间、企业所有人与雇用工作者之间、企业家与消费者之间的关系。

第二，在政治层面，公民社会与国家互动的幅度最大。这个层面较为典型的现象就是社会团体的组建及其演变为政党。政治游说者，即企业集团及其政治代表也属于这个层面，因为他们直接参与政治斗争，具有较高的自组织程度。游说者往往代表的是有影响力的利益集团。

第三，社会层面是最为基本的层面。在这个层面有三组较为典型的关系：家庭内部、群体内部（譬如某个社会团体的成员之间）和群体之间（譬如阶级之间）。

一般认为，在发达的民主制度里，国家充当"守夜人"角色。国家制定法律，界定个体和企业活动的边界，而在这些边界的内部，参与者往往根据他们之间签订的契约开展活动。② 而俄罗斯的情况较为特殊。在俄罗斯，国

---

① Общественная палата Российской Федерации. Эмпирические исследования гражданского общества. ［Электронный ресурс］: URL: http://www.oprf.ru/files/Sbornik-2009.pdf.
② Кучерена А. Г., . Дмитриев Ю. А. Гражданское общество в России: Проблемы становления и развития. М., 2009. - c.58.

家往往被看作公民社会体系之中层级的顶端，它代表着全民族的利益，履行管理职能。众所周知，国家父权主义是俄罗斯历史最为典型的特征之一，同时也是阻碍公民发挥自主性的一个关键因素。只有公民社会与国家成为平等的伙伴，双方才能开展有效合作。而发达的公民社会则是以文明方式解决政治和社会冲突，调和不同的甚至相互冲突的利益，达到社会内部和谐的必备条件。①

因此，虽然公民社会对国家的权力加以限制，但国家依然需要发展公民社会。这是因为，经济结构中存在的巨大失衡，严重的收入差距，大规模社会冲突的危险，迫使国家吸引有关各方进行对话，并最终达成协商一致的解决方案。②

俄罗斯公民社会的成长与国家政治经济转型同步进行。

第一，国家与社会的合作，主要通过"公民论坛"、社会院以及官方创建的青年运动进行。但问题是，这种合作往往是由国家发起的，公民的主动性依然受到压制。这表明，俄罗斯当局希望对任何问题的讨论都在当局所划定的条件和规则框架内进行。③ 俄罗斯社会院是当局提议设立的。根据相关立法，社会院旨在为"俄罗斯联邦公民与联邦国家权力机关、联邦主体国家权力机关和地方自治机关之间建立互动，以便在制定国家政策时照顾俄罗斯联盟公民的需求和利益、社会团体的权利，对联邦国家权力

---

① Кучерена А. Г., .Дмитриев Ю. А. Гражданское общество в России: Проблемы становления и развития. М., 2009. - c. 63.

② Перегудов С. П. Корпоративные интересы и российское государство// Гражданское общество в России: структуры и сознание. М., 1998. - c. 61.

③ Андронов О. В. Некоммерческие организации как субъект политического взаимодействия государства и гражданского общества в России. Саратов, 2009. - c. 23.

机关、联邦主体国家权力机关和地方自治机关的活动进行社会监督"。①

设立社会院的目的还包括"维护俄罗斯联邦公民的权利和自由、俄罗斯联盟宪政制度、俄罗斯联邦公民社会的发展原则"。而为了完成这一使命,社会院可以通过"吸纳公民和社会团体实施国家政策;提出和支持公民的主张……对国家权力机关和地方自治机关的活动实施社会监督"。② 社会院向俄罗斯非商业型组织提供支持。在社会院的干预与积极参与下,俄罗斯社会组织获得了国家财政支持(在竞争基础上)。③ 但是,总体而言社会院依然处于国家的控制之下。社会院成员对现政权忠诚,其决定也仅仅具有建议性质,因而社会院不具备实际影响力,也无法平衡国家权力机关。

第二,政府鼓励公民社会发展的另外一个措施是在地方建立所谓的"青年议会"。"发展青年议会制的目的是,吸引青年人积极参与国家的活动,通过代表青年公民和社会团体的合法权益,参与制定和实施有效的青年政策。"④

第三,消费者维权组织的积极活动,有效地平衡了生

---

① Федеральный закон от 04.04.2005 № 32 - ФЗ «Об общественной палате Российской Федерации» [Электронный ресурс]: URL: http://graph.document.kremlin.ru/images/819/819923.zip (Дата обращения: 20.11.2010).

② Федеральный закон от 04.04.2005 № 32 - ФЗ «Об общественной палате Российской Федерации» [Электронный ресурс]: URL: http://graph.document.kremlin.ru/images/819/819923.zip (Дата обращения: 20.11.2010).

③ Общественная палата РФ. О палате. [Электронный ресурс]: URL: http://www.oprf.ru/ru/about/.

④ Филипов В. М. Инструктивное письмо от 24 апреля 2003 г. № 2 «О развитии молодежного парламентаризма в субъектах РФ». [Электронный ресурс]: URL: http://www.mparlament.ru/doc_new/ukaz_o_merah.rtf.

产商、商户与消费者之间的关系。

第四，人权活动在很大程度上受制于国家的相关政策，但同时也对国家的民主化进程产生重要影响。

第五，慈善组织也是公民社会的重要组成部分。慈善活动旨在帮助穷人、残疾人、遭受自然灾害的居民、失业者、退伍军人等，同时也包括参加教育和研究项目。许多慈善机构也从事经营活动，其收入则用于慈善目的及自身发展的需要。慈善组织的结构往往并不清晰，因为许多员工属于编外。慈善活动本身也往往取决于资金情况。俄罗斯慈善机构面临着严重的资金和人员问题。俄罗斯慈善活动的重建时期，恰好是国家大幅度减少社会保障、大企业放弃此前实行多年的对社会文化设施的"托管"的时期。

第六，利益集团也是公民社会的题中应有之义。利益集团可以整合"台面之下"的经济、政治、社会利益，与政治精英之间建立互动，充当社会与国家之间的联络人。

值得注意的是，公民社会与国家之间的界限实际上是模糊的。在现实生活中，公民社会与国家往往处于互动之中，并可以在一定条件下相互转化。①

3. 公民社会的发展前景

毫无疑问，公民社会的弱小在很大程度上是俄罗斯政治、经济和社会发展缺乏连贯性的结果。20世纪90年代的自由主义改革政治路线在2000年之后改换为社会的保守。垂直权力体系和政权党一党独大的局面，使得社会与当局之间的对话无法在平等基础上进行。

---

① Кучерена А. Г., Дмитриев Ю. А. Гражданское общество в России: Проблемы становления и развития. М., 2009. – с. 52.

第一，俄罗斯公民社会成长道路上的障碍之一，是效率低下的经济体制。① 国家对经济的参与度大大超出必要的程度。与此同时，中产阶级的比例过小，也是俄罗斯公民社会发展所面临的重大障碍之一。②

第二，俄罗斯公民社会的发展，在很大程度上取决于未来国家与公民社会、私人部门与公民社会之间能否发展出一套建设性的互动关系，尤其是在公民社会与私人部门（企业）之间，企业在多大程度上愿意与政府部门和公民社会一道解决社会问题，进行有效的社会对话。

第三，显而易见，公民社会的成长和发展需要做许多工作。首先，要用参与民主代替代议制民主，因为后者已经将公民完全排除在决策过程之外。其次，还需要强化法治国家的基础，即人人守法，法律面前人人平等。最后，需要培育中产阶级，提升公民的生活水准等。

第四，公民社会的"质量"在很大程度上取决于经济关系发展水平、经济体的效率。与此同时，社会领域的一系列标准，如最低收入水平，教育医疗服务与文化的普及程度，居民收入分配情况，消费者、中小企业和职工利益的保护情况等，也决定着公民社会的质量。

毫无疑问，公民社会的概念具有规范性意义。其具体的规范性意义取决于具体社会在特定历史发展阶段的政治环境。对后苏联时期的俄罗斯而言，公民的消极甚至冷漠之根源就在于植根于人们意识之中的国家主义，即国家被看作负责满足物质需求和分配商品及服务的权力机构。这种观念自然而然地消解了独立于国家的公民自组织的努

---

① Казаков О., Фомин Э.. Идентификация гражданского общества в России // Гражданское общество: взгляд изнутри. М., 2002. – c. 58.
② Кучерена А. Г., Дмитриев Ю. А.. Гражданское общество в России: Проблемы становления и развития. М., 2009. – c. 69.

力。因此，在后苏联国家，"下层"的公民社会最多只能充当向当局表达抗议、提出要求的机制，而不是一个发起变革的、独立的、积极的主体。

俄罗斯历史发展的特点是，国家居于社会和企业之上。经营活动是受国家控制的领域，并且按照国家的意志发展。企业之间的竞争不是在经营活动之中，而往往是在企业家与国家的关系之间展开。

就目前的俄罗斯而言，主要是国家和企业对经济发展产生现实影响。而正在艰难形成之中的公民社会则成了"旁观者"。这正是妨碍俄罗斯社会经济发展的主要问题之一，因为这个"旁观者"恰恰是大多数居民。发达公民社会及其有效社会监督的缺位，往往引起国家和企业的责任感缺位。而这种局面则是俄罗斯激进制度转型的后果。[1]

因此，总体而言俄罗斯公民社会的前景，取决于能否找到契合俄罗斯文明、民族特点的公民社会的内容与形式，而不是简单地模仿甚至照搬西方发达国家公民社会机制的内容与形式。[2]

---

[1] Павленко Ю. Г. Гражданское общество: теория, модели, перспективы. – Москва: Институт экономики РАН, 2008. стр. 37.

[2] Павленко Ю. Г. Гражданское общество: теория, модели, перспективы. – Москва: Институт экономики РАН, 2008. стр. 39.

十七　当今俄罗斯的主要社会思潮

20世纪末俄罗斯社会发生重大转折，政治、经济领域的重大变革往往伴随着激烈的政治斗争和思想冲突。随着苏联的解体，社会主义意识形态的统治地位被打破，一时间各种社会思潮涌动，"百花齐放、百家争鸣"。从社会思潮的分支流派来看，呈现出自由主义、社会主义、民族主义、欧亚主义、保守主义等各种思潮，它们之间既有矛盾和对立也有融合和交叉。

从普京执政开始至梅德韦杰夫走马上任，俄罗斯主要社会思潮逐渐趋向中派保守主义，而极端自由主义和民族主义日渐式微。2012年普京再次当选总统，这一方面标志着保守主义可能会继续主导社会思潮的方向；另一方面，大选前后所爆发的市民运动也令保守主义受到质疑和诟病。因此分析当今俄罗斯主要社会思潮，有利于从意识形态领域研究俄罗斯政治生态，为深入研究俄罗斯发展模式及路径选择提供思想背景。

1. 自由主义

（1）自由主义兴起的历史背景

20世纪80年代末90年代初，自由主义取代社会主义成为俄罗斯主流社会思潮。它能在如此短的时间内取代苏联社会主义意识形态，有其深刻的历史背景。

第一，苏联70年的社会主义实践并没有完成政治民主化的任务，苏维埃布尔什维克党在抛弃了帝俄时期的选举制、多党制、地方自治等资产阶级民主因素的同时，并没有建立起真正的社会主义民主制。权力没有真正交给人民的代表机构，而是逐渐构建起高度集权和僵化的政治体制。

第二，苏联的经济发展长期处于停滞状态，人民生活水平提高很慢，与西方国家的差距进一步扩大。人民没有获得尊重和公平，社会阶层板结，人为制造等级壁垒，最终失去民心。

第三，社会层面上戈尔巴乔夫的"公开性与新思维"改革，目的是建立"民主的、人道的社会主义"，强调民主化、公开性是改革的根本手段。然而这些并没有引导国家走向复兴，加之苏联长期实行高度集权的体制和高压政策，骤然解放思想，实行公开性、民主化和多元化，民众不满情绪一发不可收拾。

第四，新俄罗斯诞生之初整个社会到处都弥漫着浪漫自由主义的情绪。许多人认为，苏联70年的社会主义制度遭遇失败，没有将人民带入共产主义的理想王国。既然在与西方的比赛中失败，那么最好就是摒弃这种制度，全面移植资本主义，用自由资本主义的方法改造俄罗斯。

（2）自由主义的主要观点

自由主义既是一种意识形态，又是一种政治实践。它包括两个方面：一方面是自由价值，另一方面是自由制度。自由主义最核心的原则是自由，强调法制原则下的个人自由，在不危及社会稳定前提下最大限度地鼓励个人自由。自由主义政治上强调统治者与被统治者的社会契约，在契约条件下公民制定法律并同意予以遵守；强调个人的权利和价值，个人是社会政治生活的中心；推行民主制度，给予所有成年公民选举权。自由主义经济上反对财产的公有，强调私有财产神圣不可侵犯；奉行"不干涉主义"，主张市场的力量，限制政府的权力。自由主义文化上注重个人在道德观和生活方式上的权利，包括性自由、信仰自由、认知自由等，强调理性和知识，并保护个人免受政府干涉其私人生活。

在苏联解体初期，俄罗斯的自由主义思潮表现为激进、极端甚至是浪漫的自由主义。1992年后，在叶利钦总统的庇护下，盖达尔开始了激进自由主义的改革实验，打开通向自由资本主义之门，用自由主义作为政治文化填补思想和意识形态的真空，即割裂历史传统，完全抛弃社会主义，实行"休克疗法"。政治上极端自由主义，采取"革命式"的做法，从西方移植议会民主、多党政治、三权分立和自由选举等为基本原则的西方民主政治，完成从极权主义向民主制度的转变。经济上反对国家调节，主张尽量缩小国家的作用，反对国家干预，坚持市场万能，建立绝对自由的市场，推崇私有制，推行大规模的私有化政策；反对社会主义制度中人为制造的平均主义，主张"起点公平"和"程序公平"，即每个人都应当凭自己的个人才能获得成功；在不使人民生活状况恶化的情况下，迅速把整个经济纳入市场的轨道，培植中产阶级成为社会基础；废除国家对价格的控制，物价自由化。

（3）自由主义发展状况

自由主义在俄罗斯曾一度十分兴盛。俄罗斯的主要政治改革家及大部分民众对自由主义改革持有很高的认同态度。1993年4月全民公决，叶利钦、盖达尔几乎大获全胜。同年10月围绕经济改革走向的问题，总统和议会兵戎相见，结果是叶利钦取得了"炮打白宫"的胜利。1993 年 12 月首届国家杜马选举标志着自由主义政治思潮由强变弱转换的开始，持典型自由主义立场的、盖达尔领导的"俄罗斯选择"只获得 15% 的支持率。原来并不被人们看好的、鼓吹极端民族主义的日里诺夫斯基领导的自由民主党，以 22.7% 的得票率高居各党之首。1994 年 1 月叶利钦接受盖达尔的辞职，标志着自由主义力量进一步削弱。从 1995 年 12 月杜马选举开始，自由主义严重地边缘化了，日益失去了与民族主义和社会主义抗衡的力量。1998 年 5 月金融危机的打击，以及 1999 年 3 月北约东扩和对南斯拉夫的入侵，标志着自由主义在俄罗斯的试验彻底失败。

　　自由主义衰落是内外因合力的结果。从内因来看，经济领域里出现了极端衰落，物质—技术基础的破坏；社会领域大部分人赤贫，社会阶层断裂，贫富两极分化，人口衰减，寿命极度缩短，家庭分裂，流浪儿童数量增加；在民族领域，民族关系急剧激化，出现了独立浪潮、国家分裂、车臣战争和共和国内民族权力至上等现象；在精神领域，劳动伦理瓦解，道德堕落，音乐放纵和文化庸俗，人民失望和愤怒。① 自由主义照搬西方模式，实行"一边倒"政策，导致俄罗斯民众的反感。而"革命式"做法对人民痛苦的漠视及对社会动荡的束手无策，也深深地伤害了民众的心理。而且自由主义政党声称自己代表中产阶级的利益，而俄罗斯中产阶级的根基还比较薄弱。从外部环境来看，主要是普京政府对自由主义的严厉打压，而这有着深厚的文化基础和民众的支持。经历了 1990 年代疾

---

① Станислав Пронин, Смена парадигмы национальной политики как фактор укрепления федеративной государственности в России [J], Власть, 2011 г. №. с. 54 – 57.

风暴雨般的改革，俄罗斯人民已经厌倦了动荡，虽然渴望自由、需要民主，但他们更需要公正和公平，俄罗斯的村社传统和集体主义所强调的就是公平。俄罗斯社会缺乏自由主义传统，个人主义没有在西方那样的地位，国家和村社占据个人生活首位，国家是秩序的源头，是庇护者。无论从俄罗斯发展的历史，还是从政治、经济及文化，甚至是宗教的角度来看，自由主义都与俄罗斯的传统脱节，这也注定了其失败的命运。难怪学者这样评价："俄罗斯政治文化的传统弊端是：在面向未来时，对过去重视不够，缺乏有意识地遵循传统，对新思潮极度模仿和敏感"；"很难想象，俄罗斯在脱离历史、闭目不承认我们是复杂历史政治体系一部分的前提下，能够解决经济或者政治问题。"①

20世纪90年代末期，自由主义政治力量经过分化组合，形成两大政党：右翼力量联盟党和俄罗斯民主党"亚博卢"。右翼力量联盟成立于1999年8月，主要发起者是前总理基里延科，前第一副总理丘拜斯、涅姆佐夫和盖达尔。2001年召开建党大会，正式改建为政党，涅姆佐夫当选为党的最高领导机构——政治委员会主席。该党自我定性为右翼自由党，基本政治价值取向是自由、人权、民主、私有制、市场经济、公民社会和法制国家。另一个自由主义政党是俄罗斯民主党亚博卢。它由1993年10月成立的亚博卢竞选联盟发展而来，2001年改组为政党，选举亚夫林斯基为党主席，国家杜马副主席卢金为第一副主席。该党自称"民主反对派"，反对俄政府现行改革方针，主张渐进的经济改革，国家在建立市场经济过程

---

① Анна Никлаус, Особенности современной политической культуры России [J], Власть, 2010г. №11. с. 19 – 21.

中发挥积极作用，赞成平衡外交政策。其主要任务是建立民主、法治、社会化的国家及文明的市场和强大的公民社会。右翼力量联盟和"亚博卢"的发展并不顺利，2003年在杜马选举中一起惨遭淘汰，2007年的国家杜马选举中再次铩羽而归，2011年底的国家杜马选举中仍未逃脱失败命运。

2. 民族主义

（1）民族主义思潮兴起的历史背景

20世纪90年代中期俄罗斯政治复仇主义和革命浪漫主义情绪已经有所减弱，由怀旧情绪和自尊心而激发的民族主义思潮蔓延开来。

第一，在自由主义思潮席卷俄罗斯社会后，并没有把俄罗斯带向民主和富强，相反大部分人的生活陷入贫困状况。政治上的民主和权力转换并没有形成法治、高效的机制，相反社会逐渐失去控制。民主有变成无政府主义、街头政治的趋势。各党派之间无休止地争斗，政治上持续动荡，社会缺乏法治权威。在经济上国有资产大量流失，物价飞涨，居民收入锐减。民众开始对自由主义产生了失望和反感的情绪，怀旧情绪上扬，左翼思潮得以复兴。

第二，激进改革产生的一个严重后果是，俄罗斯国际地位的下降和国力的衰退。国际形势严峻，西方的许诺口惠而实不至，北约趁机向俄罗斯传统势力范围内频频扩张，地缘政治环境危机，民族自尊心大受伤害。在内忧外患的形势下，民族主义甚至是极端纳粹主义在俄罗斯复活了，因为它们迎合了俄罗斯人失落的大国自豪感，也勾起了往昔的回忆，即对强大国家的夙求。俄罗斯社会政治思潮习惯性地再次发生周期钟摆，即由右翼摆向左翼。"说到关于俄罗斯政治文化的特征，经常会提及她的二律背反和矛盾性、双重性和非理性主义。"① 左翼思潮的泛起和复兴，与其说是俄罗斯发展道路的重新选择，不如说是对右翼的失望和排斥。

第三，俄罗斯民族主义素来具有深刻的历史渊源、民族心理及宗教文化传统。从"第三罗马"学说，到"东正教、专制制度、国民性"三位一体理论，再到苏联时期的全能国家，都带有浓厚的民族主义情绪和强国意识。第三罗马演变成莫斯科王国，以后变成帝国，最后则变成第三国际。② 俄罗斯历史上形成的对西方世界价值观念本能的抗拒心理以及帝国情结也是民族主义产生的原因。

（2）民族主义的主要观点

民族主义既是一个政治现象，也是一种意识形态。在国家形成和发展过程中，俄罗斯的国家、民族意识相伴而生。关于民族主义的定义很多，一般认为：民族主义是一种复杂的文化和社会现象，其基本含义是：对一个民族的忠诚和奉献，特别是指一种特定的民族意识，即认为自己的民族比其他民族优越，特别强调促进和提高本民族文化和本民族利益，以对抗其他民族的文化和利益。③ 一般可以将民族主义分为温和的民族主义、激进的民族主义和极端的民族主义。尽管俄罗斯民族主义的流派和激进程度有所不同，但共同点都是主张国家利益至上，强国作为国家复兴的基础，往往以"爱国主义"和"强国主义"为招牌，意图恢复俄罗斯历史上的帝国光荣。由于各党派的民族主义内容和

---

① Анна Никлаус, Особенности современной политической культуры России［J］, Власть, 2010г. №11. c. 19 – 21.
② ［俄］尼·别尔嘉耶夫：《俄罗斯思想》，雷永生、邱守娟译，三联书店，2004，第9页。
③ 徐迅：《民族主义》，中国社会科学出版社，1998，第40页。

政治主张有所差异，分别呈现左翼或右翼色彩。

第一，左翼强国主义。俄罗斯主张社会主义或以共产党命名的党派很多，主要以俄罗斯联邦共产党为代表，习惯上称其为左翼政党。重建后俄共申明放弃阶级斗争和暴力革命的思想，认同议会民主的道路，奉行平民主义路线，维护劳动者及弱势群体的利益。拒绝西方国家的自由主义，支持公平、公正的社会模式。左翼社会主义思潮中带有民族主义、爱国主义甚至是大俄罗斯主义成分：1995年俄共纲领草案明确提出：保持俄罗斯的国家完整，重建更新了的苏联人民的联盟，确保俄罗斯人民的民族统一；恢复苏联在世界上的传统利益和地位，巩固联盟的政治独立和经济自主；遵循发展的马克思列宁主义学说与唯物主义辩证法，依靠本国和世界的科学与文化的经验和成就。在对外关系方面主张增强俄罗斯的国力，提出"民族实用主义"的对外政策的概念，反对"一边倒"的外交政策，主张与独联体国家一体化，恢复超级大国地位。经济上强调国家的干预作用，私有化的财产重新国有化。社会方面关注民生和弱势群体，强调社会保障。

第二，右翼强国主义。主要以日里诺夫斯基领导的主张极端民族主义的自由民主党为代表。该党具有鲜明的帝国主义思想，表达出对恢复苏联甚至是构建东斯拉夫帝国的渴望，往往以"爱国主义"和"强国精神"作为自己的口号，鼓吹和煽动民族主义情绪。1991年日里诺夫斯基在参加总统选举时，将爱国主义作为自由民主党的意识形态基础，其含义是：热爱俄罗斯，主要是热爱俄罗斯人民，要在民族问题上，消除作为苏共无产阶级国际主义遗产的民族歧视，俄罗斯人民应该巩固整个国家。该党主张在政治经济和社会生活各方面，都要保持俄罗斯传统及发展道路的独特性。经济上，实行保护性的关税制度和孤立主义的封闭政策。军事上，主张建立一支强大的军队，增强国家武装和军事力量。对外政策上，强调俄罗斯应与世界大国划分势力范围，恢复俄罗斯地缘政治地位，反对外国势力以各种借口干涉本国内政。

第三，极端民族主义和纳粹主义。极端民族主义指那些压制社会其他认同的形式，具有强烈的封闭性、进攻性和冒险性，经常采取违背人类基本道义的血腥暴力手段的民族主义。① 俄罗斯独立之初，面对国内少数民族地区争相要求分离和独立的风潮，俄罗斯人的民族意识和自尊心也随之增强，社会上鼓吹俄罗斯民族至上，号称"俄罗斯是俄罗斯人的国家"，排斥其他民族的极端民族主义情绪愈发高涨。其中以亚历山大·巴尔卡绍夫为首的俄罗斯民族统一党为最大的极端主义组织。该党的主要纲领是确立俄罗斯民族在俄罗斯国家中的统治地位，主张对非俄罗斯人采取暴力手段，把反犹太主义作为自己的意识形态，通过东正教保持俄罗斯精神的纯洁性。在极端民族主义的政党和组织中，最突出、影响最恶劣的是极端排外的新纳粹主义团体"光头党"。

（3）民族主义的发展

民族主义曾经是绝大多数政党和政治组织普遍认同的一种意识形态，且在民众中也有较强的认同基础，一度十分兴盛。1993 年，在议会选举中自由民主党获得 22.92% 选票，俄共获 12.4% 选票，总计 35.32%。1995 年，议会选举有 9 个民族主义政党参加，俄共获 22.3% 选票，自由民主党获 11.18% 选票，加上其他民族主义政党总计 43.85%。1996 年的总统选举，久加诺夫获 32.03% 选票，

---

① 郑羽、蒋明君总主编，庞大鹏主编《普京八年：俄罗斯复兴之路（2000～2008）政治卷》，经济管理出版社，2008，第 141 页。

日里诺夫斯基5.7%选票；1999年的议会选举，有7个民族主义政党参加，俄共获票24.3%，自由民主党5.98%，加之其他政党总计32.17%。在2000年的总统选举中，久加诺夫获得28.99%选票，日里诺夫斯基仅2.7%。民族主义影响力减弱了。[①] 2012年，在总统选举中，久加诺夫获得17.18%选票，日里诺夫斯基仅获6.22%。随着民众对新生活的适应和融入，理性选择占据上风。普京领导下的俄罗斯，政治、经济和社会都处于恢复和平稳发展的阶段，俄共进一步遭到孤立，生存空间进一步被挤压，同时，普京执政后既打击地方民族分离主义，又坚决反对俄罗斯极端民族主义。俄共和自由民主党虽为议会党，但已经难与统一俄罗斯党抗衡了。

在急剧动荡的转型时期，俄罗斯的民族主义来源于对国家整合的需要。团结民众，增强民族向心力和民族认同，为其发展提供了思想依据和动员力量。它既是对解体后政治混乱、经济衰落、社会失衡的一种本能回应，也是俄罗斯今后发展中必须依赖的精神资源。民族主义具有排外倾向，增强俄罗斯的民族意识和自尊心。然而民族主义是一把"双刃剑"，走向极端必然陷入种族主义和沙文主义的深渊。其防御性的民族主义和非理性主义成分，对政治制度构成巨大的挑战，对俄罗斯建构民主和公民社会是一种障碍。

3. 欧亚主义

（1）欧亚主义兴起的背景

激进自由主义改革的失败在俄罗斯引发了一场民族主义

---

① Александр Верховский, Эволюция постсоветского движения русских националистов, Вестник общественного мнения, 2011г. №1. с. 11 – 35.

思潮的泛起和蔓延。面对失败，俄罗斯的发展道路再次成为社会所关注的主题：俄罗斯将向何处去，东方还是西方？欧亚主义的回归正是在苏联解体和激进自由主义改革给国家带来危机的大背景下出现的。而维持强大的、统一的、横跨欧亚大陆的俄罗斯帝国，是欧亚主义再次产生的深层原因。

（2）欧亚主义的观点及发展

欧亚主义是20世纪20年代在欧洲的俄罗斯侨民中出现的一种思想和社会政治学说，它的基本内容是从理论上阐述俄罗斯的文化特征和历史命运。欧亚主义主要包括以下思想内容：论证俄罗斯最基本的特点是地跨欧亚两洲，它是一个特殊的文化、历史、地理世界；地理位置上的特殊性决定了文化的特点。在俄罗斯精神结构的基础中有两种对立的因素，既不属于东方，也不属于西方。"俄罗斯精神的矛盾性和复杂性即：东方与西方两股世界历史之流在俄罗斯发生碰撞，俄罗斯处于二者的相互作用交汇处。俄罗斯是世界的完整部分，巨大的东方—西方。"① 欧亚主义认为，俄罗斯自身具有特殊的发展特点和空间，寻求俄罗斯走向现代化的中间道路；强调国家的作用，维护统一的、地跨两洲的俄罗斯大国；主张保留俄罗斯民族传统的积极因素，宣布东正教是俄罗斯独特性及俄罗斯复兴的基础。

在当代欧亚主义流派中，以杜金的新欧亚主义最具代表性，也最有影响力。亚历山大·杜金将欧亚主义整理成一个完备的理论体系，并于2001年4月成立全俄欧亚社会政治运动，2002年将其改建为欧亚党，完成由哲学理论向政治实践的过渡。杜金建党时提出五项政治原则：第一，科学的爱国主义，俄罗斯必须建立联合欧洲和亚洲的

---

① 〔俄〕尼·别尔嘉耶夫：《俄罗斯思想》，第1页。

统一战略空间，在内外政策上均实行多中心论；第二，社会取向，把市场经济置于公平、团结一致、道德的国家环境中；第三，欧亚地区主义，俄罗斯的每个地区都有自己的特征，每个地方在中央都应该有自己的代表、自己的声音；第四，传统主义，必须转向完整的传统主义，转向传统的宗教信仰，从中寻找真理、道德和精神的基本原则、革新和复兴的基础；第五，欧亚民族主义，给予每个民族以更加适应的政治地位和政治空间，普遍关心俄罗斯的每个民族，关心欧亚世界的每个民族，保持他们的语言，不实行俄罗斯化。① 新欧亚主义在解决民族问题、各阶层民众团结及社会公平和正义等问题上具有积极现实的意义；在重塑俄罗斯民族思想，传承和弘扬民族传统及民族文化方面具有促进作用。总体上看，欧亚主义并没有成为主流，其哲学意义大于政治意义。

4. 保守主义

（1）保守主义兴起的背景

第一，保守主义思潮是在社会经过剧烈震荡、人心思定的背景下提出来的。在民众普遍既对西方模式的自由经济感到失望，又担心极端民族主义带来可能的风险的情形下，更加稳定和务实的中派保守主义思潮抬头并逐渐成为主流。"拒绝革命、冷冻激进"是普京反复强调的思想。经过自由主义的涤荡，俄罗斯社会上下层几乎都走向了保守主义。"他们需要实实在在的利益和实惠，他们最关心的是有效的治理，而不是治理的形式。而对既得利益者而

---

① 郑羽、蒋明君总主编，庞大鹏主编《普京八年：俄罗斯复兴之路（2000~2008）政治卷》，第166页。

言，他们关注的重点自然是力图维护自己的既有利益。所以在某种意义上来说，维持社会稳定，先保住'存量'的利益，然后伺机获得'增量'利益，已成为俄罗斯社会的一种共识。"①

第二，国家发展模式和路径的重新探索。度过了极端右翼的浪漫自由主义时期和左翼社会主义及民族主义、爱国主义时期后，俄罗斯社会已经千疮百孔，国力衰弱，国际地位和影响力下降，再也经不起任何折腾。内忧外患，俄罗斯处于历史上发展最困难的时期之一。普京曾说："处于其数百年来最困难的一个时期。大概这是俄罗斯近200~300年来首次真正地面临沦落为世界二流国家甚至是三流国家的危险。"② 民族国家复兴成为普京重要的战略目标。俄罗斯放弃全面照搬照抄西方国家的发展模式，重新审视本国的发展模式和发展道路。因此向保守主义思潮的转变，一定程度上是国家发展路径的重新选择和对世界形势的反应。

第三，重建民族精神和民族意识的使命。任何政权都需要不断地借用社会运动和社会思想来达到政权合法性，同样，俄罗斯历任总统也都试图寻找一种思想占领意识形态。随着经济开始全面复苏并逐年进入稳定增长，客观条件促使俄罗斯需要重新建立一种思想以团结民众，团结国家和社会，占领意识形态真空。普京的选择路径不是向西看，而是在民族传统和历史文化中挖掘。他认为："在俄罗斯不需要专门地寻找民族的意识形态，她在俄罗斯的社会已经是成熟的，民众的精神和道德价值是几个世纪以来形成的。俄罗斯社会本身已经具有建立道德大厦的基础。

---

① 冯绍雷、相蓝欣：《转型中的俄罗斯社会与文化》，上海人民出版社，2005，第309页。
② 《普京文集》，第16页。

这个基础就是保守主义的价值观。"① 1999年统一俄罗斯党将保守主义宣布为自己的政治思想体系，标志着保守主义开始影响俄罗斯的政治生活。

（2）保守主义的主要观点

政治上的核心理念是"主权民主"，每个主权国家有权根据本国的历史、文化传统和法律自主地选择民主的道路。强调俄国历史道路的独特性和民族国家利益。通过巩固和完善政治体制，加强国家政权，以便于促进民主化发展。对俄罗斯人来说，国家在人民生活中一直起着重要的作用，一个强大的国家是"秩序的源头和保障，是任何变革的倡导者和主要推动力"。② 重塑国家机构的威信，加强中央对地方政权的控制。强调军队在维护国家稳定和秩序过程中的作用。强调社会关系系统的稳固性，变革的渐进性。建立公民社会和法制国家、统一法律空间和打击腐败也是保守主义十分重要的政治目标。

经济上奉行带有自由色彩的保守主义。俄罗斯当前经济的自由主义原则不可逆转，市场经济方针不会变。广泛参与全球化进程，实现俄罗斯经济同世界经济结构一体。同时打击金融寡头势力，加强国家对经济命脉的有效控制。

文化上重视宗教在维系俄罗斯社会道德方面的积极作用，强调俄罗斯的传统价值观、历史文化传统和爱国主义。"真正的保守主义就是爱国主义，因为她以保守生活方式、民族尊严、民族文化、民族独特性为精神支柱。这是保守主义意识形态的精华。"③ "正是在公民义务中，在

---

① Добреньков В. И., Консерватизм-национальная идеология России, Вестник московского университета, 2011 г. №2. с. 3 – 55.

② Путин В. В., Россия на рубеже тысячелетий. Независимая газета [N], 30 декабря 1999 г.

③ Добреньков В. И., Консерватизм-национальная идеология России, Вестник московского университета, 2011 г. №2. с. 3 – 55.

爱国主义中，看见了俄罗斯政治的巩固基础。缺乏公民义务，社会不可能存在；缺乏公民义务，国家特别是多民族的国家也不可能存在。"①

2009年11月21日，统一俄罗斯党十一大通过的纲领性文件对保守主义做如下解释："这是稳定和发展的意识形态，是避免停滞和革命、不断进行创造性的社会革新的意识形态。这是我国人民取得胜利，在我国历史、文化和精神的基础上保持俄罗斯传统并实行现代化的意识形态。这种意识形态负有使国家摆脱根深蒂固的社会痼疾、克服进行创新和取得新成就道路上的各种障碍的使命。它的目的是在共同价值和利益的基础上建立自由、繁荣、强大的新俄罗斯。"

（3）保守主义的发展前景

保守主义的兴起是俄罗斯发展模式和路径选择的自然结果。普京第三次重返克里姆林宫，所面临的内外部环境都十分复杂。俄罗斯与西方国家在文化认同、道德价值和国家精神等方面的冲突已经成为另一战场。普京需要一套强有力的观念团结社会和国家，保守主义的主张符合普京的执政理念和诉求，近期内仍然会是主流的社会思潮。"在大部分居民的眼中，没有规则、法律和秩序，就根本谈不上国家政治制度的效率、效应和合法性。在现代条件下，保守主义的立场具有格外意义和吸引力。更何况各国保守主义的代表几乎都打算援引新的论据，以便于促进个人主义和国家威权、个体自由与全体意志间传统上的综合。"② 保守主义在俄罗斯具有较强优势。

---

① Послание Президента Федеральному Собранию, 12 декабря 2012 года, www.kremlin.ru/2012-12-13.
② Камалудин Гаджиев, Консерватизм в современном мире: кризис или возрождение? Власть, 2013г. №1. с. 63-67.

第一，俄罗斯历史上素来具有保守主义传统。保守主义强调国家精神和民族意识，与村社思想、东正教、"好沙皇"情结乃至社会主义传统极相符。保守主义是本土化和反西方的，强调国家权威，以实现强国为目标，这也与历史上的帝国思想一脉相承。"自由主义不符合俄罗斯的传统，国家至上、集权、专制是政治文化的主要特点。在俄罗斯和苏维埃，专制主义产生和发展的合理性，对其进行社会—政治性地理解，不如进行文化—制度性地理解，作为一种现象，深刻地、天然地、根深蒂固在俄罗斯千年的历史和俄罗斯民族意识当中。这可以从20世纪俄罗斯文化中专制主义趋势的相对稳定性、牢固性得到解释。"[①]

第二，拥有广泛的政党和社会基础。保守主义在当代俄罗斯政治中盛行，现在的议会党几乎都可以列为保守主义政党。抽象词汇"国家性"成为大部分政党的旗帜，将权力和服从规则的必要性看作国家性的重要标志。权威主义政治、强国梦想、反对分离主义倾向、号召爱国主义等宣言在所有政党的文件中都可以遇见。传统的基础是各个政党都支持和强调的。因为如果缺乏根、缺乏传统、缺乏自己祖国历史的支柱，人就不能真正地活着。每个人都是某种意义上的保守主义者和墨守陈规者。[②] 由于文化传统的积淀和强大惯性，以及激进改革所带来的消极后果，俄罗斯大部分民众也希望社会稳定和恢复大国地位，重拾民族自尊心和自豪感。

第三，保守主义的兼收与包容。要理解俄罗斯保守主

---

① Кондаков И. В., Культура России: краткий очерк истории и теории: учебное пособие [M], М.: КДУ, 2007: 35.
② Репников А. В., Тернистые пути консерватизма в России, Общественные науки и современность, 2002г. №4. с. 80 - 94.

义的包容性，首先要理解其与现代化的关系。任何国家的现代化都需要在稳定的前提下进行，而且现代化也是建立于本国国情和历史文化传统之上。同样，只有实现经济、社会领域、国家管理的现代化，才能保持俄罗斯的国家思想和优秀传统，保持俄罗斯独特的民族性。其次，保守主义与自由主义的关系与其说是对立关系，不如说制衡关系。换句话说，俄罗斯政治文化的特点是专制制度与民主相互制约。"在俄罗斯的历史进程中，当民主制度不能得到专制制度的平衡时，通常社会陷入极度的社会危机。同时，当专制制度不能得到民主制度的平衡时，完全摆脱了社会监督的权力就会变成独裁，最后这两种趋势的极化能够导致国家平衡状态的彻底毁坏。"① 俄罗斯现代化进程从某种意义上说，也是保守主义与自由主义此消彼长、不断寻求平衡的过程。

结　语

纷繁复杂的多样性、潮起潮落的交替性以及价值观念的矛盾性，勾画出当今俄罗斯社会政治思潮的复杂画面。《俄罗斯联邦宪法》第 13 条规定：俄联邦承认意识形态多元化，任何一种意识形态不能充当国家的或社会的意识形态。可见，未来多种社会思潮并存将是一种常态。首先自由主义作为一种思潮尽管失去主流文化的特征，但俄罗斯目前的政治和经济体制，在总体架构上，仍然是以自由主义为取向的，社会日益形成民主文化的心理基础。其次，随着普京的再次当选，保守主义思潮在今后一段时期

---

① Анатолий Бондар, Владимир Динес, Российские политические традиции и российская государственность [J], Власть, 2008 (4), 3-8.

仍将居主流地位。俄罗斯政治生活"制度化"水平较低，权力与社会缺乏对话机制。在这种情况下，建立在对制度信任和平等关系基础上的公民文化不可能发展，这不仅是民主的非稳定因素，同时也是其他任何政治体制的不稳定因素。① 第三，在相当长的时间内，任何政党若信奉单一的意识形态，都不会有大的作为。普京团队需要的努力是，在中派保守主义的立场上，寻找俄罗斯主要的政治文化价值的综合公式。问题的关键是"力量平衡"，这将对俄罗斯的治国理念和政治走向产生深远影响。

---

① Иван Большаков, политическая культура, неформальные институты и стабильность системы [J], Власть, 2011г. №2. с. 70 – 73.

图书在版编目(CIP)数据

转型中的俄罗斯/陆南泉主编.—北京:社会科学文献出版社,2014.10
 ISBN 978-7-5097-6362-9

Ⅰ.①转… Ⅱ.①陆… Ⅲ.①体制改革-研究-俄罗斯 Ⅳ.①D751.2

中国版本图书馆 CIP 数据核字(2014)第 188156 号

转型中的俄罗斯

主　　编 / 陆南泉

出　版　人 / 谢寿光
项目统筹 / 宋荣欣
责任编辑 / 宋荣欣

出　　版 / 社会科学文献出版社·近代史编辑室(010)59367256
　　　　　　地址:北京市北三环中路甲29号院华龙大厦　邮编:100029
　　　　　　网址:www.ssap.com.cn

发　　行 / 市场营销中心(010)59367081　59367090
　　　　　　读者服务中心(010)59367028

印　　装 / 北京季蜂印刷有限公司

规　　格 / 开　本:787mm×1092mm　1/20
　　　　　　印　张:16.2　字　数:243千字

版　　次 / 2014年10月第1版　2014年10月第1次印刷

书　　号 / ISBN 978-7-5097-6362-9
定　　价 / 45.00元

本书如有破损、缺页、装订错误,请与本社读者服务中心联系更换

▲ 版权所有 翻印必究